바른취업!

제대로 작성하는 자기소개서, 영문이력서

바른취업!
제대로 작성하는
자기소개서,
영문이력서

배 헌 · 이기환 지음

 Experience
 certificate
 Internship
 Skill
Passion
confidence

★ PASS ★

Contents

시작하며　　어차피 직장은 한 곳, 이왕이면 바른취업!

대부분 학생들은 졸업하면 취업이나 창업, 둘 중 하나를 선택해야 한다.

진학을 하기도 하지만, 결국은 둘 중 하나이다. 만약 우리들이 금수저로 태어났으면, 이러한 고민은 하지 않았을지도 모른다. 하지만 이미 당신은 성인이며, 호적을 바꾸기도, 현재의 부모님을 외면하기도 어렵다.

취업·창업 컨설팅 및 교육을 전문으로 하는 '더와이파트너스㈜'를 운영한지 만 3년이 되어간다. 사회적기업을 지향하지만, 형식적이라 생각하였기에 사회적기업 인증은 신청하지 않았고, 앞으로도 받을 생각이 없다.

하지만 관련 일을 하면서 절대로 학생들에게 금전적인 대가를 받지 않겠다는 것이 경영방침 중 하나이다. 다시 돌아가서 우리가 왜 취업컨설팅을 하게 되었는지 얘기하려고 한다.

2013년, 저자 중 맏형인 배헌 대표는 약 13년간 기업을 경영하고 있었고, 이기환 이사는 공공기관에서 컨설턴트로서 근무하고 있었다. 그러던 어느 날, 누군가는 갑자기 공부가 하고 싶어져서, 누군가는 앞으로 진로를 위해서 등 서로 다른 이유로 연세대학교 경영전문대학원 MBA에 진학하게 된다. 밤잠을 줄여가며 공부하고, 숙제하고, 술도 마시는 등 학교생활을 겪는 와중에, 2014년 여름, 운명적으로 비즈니스 커뮤니케이션이라는 영어 과목을 수강하게 된다. 수업 커리큘럼 안에 학부 학생들과 실제 회사생활은 어떤 지, 직무는 어떤지 등에 대해 멘토링하는 프로그램이 있었는데, 기가 막히 게도 명문대 학생들임에도 불구하고 기업, 직무에 관한 지식이 무지에 가까 움에 깜짝 놀라게 된다. 이에 교수님께 "학생들 취업 좀 도울까요?"라고 여쭙게 되었고, 이것이 더와이파트너스의 시작이다.

2014년 9월, 취업 관련 첫 자원봉사가 시작되었다. 외국계를 포함한 굴지의 기업에 다니는 매니저급 이상의, 대부분 해당 기업의 실제 면접관들로 구성된 MBA 동기들 10명과 함께 연세대학교 경영대 및 인문대 학생 30명 을 대상으로 입사서류 첨삭 및 모의면접을 진행하였다. 7시간 동안 진행된 행사에서 학생들의 자기소개서는 베낀 듯 비슷했고, 모의면접 수준도 정말 한심했으며, 더군다나 '어느 회사는 토익이 몇 점은 되어야 하고, 어느 회사는 누구만 뽑고' 등 인터넷에 떠도는 잘못된 정보를 맹신함에 놀랐다. 심지어 그 중에는 적지 않은 돈을 내고, 취업컨설팅을 받았던 학생들도 있어 불쌍 하기까지 했다.

대부분의 경우 학생들에게 자기소개서를 두어 번 첨삭해주고, 모의면접을 몇 번 해주면 자연스레 원하는 기업에 취업한다. 하지만, 그 어려운 관문을 뚫고 들어간 직장을 몇 개월 후에 그만두는 학생들이 생겨나기 시작했다. '너 왜 그만뒀니?'라고 물으니, '적성에 맞지 않아요', '평소에 알고 있던 회사와는 다른 것 같아요' 아, 이 녀석들이 아무 생각 없이 그냥 큰 기업이나, 주위에서 '와' 하는 기업에 지원했었구나. 그래서 한 번만 하고 끝내려 했던 더와이파트너스의 봉사활동이 계속되게 된다.

2015년 1월, 좀 더 체계적으로 학생들을 돕고자 그 동안 활동했던 친구들이 십시일반 출자해 더와이파트너스를 법인으로 만들게 되고, '바른취업스쿨'이라고 이름 붙이고 운영하게 된다. 특별한 건 없고 학생들한테 직무에 대해 설명해주고, 개인연대기를 작성하게 해서 상담해주고, 욕하고, 꾸짖고, '바보들아 그것밖에 못하냐'라고 막 던진다. 그렇게 했더니 자신들에게 맞는 직무에 대해 고민하고, 하나 둘씩 찾아가기 시작한다. 요즘 세대에 아무도 대학생들한테 막 하지 못하지만, 우리는 가능하다. 왜 가능하냐? 명치부터 끌어올려 그들을 진심으로 위하고, 학생들로부터 돈 안 받으니까.

지금까지 숭실대, 연세대, 서울대, 건국대, 한국외대, 세종대, 가천대, 상명대, 부산대, 서울여대, 명지대, 안양대, 광운대, 국민대, 동국대 등 여러 학교 학생들의 멘토링을 진행했으며, 머니투데이와 함께 취업 관련 정부 사업을 진행하고 있다. 더 많은 학생들과 취업 노하우를 나누기 위해 휘갈겨 쓴 이 책이, 헬조선에서 살아가는 학생들이 바른 취업을 하는 데 도움이 되기 바란다.

"바른취업"은

단지 취업만을 목표로 하는 것이 아닌,

모든 학생들이 원하는 기업에서, 원하는 직무를

지속해서 할 수 있도록 도와주겠다는 우리들만의 약속이다.

Part 1

오래 다니는 회사
vs.
그만 두는 회사

Part 1
오래 다니는 회사 vs. 그만 두는 회사

1-1. 취업이 어려운 3가지 이유

어떤 학생들은 쉽게 취업하기도 하지만, 대다수의 학생들은 취업을 아주 어려워하고 있다. 우리는 당신이 왜 취업을 어려워하는지 혹은 못하는지, 그리고 당신이 취업하기 위해 진짜 준비해야 하는 것이 무엇인지 얘기하고자 한다.

● 사회문제, 헬조선 그리고 취업 제도

지난 몇 년간 취업이 어렵다고 느끼는 이유는 헬조선, 경기침체 등 우리나라의 경제적, 사회적 영향에 기인함이 클 것이다. 하지만, 무엇보다도 대학생들을 아무짝에도 필요 없는 스펙 쌓기에 몰두하게 만드는, 현재의 채용제도가 가장 큰 문제라고 본다. 이력서에 칸 채우는 것은 왜 이리 많은지, 신입 뽑는데 경력사항을 채우게 하고, 자격증과 수상경력을 적게 하는 칸수는 왜 이리 많이 필요한지 모르겠다. 경력을 요구하면서도, 복사나 시키고, 심부름이나 하는 인턴을 하기 위해 학생들은 또 다른 취업준비를 하고, 모름지기

자격증이라 함은 그 자격으로 먹고 살 수 있는 자격증이 되어야 하는데 단지, 칸 수를 채우기 위해 쓸데 없는 잡 자격증을 따게 만들어, 돈 쓰고, 시간 버리게 하는 것이 문제다. 또한, 자기소개서는 뭐이리 어려운지, 신춘문예에 당선하기 위한 작가 모집하는 수준이고, 같은 업종에 있는 회사들임에도 불구하고 회사마다 인적성 시험은 제 각각이며, 인사부는 할 일이 없는지 별별 이상한 면접을 창안해내더니, 급기야 젓가락면접이라고 일정시간 내에 콩을 얼마다 많이 집어내느냐 하는 면접까지 보인다. 콩 잘 집어내면 일을 잘하는 신입사원을 뽑을 수 있는 모양이다. 이처럼, 불필요한 채용프로세스 때문에 취업준비생의 입장에서는 취업이 점점 더 어렵게 느끼는 것이다.

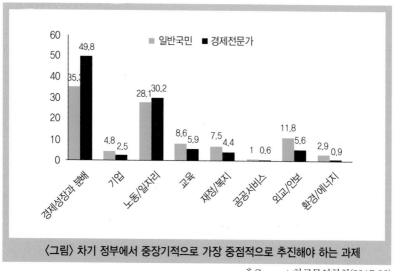

〈그림〉 차기 정부에서 중장기적으로 가장 중점적으로 추진해야 하는 과제

* Source: 한국무역협회(2017.03)

● 학생들의 무지

본인의 취업을 준비하는 입장 임에도 불구하고 몰라도 너무 모른다. 특히 취업포털에 나온 건 다 믿는다, 그 중 합격 자기소개서라고 하면, 눈에 불을 켜

고 소중하게 생각하며, 족보처럼 활용한다. 이력서와 자기소개서는 하나의 세트(Set)로 채용담당자는 이 두 개를 한꺼번에 체크한다. 따라서, 이력서 없는 합격자기소개서는 제대로 된 합격자기소개서라 할 수 없다. 이력서는 형편 없는데 자기소개서는 좋을 수도 있고, 이력서는 뛰어난데 자기소개서는 별로 일 수 있다. 만약, 이력서에 S대 경영학과에 CPA자격증 보유라고 되어 있으면, 자기소개서를 대충 써도 합격할 가능성이 높은데, 취업포털에서 이런 자기소개서를 합격자기소개서라고 올려놓으면, 취업준비생들은 그걸 믿고, 참고하니, 모두들 똑같고, 비슷한 유형의 자기소개서가 나오고, 그걸 제출하니 대부분 불합격이 되고, 학생들은 취업이 점점 더 어렵다고 느끼게 되는 것이다.

이 얼마나 무지한가. 하긴, 요즘에는 이걸 알아채는 학생들이 있으니까, 취업포털에서는 자기소개서 옆에 출신학교(Ex. 서성한), 학점, 자격증 몇 개 보유, 라고 올리던데, 그걸 또 믿는 바보는 되지 말자. 한 취업포털의 페이스북을 보니, 이메일을 남기면, 해당 회사의 합격자소서와 그 회사에 맞게 자소서 쓰는 법을 알려준다고 한다. 그러면, 많은 학생들이 이메일 주소 남기던데, 제발 생각 좀 하고 행동하자. 그거 따라 하면 전부 비슷한 자소서가 양산되기 때문에 당연히 떨어질 거라는 생각이 안 드는가? 수천 만원 들여 대학교육까지 받은 학생들이여, 좀 똑똑해지자.

하나 더, 취업포털에 댓글은 누가 올리는 걸까? 현직 직장인이 취업 힘들어 하는 취업준비생들을 위해 댓글을 달 가능성은 거의 없다. 취업 못한 취업준비생들이 글을 올리고, 또 다른 취업준비생들은 검증되지도 않은 내용으로 댓글 달고, 그러면 다른 이들은 또 그걸 믿고, 친구들한테 퍼트리니, 거짓 정보가 난무하는 거다. 이걸 믿고 따라 하니 또 취업에 실패하고, 그러니 취업을 점점 더 어렵게 생각하는 것이다.

아래는 대한적십자사에 취업하고 싶은 취업준비생들이 관심 있게 보는 사이트에서 가져온 정보이다. 많은 글이 토익 900이상을 필수요건으로 말하고, 거기에 또 다른 취업준비생이 댓글 달고, 이것이 진실인양 퍼져가고 있다. 필자가 멘토링 한 학생은 토익 800대이다. 그래도, 2016년 하반기에 잘만 붙었다. 회사 관계자에게 직접 전화를 해서 물어도 봤다. 토익 몇 점 이상 합격이라는 기준은 없고, 종합적으로 고려한다고 한다. 그런데 왜 취업준비생들은 이러한 거짓 정보를 믿을까?

대한적십자사 사무직 합격 수기입니다. | 합격수기

김씨가문의복(maum****) 현직자 🍂 💬 1:1   htt

지거국/토익920/컴활1/한국사1/한자2/운전면허/학생회 리더/봉사활동 경험 다수

1. 서류

토익은 무조건 고고익선인데 900점 넘으면 될 것 같아요(참고로 전 920점입니다.)
대한적십자사? 여기 스펙보는데죠? | 특정회사질문

🔘 쿵쿵도령(fina****) 정회원 ☆ 💬 1:1

대한적십자사인지 다른 적십자인지

토익이 930안되면 무조건 떨어진다는 얘길 들은거같은데 그게 이곳이 맞나요?

음 감이 잘 안와서요

댓글 2 | 등록순 ▾ | 조회수 1506 | 좋아요 ▾ | ♡ 0

　　　🍃 똑띠 2016.02.05, 08:27 ↳답글
　　　하 넘사벽이네요... ㅎㅎ

　　　😈 Whatever 2016.02.16, 15:33 ↳답글
　　　저 935 서류 떨

27살 남자 대한적십자사 사무직 합격수기 | 합격수기 2015.02.2?

ngju(nkju****) 현직자 ♨ 11 http://cafe.naver.com/studentstudyhard/277646

27살 남자 대한적십자사 사무직 합격수기

20살에 학교 들어가 학교 4년 군대 2년 해서 2014월 2월 졸업예정이었으나

한학기 졸업유예를 하고 토익 공부중 우연한 기회에 국민건강보험공단 인턴 기회를 얻어 2014년 6월~10월까지 청년인턴을 했습니다. 인턴 후 필기시험에서 떨어졌으나 올해 2월 그토록 가고 싶은 대한적십자사에 최종합격했습니다.

현재 집 앞 20분 거리에 있는 지사에 3/2일부로 출근 예정입니다.

스펙은 서울 중위권 K대 법학과, 학점 3.83 , 토익 970 입니다.

자격증으로는 워드1급, 컴활2급, 한국사1급이 있고 그 외 적십자사 가산항목사항 3가지가 있습니다.

1. 서류 : 토익 + 가산항목으로 높은 순서대로 자릅니다.

토익이 매우 높은 비중을 차지합니다. 서류통과를 위해 최소 9000이상은 찍어야 하나 최종합격하신 많은 분들이 950 넘습니다.

무조건 토익 고득점 해놓으시고 가산항목 확보해놓으세요.

◉ 취업 해본 적 없는 취업컨설턴트

마지막으로 돈 벌려고 학생들 현혹시키는 가짜 취업컨설턴트, 멘토들 때문에 취업이 더 어렵다고 느껴지는 것이다. 취업경험도 없으면서 취업컨설팅하고, 실제 면접관 해본 경험도 없으면서 인터넷보고 배운 내용으로 모의면접하며, 경력 과장은 기본으로, 대학에서 특강 한번 하면 외래교수, 취업담당 겸임교수라고 자칭하고, 취업포털 회사에 취업하면 신입사원도 컨설턴트가 되어 학생들을 코칭하고 있으며, 이미지 컨설팅이란 이름으로 머리 묶어라, 웃어라 등을 가르치면서, 그것이 취업의 제일 중요한 요건인양 돈 받고 멘토링 한다.

단지 그들은 학생들의 힘든 심리를 이용해 돈만 벌려고 하는
속셈을 가진 장사꾼일 뿐이다.

또한, 학교는 어떠한가? 취업 한번 안 해 본 교수님들이 진로 및 취업강의하고, 상담하며, 취업센터/경력개발센터에서는 제대로 된 직장경험 없는 직원들

이 다양한 산업/직무에 지원하는 학생들의 입사서류를 첨삭해주고, 모의면접하고 있는 것이 작금의 현실이다. 이러한 이유 때문에 취업이 어렵다고 느끼는 것이다. 취업컨설턴트와 현직 직장인 중 누가 더 취업에 대해 잘 알고, 누가 더 효율적으로 여러분을 도울 수 있는지 생각해 보기 바란다.

어학연수 안 다녀오고, 학점 낮고, 토익점수 낮아서 취업을 못하는 것이 아니다. 현재 채용제도가 불합리하고, 나쁜 어른들도 많고, 여러분도 무지한 탓이지만, 남 탓하지만 말고, 이 악물고 이겨내어, 적성에 맞는 직장을 찾아 합격하고, 그 다음에 이런 후진 사회를 욕했으면 좋겠다. 그게 훨씬 더 멋있는 것이다. 만약 여러분들이 꼭 취업컨설팅을 받아야 한다면 다음의 몇 가지만 확인해보기를 바란다.

💡 **진짜 전문가와 가짜 전문가를 구별하는 질문**

Q1. (공통) 실제로 기업에서 일한 적이 있으세요?
엔트리 혹은 주니어 레벨로 근무한 것을 체크하라는 것이 아니다. 대학교 2학년이 1학년보다 학교사정에 대해 어마어마하게 많이 알 수 있는가? 이처럼 회사에 몇 년 근무하면 여러분보다는 많이 알겠지만 거기서 거기일 뿐이다. 적어도 10년 이상의 근무 경험은 있어야 회사, 직무에 대해 당당하게 이야기할 수 있다.

Q2. (HR 출신) 채용프로세스 또는 교육 담당이 아닌, 실제 채용 담당으로 입사서류 검토, 면접관으로서의 역할을 하셨나요?

인사팀은 채용프로세스 전문가들이다. 이뿐 아니라 급여 지급, 직원 교육, 퇴사 및 승진을 다루는 부서이다. 그럼 실제 채용을 담당하는 사람은 한 회사에서 몇 명이나 될까? 또한, 인사 담당자가 모든 채용 직군을 커버할 수 있을까? 영업 직무를, 혹은 개발 업무에 필요한 인재를 알 수 있을까? 아니다. 그런데 여러분은 인사 담당자면 채용과 관련하여 막강한 힘과 역량이 있어, 그들이 여러분을 채용하는 줄 안다. 실제로는 서류 검토는 인사부 채용 담당자가 하기도 하나, 실무면접은 실무부서에서 가장 잘 나가는 매니저급 직원들로 구성되며, 인사부는 서포트만 할 뿐이다. 실무면접 후 해당 부서 매니저들이 인사 담당에게 '저 사람 뽑아주세요' 하면, 그들이 여러분들에게 연락하게 되므로, 실제 취업준비생들은 인사부에서 나를 뽑아줬구나 하는 착각을 하게 되는 것이다.

다시 말해, 보통의 경우 신입 직원을 필요로 하는 부서들의 팀장들이 면접관이 되어 지원자를 평가하고, 임원면접을 거쳐 최종 합격자가 결정되면, 그 명단을 인사팀에 넘겨주고 인사팀은 당신들에게 합격/불합격 여부를 통보해주는 것이다. 그럼 누가 여러분을 채용하는 것인가? 이 부분을 반드시 명심하자.

Q3. (직무 전문가) 해당 직무 경험 또는 회사 경험이 풍부하신가요?

일부 컨설턴트들은 본인이 모든 산업, 직무에 대해 전문가인 양 일률적인 코칭을 하고 있다. 이게 사실이라면 회사는 굳이 수만 명의 직원을 필요로 하지 않을 것이다.

Q4. (이미지 컨설턴트) 요즘 기업에서는 화장 잘하는 지원자를 채용하나요?

'머리를 묶고 들어와라, 피부색 바꿔라' 등이 취업의 중심인가? 승무원 등 특정 직무를 반드시 가고 싶은 학생이 아니라면 무시하길 바란다. 정말 궁금하면 회사 홈페이지 게시판에 직접 물어보길 바란다.

Q5. 그 외, 대학에서의 경력센터와 대학의 취업 관련 강의는 박사 출신 교수님 혹은 강사들이 많이 한다. 앞서 언급한 대로 아닌 분들도 있겠지만, 취업 경험이 없는 박사, 강사, 교수님들은 여러분들이 가고 싶은 기업에 대해 여러분보다 모르는 사람들임을 잊지 말자.

1-2. 바른취업의 이해와 필요 요건

지난 몇 해 전부터 청년실업은 정부의 가장 중요한 국정과제 중 하나로 인식되어 왔다. 4년제 대학교 기준 졸업생 취업율 55.5%, 청년실업률은 사상 최대인 11.2%, 청년들의 불안한 미래를 대변하는 수치일 것이다. 그러나 정부도, 관련 부처도, 학교도, 학생들도, 단순히 눈앞에 보이는 취업 그 자체만을 이야기할 뿐, 취업 이후의 부적응, 삶의 질, 보람, 퇴사들은 언급조차 하지 않는다. 학생들이 원하는 기업은 어떤 모습이며, 원하는 직무는 어떠한 것일까? 여러분과 똑같은 현실에 있는 대학생들이 생각하는 바른취업에 대해 알아보자.

◉ 바른취업이란

우리는 바른취업을 '단지 취업만을 목표로 하는 것이 아닌, 모든 학생들이 원하는 기업에서, 원하는 직무를 지속적으로 하는 것'으로 정의한다. 보통 월급을 많이 주고, 복지가 좋고, 남들이 알아주고, 소위 명함발 먹히는 큰 기업에 취업하는 것이 성공한 취업이라고 말한다. 하지만, 이처럼 거창하고 대단한 직장에 가야 되는 것이 아니라, 자기 자신이 누구인지, 정말 하고 싶은 것이 무엇인지를 깊이 고민한 후, 본인에게 맞는 직무를, 직장을 선택하는 것이 바른취업이다. 그래야 중간에 그만두지 않고 잘 다니게 되는 것이고, 그만둔다 할지라도, 직무와 연결해 좋은 커리어를 만들 수가 있게 된다.

대부분의 멘토는 본인이 좋아하는 것, 잘하는 것을 하라고 한다. 일부분은 맞지만, 책임감 없는 멘토링이다. 자기 자신에게 한번 물어보자.

'좋아하는 것이 뭐야?' '그럼 그 좋아하는 것만으로 성공할 수 있을까?'
'지나치게 낮은 확률은 아닐까?'
'잘하는 것은?' '우리나라에서 제일 잘해?'

대부분의 학생들은 긍정적인 대답을 하기 어렵다고 본다. 앞으로는 '막연히 좋아하는 것, 잘하는 것을 하세요'라고 하지 말고, 다른 대다수의 사람과 비교하여 대단히 좋아하는 것, 대단히 잘하는 것을 하라고 멘토링해야 할 것이다. 그러기 위해서는 반드시 시간을 투자하고, '열심히'가 아니라 '제대로' 준비해야 한다고 덧붙이는 것은 기본으로 해야 한다.

Q. 바른취업을 연상했을 때 떠 오르는 이미지는?

노출빈도
높음

행복 미래 비전 자부심 진짜멘토 열정 감사
보람 꿈 올바른 나만의 적성이해 직무
내가하고싶은 성공

진실된 일과 삶의 균형 복지
연봉 이직확률이 낮음 나침반

저녁이 있는삶 커리어패스 자아실현
취업한 직장이 본인의 생각과 다르지 않는 것

노출빈도
낮음

바른자세 신뢰 정확한 정보
롤모델 사람 가르침 바른매칭

사전준비 어려움 윤리의식 배우려는 태도
전문성 취업가이드 도움이 되는 취업프로그램

:: 최종 이미지 ::   :: 필요 조건 ::

〈그림〉 대학생들이 원하는 바른취업과 필요 조건

* 출처: 취업준비생 대상 소사(2016. 더와이파트너스)

바른취업스쿨 출신 학생들에게 설문조사를 했더니, 바른취업은 '행복, 나만의, 내가 하고 싶은, 취업한 직장이 본인의 생각과 다르지 않는 것, 그리고 필요조건으로 바른자세, 가르침, 진짜 멘토, 바른매칭'이라고 답하고 있다. '바른취업이고 나발이고, 취업이 얼마나 안 되는데 무슨 개소리야' 라고 생각할 수 있으나, 꼰대소리 좀 하겠다.

왜 취업을 어려워할까, 보통 취업준비생의 취업준비를 보자. 취업시즌이 되면 일단 취업포털에 몇 개 정도 가입하고, 합격자기소개서를 뒤진다. 분야별 몇 개를 복사하고, 서로 믹스하는 등을 통해 자기소개서를 만들어 낸다. 그리곤, 50군데 이상 지원하고, 운이 좋아 몇 개 붙으면 부랴부랴 인적성 준비하고, 운이 좋아 또 붙으면, 그때서야 취업포털보고 면접을 준비한다. 그래서 탈락하는 것이다. 제발 미리미리 시간 투자하고 제대로 취업에 집중해보자.

여러분은 학점을 높이기 위해, 혹은 장학금을 받기 위해, 얼마나 많은 시간을 기말고사 준비에 투자하는가? 6과목을 듣는다고 가정했을 때, 각 과목을 10시간씩만 준비해도 총 60시간이 소요된다. 또한, 그다지 인정해 주지 않는 자격증 하나를 취득하기 위해 몇 달을 준비하기도 한다. 그런데, 왜 취업준비는 그렇게 하지 않는가. 기말고사 준비하는 노력과 시간만큼만 첫 자기소개서 작성과, 인적성, 면접준비에 투자해보자.

다시 바른취업으로 돌아가 보자. 이를 위해서는 학생들의 마음가짐과 제대로 된 준비, 대기업이 최고라는 사회적 편견의 해소 등 여러 가지 해결조건이 필요하다. 하지만, 무엇보다도 학생들의 취업을 책임지고 있는 학교 관계자들의 의식전환이 시급하다. 우리 학생들의 적성, 진로, 인생을 고려하기 보다는, 대학평가에서 좋은 점수를 받기 위해, 아무데나 취업만 하도록 유도, 허울좋은 취업률 그 자체에만 집중하고 있는 멍청한 우를 범하지 않기 바란다.

◎ 대학교에서 알아야 하는 바른취업

대학은 학문의 전당이다. 그러나, 학생들의 취업율이 대학평가, 신입생 모집 등에 있어 너무나 중요한 요인이 되었다. 이제 학교는 학문뿐만 아니라 학생들의 취업에 관심을 가져야 한다. 그런데 이것이 오히려 문제를 야기시킨다. 취업이 중요하다 보니 학생들의 인생과 진로보다는 취업율, 그 자체에만 집중하고 있다. 우리 학생들의 취업을 담당하고 있는 대학경력개발/취업센터에서 꼭 알아야 할 것이 바로 '바른취업'이다. 단기 인턴이나, 비정규직, 계약직에 상관없이 취업율만 높이면 된다는 안일한 사고에서 벗어나, 우리 학생들의 인생을 고려한 중장기적인 바른취업 로드맵을 반드시 설정하기를 고한다. 만약 당신의 자녀, 동생이 취업을 한다면, '취업하기 힘드니, 적성, 진로 무시하고 대충 취업만 해라' 라고 얘기할 수 있겠는가?

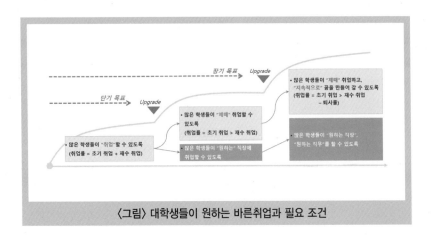

〈그림〉 대학생들이 원하는 바른취업과 필요 조건

● 바른취업 사례

바른취업스쿨에서 취업을 준비한 몇몇 친구들을 소개하려고 한다. 이 들은 소위 말하는 스펙이 좋아서가 아니라, 자신이 누구인지, 정말 하고 싶은 것이 무엇인지, 자신에게 맞는 직무가 무엇인지 끊임없이 고민했기 때문에 소개한다. 프랑스 철학자인 데카르트(Descartes)는 'I think therefore I am'(나는 생각한다, 고로 존재한다.)고 했다. 취업에서는 '나는 생각한다. 고로 취업한다'가 적절하다고 본다.

김형욱(2016년 신한금융투자증권 입사)

공대에서 경제가 좋아서 경제학과로 전과한 친구다. 취업이 잘되는 공대를 마다하고, 좋아하는 경제를 선택한 자체가 도전이다. 모든 금융권에 전부 지원하고, 합격하고, 입사 취소하기를 반복한다. 은행, 보험, 증권이 모두 같은 금융권 범주에 있지만 각기 추구하는 인재는 확연히 다르다. 이 친구는 똑똑하고, 논리적이며, 위험을 즐기나, 도덕적이고, 활동적이다. 지금은 신한금융투자에서 일하고 있다. 아주 좋아서 미치겠다고 한다. 본인의 성향이 증권 회사의 그것과 정확히 일치하기 때문이다. 만약 이 녀석이 금융이라고 은행권을 갔으면, 또 그만두었을 것이다.

이승현(2016년 BMW Financial Service 입사)

숭실대 경제학과에서는 1년에 한 번씩 글로벌무역경진대회를 간다. 2016년 초에는 상해로 갔는데, 그때 처음 만난 친구가 바로 이승현이다. 아주 말이 많은 친구이며, 같이 있으면 본인 혼자 얘기한다. 그런데 말만 많은 것이 아니라 아는 것도 무척 많은, 못 하는 게 없는 친구다. 최고 금융 공기업 중 하나인 한국은행에서 인턴을 했다는 이유로 금융권을 가고 싶어 했는데, 한국 기업의 특성상 윗사람에게 비위도 맞춰야 하고, 재능이 너무 많고, 튀어서 적응하기 힘들다는 것이 우리들의 평이었다. 지금은 BMW 파이넨셜 서비스에 취업했다. 영어도 잘하고, 수치에 밝고, 격식 덜하고. 아주 이 녀석에게 딱 맞는 직장이다. 입사 후, 밝게 웃으면서 양복 두 벌, 드레스 셔츠 다섯 벌을 샀다고 자랑하는 모습 참 보기 좋았다.

윤다혜(2016년 에스푸드 입사)

이 친구는 숭실대 경제학과 학생들 중 최고의 스펙을 가진 친구 중 한 명이었다. 사실 스펙이라는 단어보다 쿼리피케이션(Qualification)을 쓰는게 맞다. 개, 돼지도 아니고 사람한테 스펙이라니. 어쨌거나 이 친구는 주구장창

종합상사와 해외영업을 지원하지만 다 떨어졌다. 하지만 굴하지 않고 계속 지원하고, 지금은 에스푸드라는 중견기업 무역부에서 근무한다. 왜 해외영업만 고집했을까? 그냥 다들 선호하는 은행이나 지원했으면 쉽게 붙었을 텐데. 이유는 하나다. 본인의 꿈이었으니까.

💡 김주호(2016년 한미약품 입사)

본인의 소개를 '교수님과 나이 차이 별로 안 나는 김주호입니다'라고 소개하는, 바른취업스쿨에서 가장 나이가 많은 친구이다. 그리고 항상 예의 바르고, 깍듯하다. 영업과 영업관리가 좋아서 그 쪽으로만 지원했다. BGF리테일에 가고 싶다며 4번이나 지원했는데, 최종면접에서 떨어졌던, 정말 안타까운 친구였다. BGF리테일이 정말 사람 볼 줄 모른다고 생각했는데, 지금은 한미약품에 관한 특강을 듣고, 반해서 한미약품에서 들어갔다. 정말 마음고생 많았던 친구다. 이 친구 합격소식에 내가 다 눈물이 나더라. 항상 한미약품 소속인것을 자랑스러워 하는 친구이고, 우리에게도 매번 감사하다고 연락 주는 친구이다. 이 친구는 어딜 가나 사랑 받을 것 같다.

💡 김정현(2017년 이마트 입사)

아주 예쁘고, 털털한 여학생이다. 연세대학교를 졸업했고, 외국에서 3년간 살다 왔으며, 영어와 중국어는 원어민 수준이다. 소위 말하는 좋은 스펙만이 아닌, 무엇보다 취업에 대한 간절함과 진심이 가득한 친구였다. 워낙 여행도 좋아하고, 언어에 대한 호기심이 많은 친구라 어떤 일을 하고 싶어할지 궁금했는데, 현재 이마트에서 근무하고 있다. 점포 수습기간을 지나 MD전략담당에서 일하는데, 매우 즐거워한다. 왜냐, 본인이 하고 싶은 일이 MD였기 때문이다. 본인이 정말 가고 싶었던 회사인데다, 회사의 기업문화와 본인이 매우 맞는다고, 그래서 너무나 만족해 하고 있다. 본인의 일을 사랑하는 이 녀석, 참 멋있다.

💡 박세진(2017년 더클래스효성 입사)

'자신만의 바른취업'에 성공한 친구다. 자신이 좋아하고, 원하는 직무 혹은 회사보다는 연봉, 누구나 아는 회사, 커리어 개발 3가지를 기준으로 삼은 녀석이다. 어떤 직무이던 자신 있어 하고, 스스로 배워가며 맞춰가는 것이라 생각한 게 조금 재수 없긴 하지만, 자신만의 기준과 철학이 있다. 결국, 바른취업이란 누구나 각자 자신만의 기준이 있고 그것을 스스로 고민하며 만들어 나가야 한다는 것을 보여주고 있다. 현재 야근도 하며 다소 힘들어 하지만, 배울것이 너무 많아서 좋다고, 직장 다니는 것이 정말 재미있다고 한다.

💡 김경민(2017년 대교 입사)

2개 기업에 동시 합격한 친구이다. 대교의 교육관리직과 A사의 구매관리 부서 중, 주변사람 모두가 추천한 구매를 포기하고 현재의 직무를 선택했다. 현장에서 영업과 교육을 둘 다 경험할 수 있다는 점에서 끌렸다고 한다. 사람들 앞에 나서서 이야기하고, 함께 하는 것을 좋아하는 성향 탓에 지금의 일을 매우 만족하고 있다. 대학시절 수 많은 아르바이트 경험을 통해 얻은 밝은 인상과 긍정적 성격 또한 직무에 적합할 거라 확신한다. 감사한 사람들에게 작지만 소박한 선물을 하기 위해, 첫 월급을 엄청 기다리고 있다고 한다. 주변 사람들에게 마음을 표현할 수 있고, 힘들어도 즐거운 마음으로 근무할 수 있다면 이것이 바로 바른취업이 아닌가?

💡 정우민(2017년 한국아스텔라스 입사)

겉으론 근육도 많고 남자다워 보이나, 알고 보면 여리고 소심한 친구다. 필자의 첫 대학강의였던 '기업경제학'시간, 왜 신청했냐고 물었더니 '그냥 시간표가 맞아서 신청했다'고 당당히 말하는, 뚝심 있는 친구이기도 하다. 남들이 금융권 가고 싶다고 할 때, '금융권만은 절대 가지 않겠다. 취업을 한다면 영업을 하고 싶다'고만 이야기 하던, 그리고 아무도 모르는 라트비아로 교환학생을 다녀오더니 조금 더 자유로운 외국계기업을 가고 싶다며 취업을 준비하기 시작했다. 지금은 외국계 제약회사에서 제약영업을 하고 있다. '남들이 가고 싶어하니까, 경제학과이니까'가 아니라 자신이 원하던 회사와 직무에서 사회생활을 시작한 이 친구의 미래가 기대된다.

💡 정다연(2017년 중외제약 입사)

숭실대학교에서 진행한 고용노동부 주관 '수출입국제통상 실무자 양성과정'에서 만난 친구이다. 아랍어를 전공했고, 이를 살려 중동관련 해외영업 분야로의 취업을 생각했었다. 입사원서를 쓰고 떨어지고를 반복하다가, 제약회사의 영업직무에 합격하였다. 평소 생각하던 직무는 아니었으나, 무에서 유를 창조하는 영업의 매력에 푹 빠졌다고 한다. 항상 새로운 일에 도전하기를 좋아하고, 목표의식이 강하고 사람들과 어울리는데 주저하지 않는, 이 친구에게 꼭 맞는 옷을 입은 것 같아서 뿌듯하다.

💡 허준영(2017년 신용회복위원회 입사)

187cm 키에 10년간의 헬스트레이닝으로 다진 멋진 몸매, 더군다나 와인 동아리를 하면서 와인을 마시러 해외까지 가는 친구이다. 처음에는 엄친아로 생각했다. 그런데, 중학교 때부터 집안 살림을 돕고, 대학시절 학비와 생활비는 모두 아르바이트를 해서 해결했다고 한다. 어려운 가정환경을 경험해서인지 남을 도와주는 일을 하고 싶다고 한다. 얘기할 때의 진정성이 느껴지는 친구이다. 아마 회사에서도 이 친구의 진심을 봤을 것이다. 진짜와 가짜를 구분하게 만드는 매력을 가졌기에, 신용 구제를 필요로 하는 많은 분들을 잘 보듬어 주는 심사역 직무를 잘할 것으로 본다.

○ 바른취업을 위한 원칙

본격적으로 취업에 대한 핵심 사항을 알리기 전에 바른취업을 위한 원칙을 얘기하고자 한다. 전혀 특별한 것도 아니고, 누구나 다 할 수 있으나, 대부분의 학생들은 관심이 없는 사항이다.

연대기 작성을 통해 내가 누구인지 고민하자

나는 누구인지, 무엇에 흥미가 있는지, 어떤 것이 맞지 않는지 등, 본인에 대해 전혀 생각해보지도 않은 채, 채용공고가 나면 무조건 원서부터 넣는 경향이 있다. 요즘 유행하는 면접 질문 중 하나가, 본인의 인생그래프를 그리고 그것을 설명해보라는 것이다. 이런 문제를 생각해 낸 회사들은, 지원자들이 자신들의 적성, 성향을 고려하지 않은 채 무작정 지원한다는 것을 알기에 지원자의 인생사 설명을 통해 그것을 파악하고자 하는 것이다. 우리는 이러한 유형의 요구가 아주 올바른 면접 방향이라고 생각한다.

서두로 돌아가, 취업준비생들은 대학 입학 이후 본인이 어떻게 살아왔는지, 어떤 것을 추구하였는지, 무엇에 흥미가 있었고, 그간 힘들었던 일은 무엇이었고, 감동받은 경험은 없었는지 등등에 대해 분기별로 간단하게 연대기를 작성해 자신이 누구인지 고민하기를 바란다. 단, 연대기를 작성하라고 하면, 어학연수, 교환학생, 인턴 경험 등으로 채우는 학생들이 많은데, 연대기는 자랑하기 위한 것이 아니라, 본인도 모르는 자신의 적성과 성향을 파악하는 데 목적이 있으므로, 보다 다양한 방면의 경험과 감정 변화 등 자신에게 영향을 준 이야기를 적는 데 집중하기를 바란다. 연락처도 모르고 본적도 없는 스티브잡스, 마윈 등 유명인들의 연대기에 집착하고 감명받으려

하는 시간에, 자신의 연대기 작성을 통해 자신에 대해서 낱낱이 깊게 파헤쳐 봄으로써, 내가 누구인지, 맞는 직무가 무엇인지, 맞는 회사는 어디인지 찾아내기 바란다.

올바른 인간관계를 만들자

술친구가 인간관계의 전부가 아니다. 인맥이란 '내가 다른 사람을 찾을 때 생기는 것이 아니라, 다른 사람이 나를 필요로 할 때 비로소 형성된다' 라고 필자는 생각한다. 학생들에게 질문한다.

'너희들은 동기인데 왜 서로 몰라?'
'100명이 넘어서요.'
'그럼 얼굴도 몰라?'
'아뇨, 알아요.'
'그런데 왜 서로 모른 척해?'
'그게 편해요.'

요즘 세상 살기 각박해서 동기들에게 관심이 없는 건 기본이고, 더 슬픈 건 지독한 개인주의라 자기밖에 모르며, 인성은 개판이고, 도움을 주면 피만 쏙 빨아먹고, 빠지는 뱀파이어가 득실거린다.

학생들이 누구든 많이 만나고 사귀었으면 좋겠다. 하지만, 학교 내 동아리보단 외부 동아리를, 연인을 사귀어도 같은 학교가 아닌 다른 학교 학생을 만나기를 바란다. 그래서, 서로 부딪치면서 우물 밖 세상을 통해 더 넓은 사회성을 키우고, 다른 세상에서는 무슨 생각을 하고 있는지 알아나갔으면 한다.

다양성을 추구하자, 무턱대고 따라 하지 않는 것

다양성을 추구하자. 무턱대고 남들 따라 하지 말고, 생각 좀 하고 살자. 우리는 매 학기 경제학과 학생들에게 자기소개서를 나눠주고, 거기에 장래 목표를 쓰라고 한다. 그럼 60명 중 50명 이상이 금융권 취업을 적는다. 왜 금융이냐고 물으면 '경제학과 선배들이 가서요', '경제학과이기 때문에요' 이런 답이 돌아온다. 다들 개성이 있고, 점수 맞춰서 온 학과가 모두에게 적성에 맞는 것은 아닐 텐데. 그럼 다시 금융권 어떤 회사를 희망하는지 묻는다. '금융권 아무 곳 이나요'. 다시 묻는다. '은행에서는 뭐하니? 보험은? 증권은?' 그 차이를 모르니, 대답도 엉성할뿐더러, 뜬구름 잡는 대답을 할 뿐이다. 생각이 없으니, 다른 사람이 간다 하면 멍하게 그냥 따라 하고, 본인의 적성에 맞는 다른 직무에 지원하면 이단아로 규정될까 두려워 다양성은 언감생심이다.

2015년 7월에 H약품 역대 최연소 임원으로 승진한 동생이 있는데, 그는 원래 약사였다. 약국을 운영하다 H사에 영업사원으로 입사한다. '왜 약사 안 해?' '저랑 안 맞아서요' 대부분의 사람은 약사가 사회적으로 높다고 생각하지만, 그 친구는 자신의 결정을 믿는다. 오늘도 그는 한국제약산업의 독립을 꿈꾸며 현장에서 매진하고 있다. 우리도 역시 그의 소신을 믿는다. 앞으로 머지않아 H약품 CEO가 될 듯하다. 계속 친하게 지낼 생각이다.

건전한 비판의식을 가져라

건전한 비판의식과 의심을 가져야 한다. 미디어와 활자로 나오거나, 권위 있고 유명한 사람들의 말은 무조건 믿는 경향이 있다. 이순신 장군은 명장이며 리더십의 대명사다. 항상 존경하는 인물을 얘기하라 하면 최우선에 세종대왕과 이름을 같이 한다. 그런 이순신 장군도 군율을 지키기 위해 부하의 목을 친다. 이는 리더십의 좋은 예가 될 수도 있지만, 이순신 장군도 한 성격한다는 생각은 들지 않는가? 스타트업 기업을 예로 들어 보자. 쿠팡이나 배달의 민족, 이런 회사들을 알고 있을 것이다. 한번씩 대규모 투자를 받았다고 신문에 대문짝만 하게 나오곤 한다. 그래서 다들 대단한 회사라고 생각한다. 그런데 수익이 발생했다는 기사를 본 적이 있는가? 언론에 비친 정보가 모두 맞는 것은 아니다. 아니다 싶으면 의심을 해보고, 비판해보자. 그렇다고 무조건 까라는 것은 아니다. 건전한 비판을 위해서는 그만큼 공부가 필요하고, 해당 분야에 대해 많이 알고 있을 때 가능하다.

의심해야 본질에 다가갈 수 있다. 활자, 미디어에서 나왔다고, 그 사람들이 유명하다고 무작정 그들을 믿지 않기를 바란다. 명성이 의심을 침묵시키는 하나의 수단이 되도록 놔두지 말고, 항상 의심을 갖고 건전하게 비판하는 사람이 되자. 만약 지금 여러분 중 누군가가 저 아저씨 얘기 맞아? 하고 생각하고 있다면, 우리의 얘기가 먹힌 거다. 앞의 네 가지 내용을 충실히 지켜나가면, 바른취업은 문제도 아니다.

1-3. 바른취업은 '나'를 제대로 아는 것부터

같은 미용실을 다시시나 봐요?

비슷한 외모, 옷차림 등을 하는 사람들을 보며 우스갯소리로 하는 말이다. 대한민국에서 졸업을 앞둔 대다수의 대학생들은 동일한 경험, 동일한 깨달음, 지나친 과장을 하는 것이 자기소개서의 필수 요소라고 착각하고 있다. 조금 더 고민한 학생이 수사 어구를 바꾸거나, 더 극적으로 과장을 하면, '자기네들끼리' 서로 잘 썼다고 칭찬하고, 공유하며, 감탄하기 바쁘다. 간단한 예로 여러분들이 필수라고 생각하는 인턴 경험, 어학연수 경험이 과연 회사에서는 필수로 생각하는 경력 사항일까? 없는 것보다는 당연히 낫지만, 인턴을 안 해서, 어학연수를 다녀오지 않았기 때문에, 떨어지는 경우는 결코 없다. 다만 학생들 스스로 그런 경험을 합격 필요조건으로 인식하고 있어, 다른 이유로 떨어졌을 경우에도, 그 경험들이 없으면, '아, 이것 때문에 떨어졌을 것이다'라고, 자기 합리화를 하는 것일 뿐이다.

'학점은 최소 몇 점 이상, 토익은 최소 몇 점 이상이어야 합격이다'
가짜 허상을 본인들이 만들고, 서로 공유하기에
'취업을 위한 필수 스펙'이라는 괴물이 만들어지는 것이다.

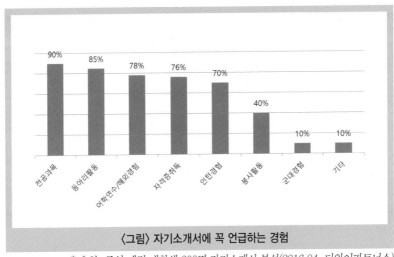

〈그림〉 자기소개서에 꼭 언급하는 경험

* 출처: 졸업 예정 대학생 200명 자기소개서 분석(2016.04, 더와이파트너스)

20년 넘게 살아온 청년들의 경험과 삶이 그렇게 단조로울까? 전공학과, 동아리 활동, 어학연수가 자신의 강점을 어필할 수 있는 유일한 요소일까? 우리 기억 속에는 분명 훨씬 더 가치 있었던 경험, 기쁨, 아쉬움, 성취감들이 있다. 하지만, 이러한 소중한 경험들이 머릿속 깊은 기억 속에만 있을 뿐, 평소에는 바로 생각나지 않았을 뿐이다. 우리가 감명을 받을 정도로 잘 쓰여진 자기소개서의 공통점은 절대 화려한 곳에서의 인턴 경험도 아니었고, 높은 토익 점수도 아니었으며, 오히려 소소한 일상생활에서의 가치 있는 경험과 배움을 담백하게 표현했다는데 있다.

개인 연대기를 작성해보자. 자기 이해는 자신을 돌아보는 것에서 출발한다. 즉, 본인의 경험을 빠짐없이 기억해 내고 정리하는 과정이다. 어릴 적엔 강제 아닌 강제로 일기를 쓰며 본인의 삶을 기록했다. 취업을 위해서 제일 먼저 해야 할 일은 나 자신에 대한 철저한 이해이다. 그 이해를 바탕으로 나만의 강점과 차별화 요소를 뽑아내는 과정이 바로 '개인연대기' 작성이다. 이 작업은 맛있는 요리를 만들기 위해 다양한 재료를 먼저 확보하는 과정과 똑같다.

○ 개인연대기 작성하기

연대기는 본인이 살아온 경험과 생각들을 시간의 흐름에 따라 기술하는 것으로, 대학 입학 후부터 작성하기를 추천한다. (단, 유년시절 특별한 경험 즉, 외국거주, 전국체전 등이 있을 경우는 추가하라) 혹자는 SWOT분석을 얘기하기도 하고, 개인 포트폴리오를 언급하기도 한다. 하지만, 경영에서 사용하는 기법을 활용하면서 마치 대단한 결과물이 나오는 것처럼 포장할 필요는 전혀 없다. 그냥 본인이 살아온 이야기를 쉽게 쓰는 것이 중요하다.

연대기를 작성하기 전에 스스로 질문해보기 바란다.

Q1. 내 삶에 있어 가장 감동적이었던 경험은 무엇인가?
Q2. 내 삶에 있어 가장 열심히 하였던 경험은 무엇인가?
Q3. 남들은 알아주지 않지만 스스로 가치 있다고 생각되는 경험은 무엇인가?
Q4. 내 삶에 있어 가장 힘들었던 기억은 무엇인가?
Q5. 사소할지라도 힘든 일을 포기하지 않고 끝까지 해낸 경험은 무엇인가?
Q6. 친구들이나 부모님, 가까운 사람들이 보는 나는 어떤 사람인가?
Q7. 자신이 생각하는 본인은 어떤 사람일까?
Q8. 용서받고 싶은 사람이나 용서하고 싶은 사람이 있는가? 그 이유는?
Q9. 살면서 나에게 가장 큰 영향력을 책 또는 글귀는?
Q10. 모든 제약을 떠나서 자유롭다는 가정하에 하고 싶은 일은?
Q11. 나에게 행복이란 무엇인가?

연대기를 작성할 때에는 다음의 절차를 따라 작성해보길 추천한다. 여러 학생들과 상담하는 과정에서 취업을 위한 본인의 경험을 빠짐없이 도출해내는 데 연대기 작성이 효과적인 것을 확인하였다. 남들과 비슷한 경험일지라도, 어떤 점에 포커스를 맞춰 상대방에게 어필할 것인지가 중요하다.

〈 표 〉 개인연대기 작성 양식

시점		상황	경험내용	느낀 점(배운 점)	역량/스펙
2017년	1Q				
2016년	1Q				
	2Q				
	3Q				
	4Q				
2015년	1Q				
	2Q				
	3Q				
	4Q				

· 상황

그 당시에 본인이 처한 상황, 기분, 감정 상태를 말한다. 왜 그러한 경험을 하게 되었는지를 생각하면서 적어보자.

· 경험 내용

본인이 살아오면서 겪었던 주요 순간(경험)의 기술을 말한다. 첫 아르바이트를 해서 부모님께 내복을 사드린 것처럼, 소소하지만 본인에게 의미 있는 순간이었으면 그것은 본인에게 가장 훌륭한 경험이 될 수 있다.

· 느낀 점(배운 점)

경험 과정에서의 실수, 느낌, 다짐 및 배운 점, 경험을 통한 나의 행동 변화를 과거 경험에서 그치지 않고, 현재의 모습으로 표현해보자.

· **역량/스펙**

자신의 역량, 창의력, 진솔, 리더십 등의 단어로 표시, 정량적일 경우 숫자로 표시(토익 점수 등), 스펙과 관련된 사항도 표시(어학연수 등)하면 된다. 학생들은 자신이 한 일에 대한 가치를 깨닫지 못하고 일반적인 생각으로 접근하는 경우가 많다. 예를 들어 교환학생을 다녀오면 단순히 글로벌 마인드라고 단순하게 적는데, 이는 처음부터 어떤 경험을 하게 되면, 어떤 역량을 가지게 된다는 지극히 일반적인 생각으로 접근하기 때문이다.

단, 연대기를 작성하라고 하면, 어학연수, 교환학생, 인턴 경험 등 내세우고자 하는 이야기로 채우는 학생들이 많은데, 연대기는 자랑하기 위한 것이 아니라 본인도 모르는 자신의 적성과 성향, 직무를 파악하는데 목적이 있으므로, 보다 다양한 방면의 경험과 감정변화 등 자신에게 영향을 준 이야기를 적는데 집중하기를 바란다.

연대기 작성은 잘하고 못하고가 없다. 본인의 가치 있는 경험을 자기소개서나 면접 시 빠짐없이 설명할 수 있기 위한 기초 작업일 뿐이기 때문이다. 다시 얘기하면 개인의 경험을 판단할 필요도 없고, 점수를 매길 필요도 없다. 학생들이 실제로 작성한 연대기 사례를 소개하고자 한다.

〈 표 〉 개인연대기 사례

활동		상황	경험내용	느낀점(배운점)	역량/스펙
시작	종료				
16년 4Q	17년 1Q	청년취업 아카데미 수출입 실무자 양성과정	고용노동부 주관, 머니투데이에서 진행한 수출입 실무자 양성과정에 참여하여 600시간의 수출입 교육과 취업교육을 받음.	수출입 실무에 대한 지식뿐만 아니라 취업에 대한 구체적인 정보와 지식을 습득할 수 있었기에 상당한 취업 경쟁력과 자신감을 얻었다. 또한, 취업 준비생으로써 함께 준비하는 동료들로부터 때론 경각심을 얻고, 때론 힘을 얻으며 지낼 수 있었기에 큰 도움이 되었다.	수출입실 무지식, 취업 경쟁력, 잠재력 강화, 우정, 인간관계, 성취감
16년 3Q	16년 4Q	동료들과 탁구 소모임 창립	탁구가 너무 치고 싶었지만 학교 내에 탁구 관련 동아리나 소모임이 없었다. 이에, 대학생 커뮤니티 '에브리타임'을 통해 뜻이 비슷한 친구들을 모아 탁구 소모임을 만들고 모집하여 한 학기 동안 모임을 지속했다.	4학년이었음에도 불구하고 하고 싶은 것을 하기 위해 노력했다는 점에서 큰 의미가 있었다. 창립멤버로써 자부심도 느꼈다.	추진력, 계획성, 체력

16년 3Q	처음으로 학점 4.0 을 넘김	남들에게는 우습게 보일 수 있는 경험이겠지만 처음으로 각오를 다잡고 공부하여 학점4.0과 토익925, 그리고 토익스피킹 M6이라는 성과를 동시에 냄. 그 후 줄곧 고학점을 받으며 심하게 낮았던 성적을 어느 정도 끌어올림.	군 전역 후 최대의 성취감과 자신감을 느꼈으며 앞으로 취업을 준비함에 있어 뭐든지 해낼 수 있는 자신감을 얻음. 또한 학점관리, 토익, 토스 등을 동시에 준비하면서 게을렀던 생활방식을 완전히 탈피하여 계획적인 시간관리를 하는 습관을 기름.	자신감, 성취감, 계획성, 시간관리, 아침형 인간 토익 925점 토익스피킹 M.6
14년 1Q	전과 후 좌절	건축학부에서 경제학과로 전과 성공 후 상상했던 대학생활과는 달리 외로움, 부적응으로 좌절을 함. 학교생활에 흥미를 잃고 아르바이트, 운동 등으로 관심을 돌림. 15년 여름방학에 그간 번 돈 중 400만원을 가지고 유럽여행을 떠남. 여행 예산을 짜고, 계획을 세우는 과정, 그리고 여행 중 20명이 넘는 사람들을 만나고 대화하면서 현실을 깨닫고 방탕했던 삶에 대한 반성을 함	전과 후 극심한 외로움을 느꼈고 학교생활에 흥미를 잃으며 공부가 하기 싫어졌고 자존감이 많이 낮아짐. 그러던 중 주체적으로 유럽 여행을 가면서 자존감을 점차 회복했고 여러 명의 열정적인 사람들을 만나면서 에너지를 얻어 방탕했던 생활을 반성했고 새로운 삶을 준비함.	열정, 자신감

		수제 버거집 아르바이트 및 운영	1. 작은 수제버거집에서 약 9개월간 아르바이트를 했고 그 후 새로 오픈한 지점에서 매니저로 직접 운영했음. (버거 제조, 재고관리, 직원 선발, 식자재 발주 등)	1. 아르바이트생으로써 능력을 인정받아 작은 가게이지만 전반적인 가게운영을 맡으면서 자존감이 크게 상승했으며 책임감도 많이 느꼈다.	1. 업무 적응력 및 습득력, 신뢰감. 고객응대, 책임감 3. 문제해결 능력, 의사 소통능력, 관계유지능력, 역지사지
14년 1Q	15년 2Q		2. 옆 액세서리 가게 사징님이 가게 외부로 흘러나오는 음악을 줄여달라는 요청에 상대적으로 중요치 않은 음악을 끄는 대신 스탠딩 광고를 입구에 세울 수 있도록 요청했고 더 큰 광고효과를 냄	2. 아르바이트생을 직접 뽑고 발주, 재고관리, 판매 등을 하면서 일 매출 60~70을 유지시켰고 재고의 현실적인 돈 감각을 깨달았다. 3. 문제에 직면하여 역지사지의 마음을 가졌고, 서로에게 윈윈이 될 수 있는 해결방안을 제시함으로써 문제를 기회로 만들 수 있었다. 무엇보다 이 사건을 계기로 가끔씩 서비스를 주고 여자친구 주라고 귀걸이 등을 선물로 받는 등 친밀한 관계가 형성되었다.	

13년 2Q	13년 4Q	깐부치킨 주방 알바	1. 약 7개월간 불과 기름 앞에서 닭을 튀기고 굽기를 반복함. 2. 고객 및 상권분석을 통해 매장 음악 장르 변경제안 ―)단골 고객들의 연이은 칭찬 3. 우직하고 진중한 성격으로 직원 간 트러블 발생시 상담과 조언으로 의사소통 문제를 중재하고 해결함.	1. 한겨울에도 땀으로 온몸이 젖는 주방에서 알바생으로써 6개월 이상 버틴 점에 대해 큰 자부심과 성취감을 느낌 2. 중산층 3~50대 중년층이 주 고객이었음에도 최신가요가 나왔고 이를 뉴에이지로 바꿈으로써 단골 조성 및 매출 상승에 기여했음에 자부심을 느낌 3.아르바이트생들 사이에서 신뢰를 쌓았고 자부심을 느낌	1.근성, 끈기, 성취감 2. 문제해결 능력, 분석력 3. 의사소통 능력, 우직함, 신뢰감
11년 2Q		해병대 입대	1. 해병대 의장대에서 매일 7시간씩 고강도 훈련을 하며 임무를 수행함. 2. 의장대 최대 행사인 세계 군문화축제를 2개월간 준비해왔는데 예상치 못한 부상자 등으	1. 때론 나약해지기도 했고 도망치고 싶기도 했지만 고된 훈련을 버텨내고 첫무대에 오를 때 엄청난 성취감을 느낌	1.근성, 끈기, 성취감, 단체 규율 및 규범

11년 2Q		로 일주일을 앞두고 참가를 취소함. 이에 분대장으로써 대원들과 밤낮으로 훈련하여 소규모로 대형 자체를 바꾸어 간부님들께 출전 허락을 받았고 성공적으로 행사를 마침	2. 분대장으로써 후임들을 독려하고 지도하여 간부님들의 허락을 받는 과정에서 모두가 하나 된 마음을 느꼈다	2. 근성, 문제 해결, 열정, 리더십, 팀워크, 자신감, 신뢰
10년 2Q	10년 2Q	세화여고 급식소 아르바이트	2달 계약 알바였는데 첫 날 그 만두는 알바가 50%가 넘는 힘든 알바였음.매일 30개가 넘는 배식 트레이를 엘리베이터 없는 4층 건물에 직접 날랐음.	첫 날부터 매일 그만두고 싶었지만 꿋꿋이 계약 기간인 두 달을 채웠다.	근성, 끈기, 성취감
10년 1Q		숭실대 중앙 농구 동아리	1. 입학하자마자 가입하여 꾸준히 활동하고 있는 동아리 2. 2014.06 산기대배 전국 클럽 농구대회에서 5년 만에 입상함 (준우승)	1. 꾸준한 소속감과 친분을 유지하고 있음. 2. 전국대회에 늘 참가하지만 번번이 예선 탈락의 고배를 마셨지만 7전 8기 끝에 준우승을 하면서 큰 성취감과 전우애를 느낌.	1. 단체생활, 규범 및 규율을 잘 지킴 2. 팀 웍, 성취감, 의리 3. 인간관계, 인맥

10년 1Q		3. 매달 한번씩 졸업생 선배들과 운동하고 술자리를 가지며 돈독한 관계를 유지함.	3. 운동 동아리로써 철저한 위계질서와 규율이 있는 집단이었지만 아직도 20년 선배들과도 매달 함께 운동하고 술자리를 가질 정도로 돈독한 선 후배간의 정이 생김	
09년 1Q	재수생활 및 군생활을 통한 인간관계	재수 생활이라는 힘든 시기를 함께 한 친구들과 아직까지도 꾸준히 연락 하며 우정을 다지고 있음.군생활을 함께 한 동료들과 4년째 매년 2회씩 정기적으로 모이며 꾸준한 인간관계를 형성함	힘들 때 서로 도와줄 수 있는 집단이 있다는 점에서 큰 위안이 됨.	인간관계

● 기업 이해하기

  개인연대기 작성을 통해 자기 자신이 누구인지, 어떤 특징을 가졌는지 알수 있는 경험들을 찾아냈으니, 이제 지원하는 회사의 기본 정보를 알아보는 성의를 갖자. 취업은 회사와 지원자 간의 맞선이라고 했다. 아무리 뛰어난 개인일지라도, 아무리 좋은 회사일지라도, 서로 궁합이 맞지 않으면 인연이 될 수는 없기 때문이다.

  지원 회사를 공부하다 보면 많이 쓰이는 단어를 찾을 수 있다. 글로벌, 창의, 소통, 고객, 기획, 문제 해결, 도전 등은 대부분의 기업에서 인재상, 경영 방침 등에 사용할 수 있는 최고 레벨의 단어이다. 그러므로 인해, 여러분들은 자기소개서에 위 단어를 수 없이 열거할 것이다. 그런 단어를 써야 해당 역량을 갖춘 인재로 보지 않을까 생각해서이다. 이것만은 꼭 기억하자. 회사에서는 이러한 역량을 갖춘 인재를 뽑고자 하는 것일 뿐, 이런 단어를 사용하는 사람을 뽑는 것이 아니다. 당신의 글과 말을 통해 해당 역량을 갖춘 인재인지, 아닌지는, 면접관이 판단하는 것이지, 당신이 답해주는 것이 아니다. 식상한 말보다는 의미를 전달할 수 있는 자신만의 언어로 바꾸자. 세부 내용은 자기소개서 파트에서 다시 한번 언급하겠다.

  인터넷, 스마트폰 등과 같은 정보 기술의 발달로 인해 기업, 직무, 취업과 관련된 많은 정보들을 손쉽게 찾아볼 수 있다. 어쩌면 더 이상 정보를 못 구해서 격차가 발생하는 일은 발생하지 않을지도 모른다. 다만, 지금부터는 누가 정보를 알고 있는가에서 이제는 누가 정확한 정보를, 빠르게 찾아내는가에 대한 접근으로 바뀌는 것 뿐이다. 그러나 거짓된 정보, 정확하지 않은 정보는 여러분을 혼란에 빠뜨릴 수도 있다. 정보의 세상에 살고 있는 지금, 정확한 정보를 확보하고 활용하는 것에 여러분의 귀한 시간을 사용할 때, 성공적인 취업에 한 걸음 나아갈 수 있게 되는 것이다.

회사에 대한 기본 정보도 없이, 단지 멋져 보이는 회사이므로, 연봉을 많이 주니까, 선배들이 지원했던 회사니까, 아무 생각 없이 지원하는 철없는 행동은 하지 말자. 회사에 대한 정보를 찾아보고 숙지하는 것은 여러분이 앞으로 다니게 될 회사에 대한 예의이며, 아래의 다섯 가지를 조사하는 데 2시간도 걸리지 않는다. 그 정도 시간은 투자하자. 가끔, 어떤 컨설턴트들은 본인이 다닐 회사니까 충분한 시간을 가지고, 재무제표부터 각종 데이터를 분석하라고 가르치는데 웃기는 소리라 할 수 있다. 현재 회사에 다니는 주위 선배들이나 삼촌들에게 재직 회사의 재무제표에 대해 물어봐라. 절대 대답 못한다. 회계팀에 지원할 것이 아니면 시간 낭비하지 말고, 2시간 미만만 투자하자. 지원하기 위한 자기소개서 질문 문항을 '수십 회' 읽어보고, 질문의 '요지'를 정확하게 숙지한 후 기업 이해표를 작성하게 되면, 다음 단계인 자기소개서 작성이 훨씬 수월해질 것이다.

〈 표 〉 기업 이해표

항목	주요 내용
비즈니스 영역	
인재상/직무역할	
재무현황	
시장현황/경쟁동향	
외부 언론자료	

· 비즈니스 영역(홈페이지)

지원하는 회사가 어떤 회사인지 조사하는 건 기본이다. 주요 개요, 사업 분야, 지표 등은 메모하자. 비즈니스 영역에는 회사가 속한 산업군, 사업군, 제품군 측면을 봐야 한다. 특히 B2B 기업은 산업 전체의 Value Chain(공급자-수요자 간의 흐름)을 함께 고려해야 한다.

· 인재상 및 직무역할(홈페이지, NCS)

회사는 어떠한 인재를 선호하는지, 어떠한 사람을 채용하려는지 확인하자. 특히 직무에 관한 소개와 요구 사항(Qualification)은 채용에 있어 매우 중요한 정보임을 잊지 말자. 이를 바탕으로 본인의 강점을 어필하는 거다. 이미 얘기했듯이, 회사는 '창의적 인재'를 원하는데, 저는 '성실한 사람입니다'라고 쓰는 멍청한 짓은 하지 말자. 해당 직무에 대해 명확한 기술이 없을 시에는 국가직무표준(NCS)를 참고하여 해당 직무의 일들을 간접적으로 확인하는 것도 대안이 될 수 있다.

· 재무현황(다트, 홈페이지)

회사의 주요 재무지표는 매출, 수익, 주가, 시장점유율(M/S) 등이 있다. 최근 3년 정도를 간단히 확인하면서 추이를 기억하면 좋다.

· 시장현황 및 경쟁사 동향(홈페이지, 외부 공시자료, 미디어)

회사를 안다는 것은 회사가 처한 시장의 상황과 주위에 있는 경쟁 회사의 동향을 알아야 하는 것과 같다. 특히 이 부분의 내용과 실제 자기소개서 질문문항과 연결되는 부분이 많으니, 주의 깊게 살펴보자. 최근에는 산업 간

경계가 약해짐에 따라 경쟁사를 고려할 때도 신중해야 한다. 롯데백화점의 경쟁상대는 현대백화점뿐만 아니라 이마트, 옥션 등이 될 수도 있다.

· **외부 언론 자료**

기업 관련 기사 중에서 긍정적인 기사는 대부분 회사에서 보도자료를 만들어 배포하는 것이다. 즉, 외부 사람들이 알아줬으면 하는 내용으로 지원자 역시 반드시 알아야 하는 것이다. 단, 미디어 자료에서는 객관적 정보와 주관적 정보를 구분할 수 있어야 한다. 또한, 남들이 쉽게 볼 수 있는 네이버 검색 첫 페이지, 둘째 페이지만 보지 말고, 열 번째, 열두 번째 페이지도 숙지해 해당 기업에 대한 이해를 높이자.

위의 5가지 분야에 대해 A4 한 장 정도로 간략하게 정리만 하면, 기업이 원하는 메시지를 확인하고 이해하는 데 충분하다. 특히 '숫자'는 잘 기억하길 바란다. 추가적으로, 취업을 준비하는 입장에서 기업 정보를 확인하는 데 꼭 필요한 채널과 가급적 추천하지 않는 채널을 소개하겠다.
옳고 그름의 판단은 스스로 하기를 바란다.

홈페이지

홈페이지는 기업의 얼굴과 같은 존재이다. 많은 사람들이 기업을 알기 위해 홈페이지에 접속하고 있으며, 마찬가지로 기업은 홈페이지를 통해 다양한 기업 정보를 공개하고 있다. 또한, 홈페이지는 기업의 가장 최신 정보를 접할 수 있는 것이다. 가끔 학생들이 조사한 자료를 보면 일부 과거 내용이 있는 것을 확인할 수 있다. 블로그와 같이 정보를 2차 전달(Feeding)하는 채널은 정보의 신뢰성에 대한 우려가 있음으로 가급적 기업 홈페이지를 통해 정보를 확인하는 습관을 권장한다.

미디어

각종 온·오프라인 미디어 매체를 통해 생성되는 기업 정보 또한 기업의 최신 정보를 확인하는 데 유용하다. 특히 자기소개서나 면접에서 가장 최근에 노출된 정보를 기억해두는 것은 해당 기업에 대한 관심을 보여주는 데 있어 효과적이다. 하지만, 미디어 검색 시에는 공정성에 대한 주의가 필요하다. 사실 전달이 아닌 논평과 같은 의견 제시일 경우 자칫 기업에서 지향히는 모습과 정보의 목적이 다를 수 있기 때문이다.

지속가능경영(사회책임경영)보고서

최근 기업의 사회적 책임(Corporate Social Responsibility)에 대한 사회적 요구가 증대됨에 따라 많은 기업에서 지속가능경영보고서를 발행하고 있다. 한국생산성본부 조사에 따르면 2015년 기준 보고서를 발행한 기업은 누적으로 215곳이다. 우리가 흔히 알고 있는 대부분의 기업에서 이러한 보고서를 발간하고 있다. 지속가능경영보고서의 가장 큰 특징은 기업의 다양한 재무, 비재무적 정보를 한 권의 책으로 담고 있다는 것이다. 즉, 사업 분야, 인사제도, 채용 등 지원자가 궁금해하는 내용을 한 번에 찾아볼 수 있다. 최근에는 면접 시 CSR에 대한 질문도 종종 출제되고 있다. 그러므로 보고서를 통해 해당 기업에서 어떠한 사회적 활동을 중점적으로 하는지를 미리 확인하는 것은, 또 하나의 경쟁력을 만들 수 있는 것이다.

다트(DART)

상장기업의 재무지표를 통합 공시하는 채널이다. 굳이 두껍고, 이해하기 어려운 사업보고서를 확인하지 않더라도 최근 경영지표를 확인할 수 있다. 또한 주요 경쟁 기업과의 지표를 비교함으로써 회사의 재무경쟁력(Financial Performance) 또한 확인이 가능하다.

취업 정보 공유 사이트의 두 얼굴

포털 사이트에 취업을 검색하면 사이트, 블로그, 카페 등 여러 채널을 통해 취업 관련 정보를 제공하는 채널을 손쉽게 찾을 수 있다. 정말 좋은 정보들이 많다. 굳이 돈을 들이지 않더라도 많은 사람들의 성공담과 노하우를 얻을 수 있다. 하지만, 이러한 Open source의 가장 큰 맹점은 정보의 신뢰성 문제이다. 정보를 맹목적으로 믿고, 그렇게 하면 다들 취업에 합격할 수 있다는 마음을 가지게 한다. 그게 진실이라면 대한민국에 취업 안 되는 사람이 어디 있겠는가. 항상 조심하자. 현대모비스에 지원한 학생이 작성한 기업이해표를 소개한다.

〈 표 〉 현대모비스 경영지원 직무

항목	주요 내용
비즈니스 영역	부품 제조: 모듈(Cockpit, Front End, Chassis), 핵심 부품 (안전 제품, 제동 시스템, 조향 시스템, 에어 서스펜션 시스템, 신소재), 친환경 핵심 부품, 멀티미디어, 자동 순항 시스템 AS 부품: AS 부품 공급 (물류, 재고, 시스템)
비전/인재상/직무역할	현대자동차그룹 핵심가치: 고객 최우선, 인재존중, 도전적 실행, 글로벌 지향, 소통과 협력 현대모비스 비전: (2020 글로벌 탑티어) 중장기 방향: 모듈 중심에서 전자화 중심의 사업구조 전개 인재상 1. 도전적 추진력으로 실행하는 모비스인 2. 소통과 협력에 앞장서는 모비스인 3. 글로벌 경쟁력을 갖춘 모비스인 4. 고객 만족을 최우선시 하는 모비스인 5. 인재 존중의 기업문화를 실천하는 모비스인 　경영지원 직무: 인사, 인재개발, 총무, 홍보, IT 업무
재무현황	2015년 매출액: 36조 영업이익: 2조 9천 순이익: 3조 영업 이익률: 7.9% 순이익률: 7.28% 주요 제품 매출 구성: AS 부품 사업 17.5%, 모듈 및 부품 82.5% 총 직원 수: 8,569명
재무현황	최근 5년 매출액은 증가세이나 영업이익률과 순이익률은 감소 추세 (2011년 영업이익률 10%대→8%대) 해외법인 매출 현황 : 유럽 지역 모듈 20% & AS 6.7% 상승 미주지역 AS : 22% 상승, 중국 지역 모듈부분 8.3% 　하락 등

시장현황/경쟁동향	경쟁사 현황: 보쉬, 덴소, 마그나, 콘티넨탈
외부 언론자료	현대모비스 공급망 다변화 모색 중(미국, 유럽, 중국) 현대차그룹 계열사들의 회사채 발행 규모도 점차 줄어드는 추세(현대모비스 2013년 이후 회사채 X) 현대모비스 미래차 기술개발 현황 자율 주행차(적응형 순항 제어장치, 2020년 자율주행 기술 양산차 적용 목표) 친환경차(친환경 핵심부품의 공용화 추구, 충전기 베터리 제어기 자체 개발) 현대차 의존도 낮춘다(2025년까지 해외 신규거래선 납품비중 1.5배 확대)

Part 2

글로 표현하는
나의 경쟁력

Part 2
글로 표현하는 나의 경쟁력

2-1. 이력서와 자기소개서는 세트(Set)이다

이력서와 자기소개서는 당신이 원하는 회사로 가기 위한 첫 단계이다.

즉, 첫 단추가 잘 꿰어져야 다음이 있는 것이다. 그러나, 잘못된 정보와 말도 안 되는 조언의 결과로 인해, 매우 수준 낮은 자기소개서가 난무하고 있다. 십 수년의 직장생활 과정에서 속세에 찌들어 있는 우리 꼰대의 관점에서 보면, 채용 담당자가 선호하고 합격시키는 자기소개서는 그야말로 뻔하다. 따라서, 이 글을 읽는 학생들은 이 책 저 책, 이 정보, 저 정보 찾느라 귀한 시간 낭비하지 말고, 이 한 권의 책으로 입사서류 작성을 끝내길 바란다.

이력서를 잘 작성하는 것은, 자기소개서 작성 못지않게 중요하다. 그럼에도 불구하고, 대부분의 취업 관련 책이나 취업컨설턴트들은 이력서 얘기를 안 한다. 왜? 이력서는 스펙으로 채워야 하므로, 해줄 말이 없다고 생각하기 때문이다. 하지만, 이력서와 자기소개서는 분리할 수 있는 성질의 것이 아니라, 동일한 목적을 가진 세트(Set)이므로, 이력서 작성에 있어서도 심혈을 기울어야 한다. 둘 중 어떤 것이 더 중요하냐고 묻는다면, '당연히 이력서'이다.

우리와 함께 취업 멘토링을 하는 분들은 지금까지 약 12,000여 명 취업준비생들의 이력서와 자기소개서를 해당 회사의 면접관 관점에서 평가했고, 2,200여 명을 직접 멘토링하고 첨삭했다. 전혀 첨삭할 필요가 없을 정도로 완벽하게 작성한 입사서류도 있었지만, 대부분의 학생들이 이력서와 자기소개서의 정확한 의미와 쓰는 목적에 대해 모른다는 것을 확실하게 느꼈다. 이력서는 정량적인 데이터, 단답형, 기술형 단어로 주로 표현하고, 자기소개서는 정성적인 문장형 언어로 표현하게 된다. 즉, 형태만 다를 뿐 이력서와 자기소개서에 담긴 내용은 상호 일치(Coupling)해야 한다. 이력서를 보는 면접관과 자기소개서를 보는 이가 다르지 않다. 따라서, 이력서에서 취미가 활동적이라고 되어 있으면, 자기소개서에서도 활동적인 내용이 있어야 함에도 불구하고, 따로 노는 경우가 생각보다 훨씬 많다.

> 이력서는 숫자, 단어로 표현하는 정량적 자기표현이고,
> 자기소개서는 문장, 메시지로 표현하는 정성적 자기표현일 뿐이다.

2-2. 이력서 제대로 쓰기

이력서(履歷書, Resume)는 취업을 목적으로 자신의 정보를 기재해 회사 등에 보여주기 위해 제출하는 서류를 말한다. 즉, 정해진 틀(양식)에서 본인이 살아온 경력과, 본인이 어떤 사람인지에 대해 작성하는 것이다. 기업별로 10~20개 되는 공통된 항목을 제시하고, 지원자의 속성을 항목에 맞춰 기입하는 것으로, 가장 큰 특징은 '객관성'으로, 평가 기준(Evaluation

Criteria), 척도(Measurement Index) 등은 이미 정해져 있다. 복수의 면접 관들은 본인의 경험, 직무 역량, 나이 등 여러 조건에 따라 똑같은 사물일지라도 다르게 판단하게 된다. 즉, 주관적 개입이 발생할 수밖에 없다. 따라서, 최대한 동일한 결과값을 얻기 위한 객관적인 도구가 이력서이다.

최근에는 많은 기업이 온라인 시스템을 통해 이력서와 자기소개서를 제출하도록 한다. 그래도, 기업에서 가장 많이 사용하고 있는 이력서 구성요소(항목)를 보면서 어떤 평가 기준과 작성 방향을 선택해야, 오류를 최소화할 수 있는가에 대해 살펴보자.

이 력 서

I. 기본인적사항

(사진)	응시분야		희망연봉			
	성명(한글)		주민등록번호			
	성명(한문)		나이		성별	
	성명(영문)		E-MAIL			
	휴대전화		자택전화			
	SNS					
	주소					
취미		특기		종교		
신장		체중		혈액형		
결혼여부		교정시력		보훈대상		
흡연여부		장애여부		장애구분/등급		

II. 학력사항

학교명	기간	학과(주전공/부전공)	학점	졸업구분	소재지

III. 경력사항

경력 사항 (업무)	회사명	근무기간	근무부서	직위	퇴직사유	연봉
		~				
해외수학 (연수) 및 수상경험	기관명	기간 ~	국가		도시	졸업/수료
봉사 활동 경험	기관명	기간 ~	봉사내용			증빙유무

IV. 자격사항

외국어	시험명	점수	등급	취득년월일	인증기관
자격증	자격명	자격급수		취득년월일	발급기관

〈그림〉 이력서 양식

◉ 사진

우리가 생각하는 이력서상의 사진은, 지원자의 모습을 확인하기 위한 도구 이상의 가치를 가진다. 사람들과의 관계에서 첫인상이 매우 중요하고 오랫동안 기억에 남듯이 이력서의 사진 또한 상대방에게 보여주는 첫인상으로 생각하자. 굳이 우리의 말을 기억할 필요도 없다. 완성된 하나의 이력서를 본다면, 당신은 어떤 항목부터 눈길이 가겠는가. 당연히 사진이다. 얼굴을 먼저 확인하고자 좌측 상단에 위치하고 있는 것이다.

모 항공사에서는 이력서에 사진 항목을 없앴다고 한다. 그런데, 서류에서 합격하면 지원자들의 전신사진을 찍는다고 한다. 이게 과연 외모를 안 보는 것인가? 이 책을 정독하고 있다면, 꼭 기억했으면 좋겠다. 기업은 아주 합리적인 집단이다. 즉, 불필요한 것은 굳이 물어보지도 수집하지도 않는다는 것을. 사진이 중요하기에 여러분들에게 비싼 사진관에서 촬영을 하라고 추천하는 것은 아니다. 대부분의 학생들은 5만 원 이상의 비싼 가격을 지불하고, 강남의 고급 사진관에서, 파란 바탕에 똑같이 치장한 모습으로 '단 한 번' 찍은 후, 그 사진을 많은 회사에 지원하는 데 활용한다. 그것보다는 1~2만 원짜리 사진을 여러 번 찍어서, 30대 중반부터 40대 중반의 본인과 관계 없는 어른들에게 보여 준 후, 잘 나왔다고 얘기하는 사진을 이력서 사진으로 선택하길 바란다. 절대 이력서에 넣을 사진을 친구들이나 연인에게 혹은 부모님께 예쁘게 나왔냐고 묻지 말자. 친구들은 호들갑 떨며 예쁘다고 할 것이고, 부모님은 '아이고 예쁜 내 새끼' 할 것임이 분명하다. 반드시 주위 어르신, 10살 이상 차이가 나는 학교 선배 등 기업 면접관 정도의 연령대이신 분들에게 보여주고 그들이 잘 나왔다고 말하는 사진을 쓰자.

대부분의 남자 학생들의 사진은 헤어 제품을 잔뜩 바른 타입, 여자 학생들은 머리를 단정하게 뒤로 넘긴 형태로 천편일률적이다. 왜 그렇게 찍었냐고 물으면, 전문 사진 기사가 가이드 했다고 한다. 그럼, 취업도 전문 사진 기사한테 물어보고 해라. 그들이 여러분을 채용하는 것이 아니다. 모두가 똑같은 모습으로 사진 찍을 이유가 전혀 없다. 소개팅을 생각해보자. 여러분들은 멋진 인연을 만나러 가는 자리에 어색한 가르마를 타고, 머리는 올백을 하고 그렇게 가는가? 아니면, 자연스럽게 최대한 예쁘게 하고 가는가? 소개팅과 면접은 다르다고 생각하는가? 아니다. 그런데 왜 사진은 천편일률적으로 똑같이 찍는 것이 맞다고 믿는가. 면접도 소개팅과 마찬가지로 사람과 사람이 만나는 행위이다. 본인을 가장 잘 나타낼 수 있는 스타일이면 충분하다. 남들과 똑같이 하지 말자.

○ 희망연봉

희망연봉 기입란은 순간 고민을 하게 만든다. '너 회사에서 얼마 받고 싶어?' 라는 내용을 적으라고 하기 때문이다. 많은 학생들이 중소기업에 지원하지 않는 이상 희망 연봉을 낮게 쓰는 경향이 있다. 그렇게 해야 겸손하게 보이는 것으로 인식한다. 만약 본인이 낮게 쓴 금액으로 일을 하라고 한다면, 진짜 오랫동안 일을 할 것인가? 그렇지 않다면 정상적인 범위 내에서 소신껏 쓰길 바란다. 기업들의 신입 연봉을 확인하려면 공공기관의 경우 공공기관 알리오(www.alio.go.kr), 민간기업의 경우 각 회사의 지속가능경영보고서 또는 재무 공시자료에서 찾아볼 수 있다. 그래도 적기 어렵다면 사규에 따르겠다고 쓰길 바란다.

⊙ 연락처 및 SNS

일부 기업에서 블로그, 페이스북 등 SNS를 적도록 요구하고 있다. 이러한 SNS는 잘 활용하면 평소 본인의 모습을 가장 잘 보여줄 수 있다. 그러나, 역으로 검증을 당할 수도 있다. 자기소개서에는 외향적이고 친구가 많다고 적었는데, SNS에는 하루에 '좋아요' 또는 방문자 수가 10명도 채 안 된다면 채용관들은 여러분이 거짓말하는 것을 자동으로 알게 될 것이다. 요즘은 40대 이상에서도 여러분들 못지않게 SNS를 잘하는 분들이 많다는 것을 기억하자.

이메일은 가급적 2개를 쓰는 것이 좋다. 비대면 채널의 가장 큰 약점은 수신자(Receiver))와 송신자(Sender) 사이의 정보 확인이 되지 않을 수 있기 때문이다. 우리도 사회 경험을 하면서 고객은 이메일을 보냈다고 하는데, 나는 받지 못한 경우가 종종 있다. 또한, 정보 보안 강화로 인한 스팸(SPAM) 처리가 되는 경우도 있다. 준비된 자세임을 보이자. 그리고 이메일 주소에 너무 특이한 스펠링이 있다면 재확인하자. 상대방이 어떻게 해석하냐에 따라 본인의 평가가 달라질 수도 있다. 가장 무난한 이메일 주소는, 본인의 풀 네임이 들어간 이름이다.

⊙ 주소

지방에서 온 친구들은 기숙사 또는 자취를 하게 된다. 이때 현 거주지 주소를 써야 할지, 원래 주소를 써야 할지를 고민한다. 우리는 현주소를 입력하기를 추천한다. 지역을 강조해야 하는 특별한 이유가 없기 때문이다. 또한, 사람에 따라 지역에 따른 인식이 편향된 이미지를 줄 수도 있기 때문이다. 원래 살았던 주소를 써야 한다면, 면접 시에는 지역에 대한 기본 정보를 미리 확인하도록 하자. 본격적인 면접 질문에 앞서 Opening Question으로 묻기도 한다. 어떤 여학생을 면접한 적이 있다. 긴장을 풀어주기 위해 "사는 곳이 학교와 근처이시네요" 하자, 학교 기숙사 주소를 입력한 것이며, 자취하고 있는 주소를 명기하면 혹시나 정보가 유출되어 문제가 생길 수도 있을 것 같다고 답변을 하였다. 여학생들은 참고하면 좋을 것 같다.

◉ 학력/학점

학력, 경력 사항 등 시점이 나타나는 항목은, 최근의 내용부터 과거까지 '순차적으로 기록'을 해야 한다. 최근 3년간의 당신 모습과 20년 전의 당신 모습 중에서 어떤 것이 지금의 당신과 더 가까운가를 생각해봐라. 학력 사항은 주로 대학교(대학원), 고등학교 정도만 입력해도 충분하다. 전과를 했으면 이전의 전공도 쓰면 좋다. 특히 공대, 인문대, 상대 등 단대의 경계를 벗어난 전과는 역량의 차별화가 될 수 있다.

학점과 같은 지표는 망대특성으로 높으면 높을수록 좋다. 그렇다고 4.0점과 4.3점의 차이가 합격과 불합격을 결정하는 중요한 요소일까? 우리가 보기엔 똑같다. 즉, 일정 수준 이상만 되면 점수의 차이에 의한 평가 기준이 다르지 않다는 것이다. 그러나 학점이 너무 낮은 학생들은 왜 학점이 낮은가에 대한 답변을 준비하기 바란다. 어려운 자격증 준비, 고시 준비 등은 최소한의 명분이 될 수 있고, 등록금을 번다고 밤마다 아르바이트해서 학점이 낮다고 하는 것도 좋은 변명이 될 수 있으며, 어떤 면접관에게는 인정이 될 수도 있다. 이러한 설명도 없을 경우 채용 담당자는 어떤 생각을 할까? 공부를 못하거나, 머리가 나쁘거나, 성실하지 못한 사람으로 판단해버릴 수 있다. 학점은 높은데 다른 활동 사항이 없으면 공부만 한 샌님으로, 학점은 낮은데 활동이 많으면 적극적인 인물로 보여질 수도 있다. 반대로 학점도 높은데 다른 활동 또한 많으면 열심히 살아온 친구로 비춰질 것이고, 학점도 낮은데 다른 활동도 없으면 바보로 비춰지게 된다.

◉ 경력 사항

경력은 회사와 학생이 공식적인 계약을 체결하여 정해진 직무를 수행하는 것을 말한다. 우리가 흔히 얘기하는 인턴이 대표적인 경력으로 볼 수 있다. 채용담당자 대상 설문조사에서도 알 수 있듯이 기업에서 중요하게 생각하는 지원자의 역량으로 직무(현장)에 대한 경험을 뽑고 있다. 최근에는 정규직 전환형 인턴 제도를 운영하는 기업이 증가함에 따라, 많은 학생들이 인턴에 대해 관심을 가지고 있다. 인턴 경험이 많으면 다양한 주제에 대해 설명할 수 있지만, 본인이 희망하는 기업 또는 직무와 무관한 인턴 경력은 자칫 역효과가 날 수 있으므로 작성에 있어 주의가 필요하다. 또한, 본인이 수행했던 담당 업무에 전략 수립, 기획업무 등 인턴이 할 수 없는 것은 적지 말자. 어떠한 회사도 인턴에게 그런 일을 시키지 않는다. 인터넷 조사, 엑셀 정리, 복사 등 실제로 수행한 내용을 기록하면 된다.

경력 내용이 부족하다면, 아르바이트 경험도 경력 사항에 적자. 다만, 애초부터 서비스 업종에 취업할 거 아니면 커피숍 등 서비스 직종에만 집착하지 말고, 다른 아르바이트를 하는 것을 고려해보자. 단, 5일간의 경험도 좋다. 본인이 희망하는 기업, 직무 관련 아르바이트는 찾기 나름이다. 일반 서비스 업종이나 마케팅 직무를 희망하는 학생은 가판대 판매 경험이라도 만들자. 마지막으로, 기업명을 적을 때는 오타에 주의하자. 대부분의 기업명은 고유명사로, 띄어쓰기가 없다. 당신 이름을 잘못해서 부른다면, 금방 인지할 것이고 기분이 나쁠 것이다. 회사도 마찬가지이다.

◉ 대외활동/경험

대학생이 할 수 있는 사회 경험으로는 동아리 활동, 학생회 활동, 대내외 봉사활동 등을 들 수 있다. 특히 봉사활동은 기업들의 사회적책임(CSR), 사회공헌 활동이 중요해 짐에 따라 취업을 위한 학생들에게도 좋은 Reference가 될 수 있다. 회사에서 운영하는 대학생 봉사단 등에 참여하면 채용 지원 시 가점을 주는 기업도 있다. LG그룹에서 운영하는 'LG Global Challenge' 프로그램에서 입상하면 그룹 내 원하는 기업, 원하는 부서에 입사할 수 있는 혜택도 있다. 또한, 공기업에 지원하는 친구들에게 봉사활동 경력은 기본이다.

〈 표 〉 경력과 경험 비교

구분	경력	경험
근무조건	일정 보수, 일정 기간	무보수가 다수
고용보험	가입 (일부 아르바이트는 미가입이 많음)	–
수행업무	기업 내 직무 관련 (아르바이트는 단순직)	–
유형	인턴, 아르바이트	봉사활동, 동아리활동, 어학연수 등

자격증

자격증은 사람이 특정 자격을 보유하여, 그것으로 밥 먹고 살 수 있다는 것을 나타내는 증서이다. 따라서, 흔히 취득하는 MS오피스활용능력(MOS), 운전면허증 및 단기 학습으로 취득 가능한 금융자격증 등은 그다지 차별성을 가지지는 못한다. 더군다나 지원하는 기업 또는 직무와 관련 없는 자격증은 오히려 역효과가 날 수도 있다. 그래도, 자격증이 있는 것은 없는 것보다는 낫다. 만약 자격증이 없으면 매경테스트를 보자. 경제/경영/시사관련 역량을 검증하는 테스트로 많은 기업에서 직무 수행을 위한 기초 능력의 판단 기준으로 활용하고 있다. 이왕이면 600점보다 800점을 넘기자. 정상적인 대학생활을 했으면, 2주도 안 되는 짧은 준비로 시사상식을 재점검해보고, 자격증란에 한 칸 채울 수도 있다. 금융권 지원하는 친구들은 취득하는데 한 달도 안 걸리는 자격증은 따놓자. 우리는 '잡 자격증'이라고 부르긴 하지만, 어찌 됐거나 합격에 도움이 된다니 미리 따놓자.

어학능력

이제는 글로벌 시대이다. 당신이 희망하는 회사는 99% 이상이 글로벌 비즈니스를 할 것이다. 안 할지라도 어학능력은 매우 중요하다. 어학능력을 나타내는 가장 대표적인 것은 토익(TOEIC)이다. 토익 점수는 상경계열에서는 700점, 공과계열에서는 600점이 안 되면 오히려 약점이 될 수 있다. 이때는 토익 말고 토익스피킹(TOEIC Speaking)등 다른 기준을 찾아보자. 토익 점수가 700점인데 토익스피킹이 6레벨이면 토익스피킹만 쓰자. 토익 850점이나 930점은 해당 회사에서 특별한 평가기준을 정해놓지 않은 이상 별 차이 없다. 10~20점을 올리기 위해 시간을 소비하지 말자. 면접관은 토익점수는 매우 낮은데, 면접 자리에서 유창한 언어를 구사하는 지원자를, 점수만 높고 말은 못하는 지원자보다 훨씬 더 선호한다. 회사에서는 실제 언어 구사 능력이 중요하며, 영어를 잘한다고 판단되는 지원자에게는 면접 자리에서 영어 답변을 요구할 수 있다. 이때 본인의 영어 실력을 직접 보여주면 된다.

◉ 수상 경력

'살아오면서 가장 큰 성취감을 느꼈던 경험이 있다면 기술해 주시기 바랍니다.' 자기소개서에 많이 등장하는 단골 항목이다. 전부는 아니지만, 성취감을 정량적으로 표현하는 대표적인 것이 바로 수상 경험이다. 그렇다고 수상란에 반드시 대단한 이력만 넣어야 하는 것은 아니다. 수업 시간도 좋고, 교내 활동의 결과로 받은 상도 괜찮다.

◉ 취미/특기

이력서 항목에서 유일하게 주관적인 사항을 기술하는 항목이다. 즉, 이 항목은 작성에 따라 본인의 강점을 더욱 부각시킬 수 있고, 약점을 상쇄시키기도 한다. 가장 자신 있는 내용을 쓰고, 면접 때 실제로 증명할 수 있어야 한다. '남들 웃기기, 사람들과 말하기' 이런 것은 쓰지 말자. 면접관들을 진짜 웃길 수 있을 정도의 능력이 없다면, 수영, 승마 등 스포츠로 쓰자. 하지만 잘하든 못하든 반드시 해당 취미와 특기에 대한 최소한의 지식은 확보해야 한다.

지금까지 이력서의 각 항목별 출제 의도와 작성 방향을 살펴보았다. 다시 요약하면, 정해진 양식에 단답식으로 본인을 표현하되, 빈칸이 최대한 없도록 해야 하며, 최근부터 과거 순으로 작성해야 한다. 가끔 대단한 이력을 적어야 좋은 인상을 받는다고 생각하는 학생들도 있었고, 또는 일부 빈칸이 있어도 다른 차별화를 가지고 있다고 자신하는 학생도 있었다. S대 출신, 공인회계사 취득, 사법고시 패스 등 사회적으로 인정해주는 대단한 이력이 있다면 빈칸이 많아도 된다. 그렇지 않은 이상 본인을 가장 잘 보여줄 수 있는 항목으로 주어진 요건을 모두 충족하도록 노력해야 한다.

2-3. 자기소개서 제대로 쓰기

자기소개서(自己紹介書, Self-introduction document)는 본인을 소개하기 위한 목적으로, 본인의 성장 환경이나 장점들을 나열하여 타인에게 상세한 정보를 제공하고자 작성하는 것이다. 그런데, 채용 과정에서의 자기소개는 문구 그대로 '자기소개'만 되어서는 절대 안 된다. 자신은 그러한 역량 또는 특성을 가진 사람이라고 표현하고, 이를 상대방에게 공감시키는 것이 매우 중요하다. 공감이라는 것에 대해 좀 더 부연 설명하면, 자기소개서라는 글을 통해 회사와 지원자가 의도하는 메시지를 일치화하는 것이 핵심이다.

● 회사와 지원자의 매칭

입사서류 작성에서 제일 중요한 것은, 해당 기업의 인재상 및 직무 역량과 연계된 자신의 강점을 강조하는 데 있다. 학생들의 자기소개서 유형을 보면 크게 다음과 같이 나뉜다.

질문의 의도와는 전혀 상관없이, 자신이 하고 싶은 주장만 하는 자기소개서

질문에 대한 답은 했지만, 근거 없는 주장만 해대는 자기소개서

질문에 대한 답을 했으나, 자신의 강점을 주장하며 근거를 제시하는 자기소개서

두괄식으로 질문에 대한 답을 제시하며, 기업의 인재상 및 직무 역량과 연관된
자신의 강점을 어필하며 그에 대한 근거가 공감이 가는 자기소개서

한 명의 서류 검토 시간은 3분 미만이며 수많은 입사 지원서를 빨리 보기
위해, 기업에서는 크게 두 가지를 중요시한다. 첫째, 지원 회사의 '인재상'
또는 '직무 역량의 핵심가치'를 표현해주는 의미가 포함된 단어나 문장이 있
어야 한다. 지원 회사의 '인재상' 및 '직무 역량'과 연결된 단어 또는 관련 내
용이 없을 경우 그 지원자는 불합격 된다. 예를 들어, 회사는 '열정', '창의'를
가진 지원자를 원하는 데 반해, 지원자의 자기소개서가 '성실', '정직'만을 강
조하면 떨어진다는 것이다. 그래서 'Copy & Paste' 해서 제출한 자기소개서
는 99%를 떨어지게 되는 것이다(붙는 1%는 입사지원서를 읽는 채용 담당
관이 게을러서 제대로 체크를 안 했을 경우이다). 두 번째는 위에서 언급한
자기소개서를 쓰는 형식이다. 1번과 2번 유형의 자기소개서는 지나가며 읽
어도, 시간 낭비인 걸 알기 때문에, 바로 옆으로 버린다. 3번째 유형은 잠깐
이라도 읽어 볼 가치를 느껴, 가끔 읽혀지기는 하지만 합격 가능성은 낮다.
마지막 4번 유형의 자기소개서를 보게 된다면 바로 합격일 뿐만 아니라, 면
접 시 해당 질문 자체도 호의적으로 나갈 수밖에 없다.

기업 담당자는 단순히 지원자가 어떤 경험을 했다고 해서, 당연히 그러한
능력이 생겼을 것이라고 절대 생각하지 않는다. 즉, 여러분은 일반화의 오류
를 범하는 실수를 하지 말아야 한다. 가장 간단한 예로 '저는 어학연수를 다
녀와서 글로벌 마인드가 있습니다'라고 썼다고 치자. 서류 확인 담당자는 이
러한 글을 보면 바로 옆으로 제쳐두게 된다. 아주 흔해 빠지고, 상투적이며,

어학연수를 다녀온 수많은 학생들이 적는 진부한 내용이기 때문이다. 이 보다는 '어학연수 생활에서 시도 때도 없이 공원에 나가 한가로워 보이는 어르신들과 대화를 하려고 노력해 보았습니다' 또는 '일부러 길거리 홍보 아르바이트를 찾아서, 여러 사람을 대면하는 과정을 통해 외국인과도 소통해 본 경험이 있습니다'라는 문구를 쓴다면 면접관은 여러분 의견에 공감하게 되는 것이다. 즉, 자신이 주장하고자 하는 부분에 대한 시간 할애보다는 주장에 대한 '근거'를 얼마나 치열하게 생각하고 찾아내느냐가 핵심이라는 얘기다. 자기소개서는 앞서 작성한 '개인연대기'와 '기업이해하기'를 가지고 만든 두 가지 표를 통해, 본인과 기업을 연결시켜 작성하는 것을 원칙으로 한다.

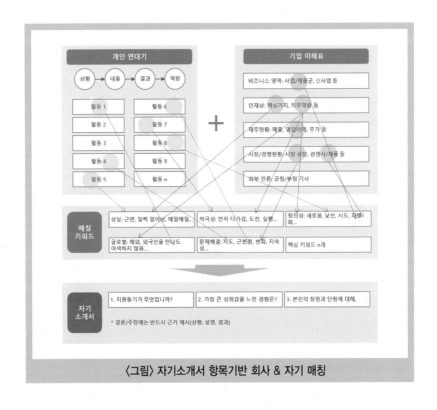

〈그림〉 자기소개서 항목기반 회사 & 자기 매칭

● 자기소개서 질문 의도 파악하기

자기소개서의 '질문 의도'를 파악하는 것이 매우 중요하다. 하나의 질문만을 제시하는 회사는 없다. 복수의 질문들은 때로는 독립적인, 때로는 어떤 질문에 대한 종속적인 의미를 가진다. 이를 맥락 분석(Context analysis)이라고 한다. 왜 이런 질문을 할까? 이 질문을 통해 면접관이 과연 무엇을 알고 싶어 하는 것일까를 먼저 고민해야 한다.

상대방의 의도를 모르면서 답변을 한다는 것은 내 입장에서 말을 하는 것이고, 내 말을 그냥 들으라고 하는 일방적 소통에 지나지 않는다.

회사는 좋은 사람을 뽑으려고 하지 않는다. 좋으면서도 필요한 사람을 뽑는다. 좋은 사람이라는 것을 다른 용어로 인성이라고 얘기한다. 필요한 사람을 적성이라고 한다. 즉, 회사는 인성과 적성이 회사와 일치하는 사람을 뽑기 위해 자기소개서를 통해 지원자가 어떠한지를 판단하고 싶어 한다.

> 💡 K공사 자기소개서 출제항목
>
> 1. 본인의 장점에 대해 기술하고 그 장점을 발휘해 성공적으로 일을 처리했던 경험, 그리고 이러한 경험이 OOO에 어떠한 기여를 할 수 있을지에 대해 기술하세요(100자 이상 600자 이내).
>
> 2. K공사의 인재상 3가지 중 자신에게 가장 잘 어울리는 것을 선택하여, 그와 관련된 본인의 경험과 함께 구체적으로 기술하세요 (100자 이상 600자 이내).
>
> 3. 지금껏 살아오면서 가장 열심히 했다고 자부하는 활동(학업, 운동, 취

미, 일 등)들에 대해서 기술하고 이러한 경험이 향후 본인의 업무에 어떤 도움이 될지 기술하세요(100자 이상 600자 이내).

4. K공사 입사 후 10년 내에 성취하고 싶은 포부를 과거 본인의 경험과 연계하여 기술하세요(100자 이상 600자 이내).

첫 번째 질문의 핵심 키워드는 '장점'→'근거'→'회사 기여' 등으로 볼 수 있다. 이러한 질문 형태는 기업들이 '질문의 가이드'를 아주 친절하게 알려준 경우이다. 질문의 의도는 당신이 어떠한 역량(강점)을 가지고 있고, 그것이 회사의 발전에 기여하는 것인지, 아닌지를 알고자 하는 것이다. 사람의 장점은 많다. 피아노를 잘 치는 것도 장점이다. 허나 이것이 회사에 기여할 만한 것인가는 생각해 볼 문제이다. 회사에 기여할 만한 장점을 제대로 적어나가는 것이, 합격과 불합격을 가르는 요소인 것이다. 따라서, 본인의 장점과 경험은 기업의 인재상 및 직무 역량과 반드시 연결되어야 한다.

두 번째 질문의 핵심은 '회사 인재상'→'본인 적합성'으로 요약할 수 있다. 회사는 많은 사람들이 함께 생활하는 공동체이다. 개인사업은 본인이 모든 것을 결정하지만, 법인에서는 상호 역할이 나누어져 있고, 공동의 목표를 위해 달려가는 집단이다. 조직에 얼마나 어울리는 인재인가를 판단하는 것은 중요하다. 당연히 회사의 인재상과 본인 경험간의 공통 부분을 어필해야 한다.

세 번째 질문은 '가장 열심히 살아온 경험'→'회사 기여'이다. 역시 본인이 어떠한 사람이며, 회사에 어떤 기여를 할 수 있는가를 보는 것이다. 반드시 본인의 경험과 지원 직무를 연결해야 한다.

마지막 질문의 키워드로 '10년 내 목표', '본인의 준비 현황'이다. 본인이 회사에서 하고 싶은 것, 기여할 수 있는 것과 이것을 위해 지금 무엇을 준비하고 있는가를 보는 것이다. 즉, 자신과 회사를 위한 구체적인 꿈을 가지고 있고, 이러한 꿈이 임기응변이 아닌 평소에 생각하고 있었던 것임을 표현하는 것이다. 대부분, '이 회사의 최고경영자가 되겠습니다'라고 쓰는데, 너무 준비를 안 한 티가 나지 않는가? 이러한 읽기도 귀찮게 만드는 표현 대신, 만약 재무부서라면, 현재 '재무부서의 총괄 이사님은 ○○○인데, 10년 후 그 자리에 제가 앉겠습니다'처럼 구체적으로 적기 바란다.

지금까지 각 항목별 숨은 의도를 살펴보았다. 회사의 의도를 친절하게 명시하는 곳도 있지만, 대부분은 지원자가 찾아야 한다. 질문을 보면서 '왜 회사에서는 이러한 것을 물어볼까'라는 생각을 먼저 하고, 회사의 입장에서 원하는 답변이 무엇인지를 염두에 두면서 글을 쓰도록 하자.

○ 자기소개서는 메시지텔링이다

대부분의 학생들은 자기소개서를 '예쁘게 글 쓰는 것' 정도로 해석하고 있다. 취업 관련 기관에서도 오탈자, 윤문 등에만 신경 쓰고 있다. 또한, 국문과 교수님이나 논술선생님에게 첨삭 받은 자기소개서는 떨어질 확률이 무척 높다. 왜냐하면, 문학적으로 잘 쓴 자기소개서와 회사, 직장인으로서 잘 쓴 자기소개서는 전혀 다른 별개의 것이기 때문이다. 최근에는 스토리텔링 (Story Telling)기법의 자기소개서 등도 찾을 수 있다. 물론 이런 것들이 아주 의미 없는 것은 아니지만, 자기소개서의 핵심은 지원자와 회사 간의 필요인재 & 충족인재임을 확인하는 커뮤니케이션이라는 사실을 명심하자. 우리는 많은 기업을 직접 근무하고, 컨설팅하고, 네트워킹을 쌓으면서 기업에서 필요한 인재속성과 커뮤니케이션 스타일을 확인해 왔다. 또한, 약 2,200 여 건의 자기소개서를 검토하고, 상담하고 있다. 이 책을 통해 지원자와 회사가 서로 일치하는(Fitness) 인재의 모습을 글로써 표현하는 방법을 알려주고자 한다.

자기소개서는 스토리텔링(Story Telling)이 아니라,
메시지텔링(Message Telling)이다.

학생들 자기소개서의 가장 큰 맹점은 자기 위주의 글이라는 것이다. 면접관은 지원자가 누구인지, 어떤 경험을 했는지 등을 알고 싶어 하지 않는다. 즉, 'ㅇㅇ했습니다. ㅇㅇㅇ한 경험이 있습니다'라는 것을 보고 싶어 하는 것이 아니라, 그러한 경험을 통해 지원자는 어떤 인성을 지니고 있고, 관련 분야의 역량을 보유하고 있는지, 그것이 우리 회사에 적합한지, 회사에 기여를 할 수 있을 것인지를 확인하고자 하는 것이다. 그렇기에 다른 회사에 똑같이 지원해도 되는 자기소개서, 예를 들어 마케팅에 지원했는데 인사부에 지원해도 말이 되는 일반적인 자기소개서는 적합성이 매우 낮은, 99% 떨어지는 쓰레기일 뿐이다.

074 · 075

Part 2. 글로 표현하는 나의 경쟁력

● 매력적인 자기소개서를 쓰기 위한 TIP

#1. 자기소개서 작성의 첫 번째, 질문 항목을 열 번 읽어라.

  '자기소개서의 질문 항목은 회사가 지원자에게 확인하고 싶어하는 내용이다. 그러나, 많은 학생들은 질문을 100% 이해하지 못하고, 동문서답하는 경향이 있다. 나는 아닐 것이라고 생각하지 말자. 대부분의 학생들이 그렇다. 자기소개서의 질문은 어려운 수학 문제, 경제 문제가 아니다. 차분히 질문을 읽고, 또 읽으면 회사에서 요구하는 메시지의 방향이 보일 것이다.

  항목의 의도를 파악하는 것은 2가지로 진행된다. 먼저 개별 항목에 대한 검토이다. 각 항목을 여러 번 읽고 회사의 입장에서 '왜 이 질문을 했을까?' '이 질문을 통해 나에게 확인하고 싶은 것이 무엇일까?'를 반복하여 생각해 보자. 이렇게 각 항목에 대한 검토가 끝나고, 항목별로 도출된 핵심 메시지(회사의 의도)가 정의되면, 다시 한번 종합해서 생각해 보자. 즉, 개별 문항의 의도와 전체의 의도를 파악해 봄으로써 회사에서 필요한 지원자의 모습을 알게 되고, 따라서 내가 어떻게 글로써 나 자신을 표현해야 하는지에 대한 방향을 설정할 수 있는 것이다.

  질문에 주로 나오는 단어를 살펴보자. 예를 들어, '경험, 극복'과 관련된 단어가 나오는 항목은 지원자의 도전, 역량, 이러한 경험을 통한 변화 항목을 묻는 것이다. '소속'은 팀워크와 공동체 의식을, '기존 방식과의 차이점'은 창의나 혁신, 문제 해결 사고 능력, '지원동기'는 회사에 대한 이해와 간절함, 적합성 등을 묻는 것이다. 질문을 보면서 핵심 키워드를 찾아내고, 그것을 여러분들만의 경험, 생각들과 연관되는 단어로 변환하여, 최종적으로 질문의 핵심과 표현 간의 매칭 정도를 몇 번 확인하면 어떻게 써야 하는지를 알 수가 있다.

예시. 팀(조직) 내에서 갈등을 극복한 경험이 있다면 귀하는 어떠한 노력을 했습니까?

〈숨어있는 의도〉 공동체 생활, 갈등, 문제 해결, 근본적 변화, 본인의 역할 → 입사 후 발생 가능한 문제의 유형과 이를 대처/극복하기 위한 의지를 지원자의 경험을 통해 확인하고자 하는 것

#2. 상황-설명-결과(배운 점 또는 능력을 향상시킨 점)를 기억하라

다시 한번 강조하면, 자기소개서는 글을 쓰는 것이 아니라, 메시지를 전달하는 것이다. 여기서 말하는 메시지는 앞뒤 다 자르고 남들이 알아듣지 못하게 만드는 것이 아니라, 전달하려는 의도를 충분히 제시해야 한다. 상황 작성에서는 육하원칙을 기억하자. 언제(When), 어디서(Where), 누가/누구와(Who), 무엇을(What), 어떻게(How), 왜(Why)를 적는 것은 본인의 경험에 대해 상대방으로 하여금 신뢰감을 높일 수 있도록 하는 데 도움이 된다. 그 후 설명을 하고, 결과를 이야기하라. 주의해야 할 점은 결론의 일반화이다. '성실, 글로벌, 분석력' 등 추상적인 키워드로 결론을 제시하면 면접관이 대단하다고 느낄까? 진부하다고 생각할 뿐이다. 여러분들의 언어와 표현으로 바꾸어 보자. 여러분들에 대해 훨씬 믿음이 갈 것이다.

#3. 눈이 가요 눈이 가, 강렬한 제목

제목은 가장 처음에 접하는 글이며, 계속 읽을 것인가 아니면 중단할 것인가를 결정하게 만든다. 따라서, 제목은 강렬하고, 임팩트가 있어야 하며,

면접관이 계속 읽고 싶은 마음이 들 수 있도록 훌륭한 가이드 역할을 해야 한다. 사람들은 글을 읽으면서 동시에 생각을 한다. 그렇기 때문에, 제목을 읽으면 뒤에 나올 내용들이 어떤 것이라는 것을 생각할 수 있도록 메시지를 함축해서 만들어야 한다. 제목을 잘 정하는 것이 중요한 스킬이다. 현재 뉴스나 신문을 통해 접하는 기사를 보자. 가끔은 자극적인, 본문과는 관련 없는 제목으로 호객행위성 글로 느껴질 때가 있지만, 그들은 그들의 목적을 충실히 수행하고 있는 것이다. 독자들의 시선을 한 번 더 고정시키기 때문이다.

🔍 **잘된 사례**

[학자금 대출은 없다]

　대학교에 입학할 당시 저 자신에게 한가지 약속을 했습니다. 등록금과 생활비를 스스로 해결하자는 것이었습니다. 20살이라는 나이에 몇 백 만원의 돈을 … (생략)

[원칙은 원칙이다]

　카투사로 군 복무할 당시 군종 행정병으로써 헌금관리 업무를 맡았습니다. 약 2,000달러의 금액을 세어 결산하고 금고에 보관하는 과정에서 함께 한 동료의 … (생략)

[괜찮아요? 많이 힘들죠?]

　제주도 국토대장정 시절, 팀을 위해 더 늦게 자고, 더 일찍 일어나며 솔선수범으로 최고의 팀을 만들었던 경험이 있습니다. … (생략)

🔍 아쉬운 사례

[함께하는 도전을 통해 커뮤니케이션을 배웠습니다.]

〈Comment〉

잘된 사례를 보면 우선 평범하지 않은 표현을 써서 면접관의 시선을 확보하였다. 내용과 동떨어진 제목은 오히려 불신을 주게 되지만, 내용을 함축하면서도 눈에 띌 수 있는 제목을 선정하였다. 그런 반면 아쉬운 사례는 너무 일반적인 형태이다. '도전', '커뮤니케이션', '배움' 등은 대부분의 지원자가 사용하는 일반적인 단어이다. 이러한 제목을 봤을 때 면접관은 이후 내용을 읽기도 전에 식상함을 느낄 것이다.

#4. 기업 커뮤니케이션 스타일 = 두괄식 표현

본인이 하고 싶은 메시지를 서두에 보여줘야 한다. 아무리 논리적인 설명이라 하더라도 결론을 찾기 위해 많은 시간을 들여 집중해서 읽는 면접관은 드물 것이다. 쓸데없는 이야기를 장황하게 하고 마지막에 본인의 의견을 적는다면 누가 읽겠는가? 시각적 효과를 위한 굵기(Bold) 활용도 좋다. 요즘 자기소개서를 보면 우리도 잘 알지 못하는 사자성어를 많이 쓴다. 어려운 단어를 사용하면 풍부한 역량이 있는 사람으로 평가 받는다고 착각하는 것 같다. 어려운 얘기보다 창의적이고, 깔끔한 표현을 만들기 위해 연습하자. 이렇게 두괄식으로 표현하고 나서 이후에 본인이 주장에 맞춰 어필하려는 근거를 제시하고, 마지막으로 이러한 장점들이 회사에서 어떻게 활용될 수 있을지에 대한, 강조 문구로 마무리한다면 완벽한 답변이 될 것이다.

🔍 잘된 사례

Q. 본인 성격의 장점 및 단점에 대해 작성하여 주십시오.(100자 이상 1000자 이하).

A. [장점 – 약속 중시, 시간 관리, 열정적인 자세]

제가 남들보다 뛰어나다고 자부할 수 있는 세 가지 강점은 약속을 중요하게 여기는 것, 시간 관리를 철저히 하는 것, 그리고 열정적인 자세를 바탕으로 매사 최선을 다하는 것입니다.

Q. 자신이 다른 사람과 구별되는 능력이나 기질을 써주십시오. 3가지.

A. 첫째, 도전정신입니다.

중학교 2학년 때 인력사무소에 찾아가 공사판에서 일한 것을 시작으로 약 20가지가 넘는 일을 해오며, 새로운 일에 대한 도전에 두려움이 없습니다.

둘째, 분석력입니다.

일식집에서 매니저로 일할 때, 상권분석을 통한 신 메뉴 제안으로 매출 신장을 이뤘습니다.

셋째, 서비스 마인드입니다.

호텔, 일반 음식점, 결혼식 뷔페 등 다양한 서비스업에서 일하며 고객들을 대하는 마음가짐을 익혔습니다.

〈Comment〉

제일 첫 줄에 말하고자 하는 바를 적어 서류 담당자에게 질문에 대한 답을 찾지 않아도 될 수 있게 해주는 효과적인 글이다. 직장인들 또한 팀장 및 임원들에게 보고 시 가장 많이 듣는 말은 '그래서 결론이 뭐야? 짧게 얘기해'이다. 이처럼 바쁜 시간에 쫓겨 결론부터 확인하는 것이 관리자급 직장인에게는 생활화되어 있다. 지원자로서 이 부분만이라도 맞출 수 있다면, 서류 통과의 확률은 상당히 높아질 것이다.

#5. 단락 구분은 대화의 리듬을 만드는 것

  상호 마주 보고 대화를 할 때, 한 번의 쉼 없이 말을 하지는 않는다. 본인의 메시지를 상대방에게 정확하게 전달하기 위해 강조할 부분에 강약을 주고, 리듬을 주는 것처럼, 자기소개서도 그러한 것이 필요하다. 한번의 쉼 없이 엄청난 분량의 글이 주어진다면 읽기도 전에 거부감이 들 것이다. 학교에서 시험 답안지를 작성할 때 조차 단락을 띄우고, 학업 내용과 관련된 명확한 단어를 사용하면, 채점을 하는 교수님들도 보너스 점수를 준다. 사법고시도 글씨가 예쁘면 점수를 잘 받는 세상이다. 무식하게 쓰지 말고, 읽는 독자를 위한 센스를 발휘하자.

🔍 **잘된 사례**
[전략과 분석 사이]

  군 전역 후 약 3개월간 이마트에서 생활용품 매장을 맡아 관리, 발주, 판매 등을 경험했습니다. 3개월 동안 매출 상승이 없으면 철수하는 조건으로 담당을 맡았습니다. 아래와 같은 경험을 통해 리빙제품 판매의 매력, MD로서의 분석력 등을 배울 수 있었습니다. 매출 신장을 위해 고객들의 Needs를 반영한 3가지 판매 전략을 세워 구매를 유도했습니다.

  첫째, 고객들의 소비 성향을 분석했습니다. 옆 매장이 주방용품을 파는 곳이라 주부들이 자주 지나다니는 것을 인지하고, 그에 맞는 물건을 더 잘 보이는 곳으로 진열했습니다.

  둘째, 1+1 전략을 사용했습니다. 저가의 상품을 판매하는 만큼 한 번에 여러 상품을 부담 없이 구매한다는 점에서 착안했습니다. 최대한 유사한 제품,

상호 보완이 되는 제품들로 구성하여 물건을 재배치하여, 한 번에 여러 가지 물건을 살 수 있도록 유도했습니다.

셋째, POP글씨를 사용하여 고객들의 흥미를 유발했습니다. POP글씨를 작성할 수 있는 친구에게 부탁하여, 상품군별로 피켓을 배치하였습니다.

그 결과 매출이 상승하여 연장 계약에 성공하였고, 좀 더 일해달라는 부탁을 받았지만, 학업 문제로 그만두게 되었습니다. 간단하지만 고객들의 Needs를 파악, 반영한 전략이 중요하다는 것을 경험하였습니다. 이와 같은 경험을 토대로 CJ오쇼핑의 MD로서 오프라인 진출에 힘을 실을 수 있는 인재가 되겠습니다.

〈Comment〉

단락 구분을 통해 전체적인 맥락을 쉽게 보여준다. 또한, 상황-설명-결과 양식에 그대로 부합하여 읽기 편하며 논리적인 구조에도 문제가 없어 공감이 가는 자기소개서의 좋은 예라고 볼 수 있다.

#6. 직무에 맞는 단어를 사용하라. 돋보이게 하는 방법은 수치의 이용이다.

사람은 자신이 많이 사용하고, 많이 들어본 언어에 친숙함을 느낀다. 동질감이라고도 한다. 자기소개서에서도 마찬가지이다. 본인이 지원하는 기업 및 직무와 관련된 단어를 사용하는 것은 면접관으로 하여금 편안함을 줄 것이고, 이것은 지원자가 준비되었다는 것을 의미하기도 한다. 단, 여기서도 숫자의 활용이 중요하다. 예를 들어 '홈플러스에서 수박 팔았다'와 '홈플러스에서 수박을 100개 팔았다' 두 문장의 차이는 극과 극이다. 이처럼 정확한 단어와 숫자를 함께 사용한다면 아마 면접관은 당신에게 더 큰 신뢰를 가질 것이다.

🔍 TO DO

Q. 공사 업무 중 업무 효율성 제고, 대국민 서비스 품질 강화 등을 위해 개선의 여지가 있는 업무 1가지를 선정하고, 그 이유와 개선 방안을 제시하시오.

　개선의 여지가 있는 업무는 주택연금제도라고 생각합니다. 한국은행의 통계에 따르면 지난해 가계대출은 1,207조 원을 기록했다고 합니다. 또한, 당사의 주택연금의 경우 지급방식별 주택연금 잔액 현황의 연금지급액은 2015년 대비 17%나 증가했으며, 보증공급액은 496억 8,500만 원이나 증가했습니다. 그리고 주택연금의 상반기 가입자는 5,300여 명으로 지난해 상반기보다 74% 증가했습니다. 고령화로 인해 주택연금의 중요성은 더 높아질 것은 자명합니다. 하지만 주택연금에는 크게 두 가지의 개선점이 필요하다고 생각합니다.

⟨Comment⟩

　주택금융공사 자기소개서의 일부분이다. 직무와 관련된 단어를 사용하였으며 또한 주장하는 근거를 수치적으로 제시하였고, 자신이 이 분야에 얼마나 관심이 많은지를 잘 어필하는 예시라고 할 수 있다.

#7. 본인의 단점 기술법

자기소개서에 자주 등장하는 항목들 중에서 가장 작성하기 싫은 것이 바로 본인의 단점을 기술하는 것이다. 그러나, 아쉽게도 이러한 사실을 회사에서도 너무나 잘 알고 있기 때문에 많이 등장하는 단골손님이기도 하다. 단점의 핵심은 단점이면서 장점으로 보일 수 있도록 하는 것이다. 이것은 솔직한 것과 거짓말을 하는 것의 차이를 얘기하는 것이 아니다. 학생들의 자기소개서를 첨삭하다 보면 가끔 너무나 치명적인 단점을 적는 사람이 있다. '저의 단점은 시간을 잘 못 지키는 것입니다.' 어느 회사가 이러한 인재를 채용하려고 할까? 또한, 단점은 인정하고, 지금 단점을 극복하기 위해 어떠한 과정과 노력을 하고 있다는 것을 반드시 기술해야 한다. 모든 사람들은 약점을 가지고 있다. 사회에서는 강점을 더욱 강화하는 사람, 약점을 줄여나가는 사람 모두 승자가 될 수 있다.

🔍 NOT TO DO

진솔한 대화를 나누는 것을 좋아합니다. 이러한 성격은 사람들과 쉽게 친해지고 새로운 환경에 적응하는 데 큰 장점으로 작용하기도 하지만 때로는 자기계발을 위해 약속했던 저와의 약속을 어기게 하는 치명적인 단점이 되기도 합니다. 하지만 저는 '더불어 산다'는 말을 굳게 믿고, 사람 중심으로 살고자 노력합니다.

〈Comment〉

자기계발을 위한 자신과의 약속을 어긴다는 점은 어떠한 변명이 있어도 자기 관리가 되지 않는다는 인상을 심어준다. 세상에 바쁘지 않은 사람은 없으며 취업을 하면, 더욱 많은 사람을 만나게 되고 더욱 바쁘게 된다. 절대 주의해야 하는 사항이다.

#8. 추상적인 단어 사용 금지

모든 단어 하나하나가 추상적이 될 수 있음을 기억해야 한다. 진취적인 성격에서 '진취적'이란 단어도 추상적이다. 너무 많은 의미를 내포하거나 광범위한 부분을 포함하는 단어는 모두 추상적인 것이니 절대 피해야 한다. 얼버무려 얘기하거나 지식이 없으면 추상적인 단어 또는 형용사, 부사의 사용 빈도가 높아진다. 자기소개서를 읽는 사람들이 한 순간이라도 추상적임을 느낀다면 탈락할 경우의 수가 높아지게 된다는 점 명심하자.

🔍 NOT TO DO
성장 과정 / 생활신조

(생각한다는 것)
생각하는 것을 멈출 수 없었습니다. 그것이 사소한 것이든 비중 있는 것이든. 자기 자신에서 벗어나 타인을 바라보게 되었을 때부터 줄곧 다른 사람에서 나로, 나에게서 다른 사람으로 옮겨가며, 과정이 반복될 때마다 조금씩 세상을 보는 눈을 키워나갔던 것 같습니다. 과거 고등학생이었던 시절, 친구들과는 다르게 신문을 읽고 때로는 오만한 마음에 스크랩하여 교실 뒤에 붙였던 기억이 떠오릅니다.

〈Comment〉

추상적인 단어의 사용은 많지 않지만, 내용 자체가 추상적이다. 도대체 무슨 말을 하고 싶은 것 인지를, 읽는 사람이 유추해야 한다면 이는 실패한 자기소개서다. 읽는 사람은 그러한 노력을 들일 시간이 전혀 없기 때문이다.

#9. 저는요… 나는… 면접관은 이미 당신을 알고 있다

학생들의 자기소개서에서 가장 많이 나오는 단어는 아마 '나는', '저는' 등 1인칭 주어일 것이다. 자기소개서는 이력서와 한 세트이고 이미 지원자가 누구인지 알고 있다. 굳이 '저는'이라는 단어를 많이 써서 읽는 데 흐름을 방해할 필요는 없다. 단락을 바꿀 때마다 '나는', '저는'을 쓰는 것은 서류 합격을 하기 싫다는 얘기이다. 이는 면접 때도 마찬가지이다.

⌕ NOT TO DO

저는 세계를 선도할 KEB하나은행의 미션인 "함께 성장하며 행복을 나누는 금융"을 직접 경험해보고 글로벌 은행에 알맞은 실전 감각과 업무 지식을 갖추기 위해서 이번 인턴을 지원하게 되었습니다. 저는 이번 KEB하나은행 인턴 실습을 통하여 금융에 대한 실전적인 업무 감각과 보다 넓은 안목을 얻고 싶습니다. 저의 젊은 패기를 다 바쳐서 꼭 많은 것을 얻어가도록 하겠습니다. 제가 인턴이 된다면 1주차 때 집합연수를 하게 될 텐데, 이 연수 기간 동안 기본적인 실무에 관한 지식과 은행에 대한 업무를 이해하려고 노력할 것입니다.

〈Comment〉

이 짧은 글에 '저'와 '제'라는 단어가 네 번이나 나왔다. 글을 읽으면서 계속 나오는 불필요한 단어를 볼 때 마다 서류 담당자의 인내심이 급격히 줄어든다는 사실을 명심하자.

#10. 면접관 입장에서 읽고 싶도록 작성 – 과장 금지

면접관은 지원자보다 다들 나이가 많다. 대리, 과장, 조직 책임자, 심지어 임원 및 대표이사까지 면접에 들어온다. 그 사람들은 적게는 5살부터 많게는 20~30년의 나이 차이가 난다. 본인의 사고와 관점이 아니라, 이 사람들의 입장에서 생각하고 또 생각해야 한다. 글은 대면하지 않기 때문에 잘못된 오해를 불러일으킬 수 있다. 만나면 오해를 풀 수 있지만, 비대면에서는 풀기도 어렵다. 그래서 잘 써야 한다.

2-4. 자기소개서 기출문항별 BEST vs WORST

　지금부터는 회사별로 가장 많이, 공통적으로 질문하는 항목별로, 우수한 사례와 아쉬운 사례를 들어 설명하고자 한다. 자기소개서는 수학 방정식 $(Y=f(X))$에 의해 조건을 투입하면 정답이 나오는 것이 아니다. 즉, 세상에 100점짜리 자기소개서란 존재하지 않는다. 대부분의 학생들은 똑같은 자기소개서를 회사 이름만 바꾸어 여러 군데 제출한 경험이 있을 것이다. 일부는 서류 합격도 있을 것이고, 일부는 불합격도 있을 것이다. 똑같은 자기소개서인데 왜 합격과 불합격의 차이가 발생할까? 이는 보는 사람에 따라 자기소개서의 품질이 달라질 수 있음을 의미한다. 하지만, 사람의 마음은 비슷하다. 아름다운 사람을 아름답다 하고, 좋은 능력을 가진 사람을 뽑고 싶은 것은 당연하다. 제시되는 사례를 그대로 활용해서는 절대 안 되며, 어떤 부분이 잘되었는지 정도만 확인하고, 본인의 자기소개서에 그러한 부분을 어떻게 반영할 수 있을지 검토하는 과정에서 참고만 하길 바란다.

○ 주요 항목

　주요 항목은 많은 기업에서 공통적으로 출제하고 있다. 즉, 시간적 여유를 가지고 미리 준비해 놓으면 그만큼 글의 완성도나 시간활용 측면에서 유리하다. 이 글을 읽는 독자들은 반드시 책을 덮기 전에 아래 6개 항목에 대해서는 꼭 미리 준비해 두길 바란다.

성장 과정/살아온 배경

　성장 과정은 모든 기업에서 필수적으로 요구하는 항목이라 하여도 과언이 아닐 것이다. 회사에서는 본 질문을 통해 지원자가 회사에 맞는 요건을 갖추었는지를 확인하려는 것이지, 결코 지원자의 살아온 삶에 대해 궁금해서 묻는 질문은 아니다. 그러나, 많은 학생들이 본인의 가정사를 쓰는 경향이 있다. 외국에 오래 살았거나, 전국체전에 나간 경험 등 아주 특별한 것을 제외한 오래된 경험은 상대방에게 흥미를 주지 못한다. 심지어, 대학 취업센터/경력개발센터에서는 화목한 가족을 강조해서 아주 잘 썼다고 칭찬받은 자기소개서를 가져온 경우도 있었다. 실로 어처구니가 없다. 이렇게 쓰면 솔직하다고 생각해야 할까? 자기소개서는 자기를 어필하는 과정이다. 본인의 경쟁력으로 승부해야 한다. 성장 과정은 주로 서두의 질문 항목에 배치된다. 첫 단추를 잘 끼워야 하듯이 심사위원이 궁금해하는 것을 답변해야 하는 것을 잊지 말자. 기업을 연관시키는 경험을 중심으로, 창의력을 원하면 창의력 이야기를, 도전정신을 원하면 도전정신 이야기를 쓰도록 하자.

우수 사례(2016년 삼성증권 서류 합격)

Q. 본인의 성장 과정을 간략히 기술하되 현재의 자신에게 가장 큰 영향을 끼친 사건, 인물 등을 포함하여 기술하시기 바랍니다. (※작품 속 가상 인물도 가능, 1500자 이내).

[사소함을 열정으로 바꿔주는 책임감]
　책임감을 느끼고 모든 일에 최선을 다한다면 좋은 결과가 있음을 배워왔습니다. 과에서 진행하는 중국 답사 동안, 듬직한 이미지 덕분에 팀장이 되었습니다. 팀장 역할이 어색했지만, 책임감을 느끼고 임무를 수행했습니다. 장소를 이동할 때마다 인원을 확인하고 예정된 행사가 순조롭게 진행될 수

있도록 팀원들의 참여를 유도했습니다. 덕분에 같이 갔던 친구들과의 서먹함을 금세 녹이고 새 친구들과 함께 추억을 쌓을 수 있었습니다. 맡은 일에 책임감을 느끼고 적극적으로 임하는 자세는 제가 중국에서 소중한 경험과 추억을 쌓을 수 있게 도와주었습니다.

책임감은 삼성증권에서 근무하면서 반드시 갖춰야 할 역량이라고 생각합니다. 책임감을 바탕으로 고객의 사소한 요청도 귀담아듣고 이를 새로운 가치 창출로 연결하겠습니다.

[후방과 고객을 이어주는 연결고리, PB]

경제교육봉사단 활동을 하면서 부서 간 소통을 증진하기 위해 노력했던 경험을 바탕으로 삼성증권의 리서치센터와 고객을 이어주는 가장 확실한 연결고리가 되겠습니다.

교육 봉사 활동하면서 봉사단 본부와 현장 간에 부족한 소통으로 인해 교육 자료를 잘못 전달받거나 수업일지 작성 방법이 매일 바뀌는 등 업무 진행에 어려움을 겪곤 했습니다. 이로 인해 수업이 원활히 이뤄지지 않았고 학생들이 수업에 집중할 수 있는 환경을 만들 수 없었습니다. 이를 해결하고자 선생님들이 교육 중에 생긴 문제와 의견을 취합해서 본부와 소통하는 연락책 역할을 자진했습니다. 이 역할을 수행하면서 수업일지를 통일하고 교육 자료를 한 번에 공유하는 방법을 제안했습니다. 덕분에 선생님들이 수업에 더욱 집중할 수 있는 환경을 만들었고, 교육을 매끄럽게 마무리할 수 있었습니다.

부서 간의 소통을 키워서 업무의 효율을 높인 경험을 바탕으로 삼성증권의 PB로서 리서치센터와의 효율적인 소통을 이루어 고객 만족에 힘쓰겠습니다.

[진짜 거시경제는 책에 없다]

통화정책경시대회를 준비하면서 알게 된 부족한 점을 채우기 위해 연습한 실물경제 이해 능력을 바탕으로 고객의 수익률 극대화에 힘쓰겠습니다.

대회를 준비하면서 한국은행, KDI 등 국가경제기관에서 조사하는 경제지표들을 해석하고 미래 상황을 예측하기 위해 노력했습니다. 책에서만 배운 내용을 바탕으로 호기롭게 도전했지만, 대회에 제출하는 보고서를 만들수록 책에서 보지 못했던 내용들을 보며 부족함을 깨달았습니다. 대회를 계기로, 경제에 대한 통찰을 키우고자 경제신문 스크랩을 하고 통계지표를 원활히 다루기 위해 엑셀 프로그램을 연습했습니다.

거시경제를 이해하고자 노력했던 경험을 바탕으로 삼성증권의 PB로서, 거시경제에 대한 명확한 이해로 고객에게 올바른 상품을 추천하여 고객의 수익률과 만족을 동시에 극대화 시키는 역할을 수행하고 싶습니다.

⟨Comment⟩

많은 학생들이 성장 과정을 과거부터 현재까지 시계열 관점에서 써야 하는 것으로 오해하고 있다. 특정 경험을 토대로 본인이 어필하고자 하는 내용을 집중적으로 제시하면 된다. 사례에서는 3가지 필요 역량을 이야기하고, 그것을 뒷받침할 경험을 기술함으로써 '나는 살아오면서 이러한 경험을 토대로 당신의 회사에서 필요로 하는 역량을 확보했다'는 인상을 주고 있다.

우수 사례(2017년 삼성전자 서류 합격)

Q. 본인의 성장과정을 간략히 기술하되 현재의 자신에게 가장 큰 영향을 끼친 사건, 인물 등을 포함하여 기술하시기 바랍니다.
※작품 속 가상인물도 가능

[동유럽 스페셜리스트를 꿈꾸다]

삼성전자에 입사하여 차후 라트비아 및 동유럽 지역 마케팅 전문가가 되고 싶어 지원하였습니다. 특히 라트비아인들의 소비 패턴을 분석하고 문화적 특성에 맞는 현지 마케팅을 통해 그들의 소비 행동에 변화를 주는 것이 저의 꿈입니다. 위기의식을 갖고 끊임없이 혁신을 주도하는 삼성이기에 이곳에서는 제 꿈을 실현할 수 있을 것이라고 생각하여 지원했습니다.

교환학생 이후 삼성 라트비아 법인에서 현지 마케팅을 하고 싶다는 생각을 하였습니다. 국민 스포츠 아이스하키 후원과 환경보호지원 등 적합한 현지 마케팅 전략 결과 이 지역에서의 삼성 브랜드 가치는 높았으나 제품에 이미지는 그렇지 않았습니다. 라트비아는 2016년 OECD 국가 선정 및 FTA 체결로 경제발전에 박차를 가하고 있지만 자국의 대표 브랜드가 없어 섬세한 시장 분석을 통한 현지 마케팅을 펼친다면 삼성의 새로운 시장이 될 수 있다고 생각하였습니다.

시작이 늦었다고 생각한 만큼 누구보다 더 열심히 삼성전자의 마케터를 꿈꾸며 준비했습니다. 공모전에서 2번 수상하였고 빅데이터 소셜마케팅 전문 인력 양성과정 230시간과 마케팅 이론 및 소비자 해부학 과정 또한 수료했습니다. 최근에는 현장에서 고객을 만나고 싶어 박물관에서 근무하며 새로운 시도들을 제안하고 있습니다. 삼성전자에 입사하여 계속해서 발전하는 신입 마케터가 되겠습니다.

〈Comment〉

　본인의 성장과정과 삼성전자를 연계하기 위한 주제를 선정한 점이 가장 높게 평가된다. 더욱이 거기서 그치지 않고, 직무 수행 시 필요한 역량을 준비해 가는 과정을 부각하는 것도 좋은 기술이다.

아쉬운 사례(2015년 KB국민은행 서류 불합격)

Q. 1. 성장 과정을 통하여 귀하를 소개하여 주십시오(200자).

[미션 Clear!]

　4살, 위층 고모네 가기

　9살, 안양시에서 광명시에 있는 학원 가기

　12살, 안양시에서 잠실 이모네 가기

　어머니께서 어린 제게 미션을 주셨습니다. 그때는 어려운 미션이라 생각했지만, 굴하지 않고 수 없이 물어보며 미션을 달성했습니다. 이후 도전정신을 기를 수 있었고, 이러한 자세로 어려운 상황을 헤쳐 나가는 사람이 되었습니다.

〈Comment〉

　이번 사례를 읽고 당신은 어떠한 메시지를 얻었는가? '4살 때 윗집에 사는 고모 집에 혼자 간 것이 참 기특하구나'라고 생각하는 사람도 있을 것이다. 하지만 회사에 필요한 인재를 뽑으려고 하는 면접관 입장에서 그러한 경험으로부터 어떠한 의미를 추출할 수 있을까 하는 생각이 든다. 또한 작성자는 최소 20살 이상일 것이다. 허나 경험은 4살, 9살, 12살 시점이다. 10년 전의 경험으로 현재의 지원자를 판단할 만큼 중요한 것인가에 대한 의구심이 든다. 마지막으로 작성자는 '도전정신'을 강조하려고 하였다. 채용담당자는 도전정신을 표현하는데 언급한 3가지 경험이 과연 관련 있는 것인지를 고민할 것이고, 심지어 이후 10년간은 도전정신을 나타낼 어떠한 경험이 없었다는 실망감이 먼저 들 것이다. 성장 과정은 지원자를 판단할 수 있도록 가급적 최신의 경험을 제시해야 한다.

아쉬운 사례(2016년 하나금융투자 서류 불합격)

Q. 본인의 성장 과정에 대해 기술하시오. (1250자 이내).

[성실함을 바탕으로 한 진취적인 삶]

저는 어렸을 적부터 일찍이 성실성을 배우게 되었습니다. 초등학교 시절에 집안의 일로 전학을 네 번이나 다니게 되었습니다. 그 당시 어린 나이였기 때문에 매번 새로운 환경에 부딪히는 것은 다소 적응하기 힘들었습니다. 그러나 오히려 이러한 환경 때문에 학급 일에 있어서 남들보다 조금 더 열심히 하게 되는 계기가 되었고, 그때부터 성실한 면모가 쌓였습니다. 친구들은 저의 성실한 모습을 보면서 저에게 다가와 주었고, 그 결과 원만한 친구관계를 이룰 수가 있었습니다. 중학교 시절에 이런 성실한 모습이 인정받아서 2학년 때 반장을 할 수 있었고, 그 후 3학년 시절에도 친구들에게 인정받아 반장을 1년 더 할 수 있었습니다. 고등학교에 진학하여서는 학업에 충실하였고, 또한 독서토론 동아리에서 리더의 역할을 맡으면서 열심히 학교생활을 하였습니다. 그 후 저는 이러한 성실함을 바탕으로 대학교 경제학과에 진학하게 되었습니다. 대학에 들어와서는 교내에서 학생회 활동과 주식투자동아리 활동을 하였습니다. 학생회에서 행사 및 주점도 준비해보고 동아리에서는 모의투자와 실전투자도 열심히 해보면서 새롭게 견문도 넓혀갔습니다. 열심히 참여한 결과 동아리 내에서 실시한 모의투자대회에서 2위를 차지하였습니다. 또한, 2학년 시절부터는 외부로 여러 대외활동을 시작하였습니다. 더욱 많은 인생의 선배들을 만나보고, 그들로부터 지식을 얻기 위해서 삼성금융 사관학교의 금융전문가양성과정과 금융감독원에서의 FSS 금융아카데미 과정을 듣고 이를 수료하였습니다. 또한, 금융감독원과 JA 코리아라는 단체에서 금융교육 봉사활동을 하였고, 공모전 활동도 참여해서 수상도 하는 등 성실하게 대학생활을 보내왔습니다. 또한, 이러한 활동과 동시에 전문적인 지식에서 부족함을 느끼고, 금융자격증과 컴퓨터 자격증을 취득하면서 성실하게 저 자신을 발전시키기 위해 노력하였습니다. 이렇게 성실하게 이어온 많은 활동 덕분에 주변에 좋은 사람들을 많이 둘 수 있었고, 직무에 도움이 되는 지식을 습득할 수 있었습니다. 저의 길지 않은 25년의 삶 동안 저는 '성실한 사람이 되자'라는 마음을 항상 가지고 살아왔습니다. 이렇게 체내에 자연스럽게 축적된 저의 성실함을 토대로 하나금융투자에 입사한다면 하나금융투자의 미래를 이끌어 갈 수 있는 더욱 적합한 인재가 될 수 있을 것이라 확신합니다.

〈Comment〉

　　이번 사례 역시 초등학교라는 오래된 시점부터 언급하였다. 사람의 기억에는 한계가 있어서 아주 특별한 경험이 아니고는 오래된 경험을 충분히 기억하기 어렵다. 그렇다 보니 어릴 적 경험에 대한 표현은 일반화되기 쉽다. 즉, 읽는 사람에게 어떠한 메시지를 주기 어려워지는 것이다. 작성자는 본 질문에 대해 7가지의 경험을 통해 '성실함', '진취적인 삶'을 어필하고자 하였다. 본인의 주장과 경험적 근거가 서로 연관성이 있는가는 덮어 두더라도 제한된 분량(1250자)에 너무 많은 경험을 넣으려다 보니 각각 경험을 충분히 설명하지 못했다. 이는 면접장에서 본인이 살아온 경험은 잔뜩 전달했는데, 본인이 회사에 필요한 사람이라는 강렬한 인상은 주지 못하는 것과 똑같다. 자기소개서에서 1250자는 결코 적은 분량이 아니다. 반대로 얘기하면 충분히 자기 어필을 할 수 있는 조건이 있었다는 것이다. 우리는 글을 통해 사실 관계성 정보를 주고자 하는 것이 아니라 강렬한 메시지를 전달해야 함을 기억하자.

지원 동기

제발, 성장하는 회사이기 때문에 같이 성장하고 싶다는 글이나, 홈페이지에 나온 회사의 비전이나 가치가 자신의 가치와 부합하기에 지원한다는 진부한 내용은 이제 그만하자. 정 쓸 말이 없다면 그냥 집에서 가까워서 지원했다고 써라. 직무에 좀 더 초점을 맞추는 것이 필요하다. 회사 관련 자료를 많이 찾아봐서 남들이 모르는 회사 관련 정보를 집어내어 자신과 연결시키는 방법도 있다. 회사 입장에서는 지원 동기 부분을 통해 최고의 사원을 찾는 것이 아니라, 회사 또는 직무에 가장 적합한 사람을 찾아내는 정말 중요한 항목이기에 때문에, 지원자는 이 항목에 절대 쉽게 접근해서는 안 된다. 지원 동기는 지원을 위해 무엇을 준비했는가를 물어보는 것과 같다. 보통 학교에서 'ㅇㅇ과목을 들었다'라고 많이 쓰는데, 그런 것 쓰지 말자. 전공자로서 안 들은 사람 없다. 더욱 더 아마추어로 보여질 뿐이다. 예를 들어, 금융직무 지원에 '국제경제학 수강을 하며 해당회사에 들어가고 싶었다' 보다는 차라리, '매일 하루도 빠짐없이 매일경제 신문을 보면서 입사의 꿈을 키웠다' 등의 구체적 사건을 하나 정해서 쓰도록 하자.

우수 사례(2016년 신한은행 서류 합격)

[난 신한은행에 자부심을 가진다]

　은행에 대한 관심은, 엘리트집단으로 상징되는 금융권에 대한 동경에서 시작되었고, 그런 동경은 다양한 금융권 서포터즈 활동, 즉 금융감독원, 신한금융투자서포터즈에 이어 신한은행 S20 기자단으로 이어졌습니다. S20 기자단 시절, 기사 작성을 하면서 신한은행에 대해 공부하고, 다양한 직원분들을 인터뷰하게 되었습니다. 이러한 시간들은 단순히 신한은행 자체를 홍보하는 목표를 넘어서, 실질적으로 대학생들에게 필요한 정보는 과연 무엇인지에 대해 고민해보는 기간이기도 했습니다. 은행에 대한 공부, 고객이 필요한 것에 대해 고민하며 성취감을 느꼈던 경험은, '신한은행'에 대한 자부심으로 이어졌고, 신한은행 입행이라는 최종적인 목표를 설정할 수 있게 되었습니다.

〈Comment〉

　상황–설명–결과 양식과 잘 부합되는 글이다. 또한, 남들이 모두 납득할 수 있는 확실한 동기부여에 대한 근거가 있어 수월하게 진행시킬 수 있었다고 생각한다.

우수 사례(2017년 LG 지투알 서류 합격)

Q. 해당 직무에 지원하는 동기를 본인의 경험과 연계 기술하시오 (1000자)

경제학을 전공하며, 예산 수립, 자금 조달 및 운용 등의 업무를 수행하여 '회사의 효율성'을 높이는 재경부서에서 근무하고 싶다는 생각을 갖게 되었습니다. 그리고 다양한 경험을 통하여 재경부서에서 업무를 할 때 필요한 아래의 세 가지 경쟁력을 길러왔습니다.

[업무 적응을 도와줄 지식]

아래의 직무 관련 역량을 바탕으로 빠르게 재경 업무에 적응하겠습니다.

1. 총 69학점의 전공수업과 회계, 경제 관련 자격증을 공부하며 쌓은 '기본적 경제, 회계, 경영 관련 지식'
2. 6개월간 인턴을 하며 온라인 시장 조사, Excel, Word 자료 작성 등을 통해 길러온 '업무에 대한 친숙도'
3. 3년 넘게 경제신문을 구독하며 기사 속 주장에 대해 근거를 찾는 습관을 통해 길러온 '논리적 사고방식'

[지치지 않는 체력]

재경부서의 업무량은 편차가 크기 때문에, 많은 업무량을 견딜 수 있는 체력이 필요하다고 생각합니다. 수년간 꾸준히 헬스를 하며 길러온 강인한 체력을 바탕으로 많은 업무량도 모두 소화해내겠습니다. 업무를 할 때 발생할 수 있는 스트레스도 운동을 통해 해소하여 업무의 효율성을 높이는 데 최선을 다할 것입니다.

[대화를 통한 문제 해결 자세]

부서 내부 회의나 타 부서와의 협업 시 발생할 수 있는 갈등이나 문제를 항상 '대화'를 통해 해결하도록 노력하겠습니다.

　학과 학생회장으로서 주점 행사 기획 회의를 할 때 기존 운영방식과 새로운 방식에 대한 의견이 충돌하여 갈등이 생겼지만, 개개인의 의견을 끝까지 경청하고, 끊임없이 대화를 끌어내 합의점을 찾았고, 이를 통해 많은 수익을 낸 적이 있습니다. 이를 통해 대화와 소통을 통해 더 나은 합의점을 찾을 수 있음을 깨달았습니다.

　영업이익, ROE의 꾸준한 상승, 경쟁사 대비 낮은 PER, PBR 등의 지표를 통해 저평가된 기업, 성장 가능성을 가진 기업임을 알게 되었습니다. 재경 업무를 하며 사업부의 효율성을 높여 지투알이 업계 1위로 올라서는 데 도움이 되고 싶습니다.

〈Comment〉
　본인 강점과 연계된 지원동기는 다른 표현으로 하면, '너 회사 지원을 위해 어떤 역량을 준비했어? 그 역량이 직무수행에 필요한 거야?' 와 같은 것이다. 해당 지원자는 재무 업무를 수행하는데 필요한 역량을 3가지로 제시했고, 각 역량 별로 본인의 경험을 비추어 준비된 사람임을 잘 보여주고 있다.

우수 사례(2017년 CJ제일제당 서류 합격)

Q. CJ제일제당과 해당 직무에 지원한 동기는 무엇인가요? ① CJ제일제당이어야만 하는 이유, ② 지원 직무에 관심을 갖게 된 계기, ③ 입사 후 성장 목표를 반드시 포함하여 구체적으로 작성해 주세요. (1,000자 이내)

[내가 먼저 납득이 돼야 한다.]

식품영업인은 자신의 제품을 바이어에게 설득하고 판매하는 업무를 합니다. 그렇기 때문에 자신이 판매하는 제품에 대한 확신이 있어야 바이어를 설득할 수 있다고 생각합니다. 그런 점에서 꾸준히 점유율 80%를 유지하는 '다시다', 즉석 밥의 대명사가 된 '햇반', 업계 최초 100% 자연조미료 '산들애' 등 우수하고 혁신적인 제품들을 바탕으로 국내 식품업계의 선두를 지키는 CJ제일제당의 식품영업인으로 내가 먼저 납득이 되는 영업을 하고 싶습니다. 그래서 CJ제일제당이어야만 합니다.

[한식으로 달랜 낮은 땅의 외로움]

네덜란드에서 교환학생으로 6개월간 거주한 경험이 있습니다. 외로움 가득한 타지생활에서 가장 큰 힘이 되었던 것은 외국인 룸메이트 친구들에게 떡볶이, 제육볶음, 잡채 등 한식을 요리해주며 이야기를 하는 시간이었습니다. 때문에 한인마트에서 종종 고추장, 고춧가루, 설탕, 다시다 등 한국식재료를 사며 '비록 돈을 지불하고 사는 것이지만 감사하다.' 라는 생각을 했고, 한국 식재료가 사람들의 삶에 윤택함을 준다는 점에 매력을 느끼고 관심을 가지게 되었습니다.

[햇병아리 인턴에서 일 잘하는 김 대리까지]

CJ제일제당 Food sales 인턴을 거쳐 CJ제일제당의 신입사원으로 입사하여 실력으로 인정받는 김기범 대리가 될 것입니다. 그러기 위해 Food Sales 인턴으로서 기본적인 진열 점검, 판촉 행사 관리, 거래처 관리 등 식품영업 사원으로서 알아야 할 기본업무들의 노하우와 역량을 배우겠습니다. 신입 사원으로서 입사한 후에는 CJ제일제당의 '영업전문가과정'을 통해 지속적으로 공부하고 의문점이 생기는 부분은 선배에게 물어보며 제가 맡은 제품, 지역의 전문 지식을 쌓겠습니다. 이를 통해 제품, 지역에 대한 디테일을 바탕으로 고객과 바이어에게 신뢰를 주는 식품영업 전문가가 되겠습니다.

〈Comment〉
　질문에 써야 할 가이드가 명확하게 제시되어 있는 유형은 반드시 구조적 맥락이 숨어 있다. 본 항목도 지원동기부터 향후 목표까지 일련의 과정(스토리)을 물어보는 것이다. 이번 사례는 제시된 맥락을 잘 찾아 기술했고, 핵심적인 메시지를 부각하여 전 과정 속에서 믿음과 핵심내용 전달 측면에서 잘 부합되는 사례로 볼 수 있다.

우수 사례(2016년 롯데정보통신 서류 합격)

Q. 지원동기를 구체적으로 기술해주세요 (500자)

[소통, 융합]

롯데정보통신은 정확하게 볼 수 있고, 전문적이며 발전지향적인 관계를 꿈꾸는 회사라고 생각합니다. 새로운 것을 두려워하지 않고, 무엇이든 도전하여 시도하는 면이 적합한 회사라고 생각하게 되었습니다. 특히 경제학을 전공하고, 사학을 배우면서 남들이 생각하는 이해타산적이고 치우친 생각을 피하려고 노력하였습니다. 어려움보단 새로움에 대한 도전과 그를 통해 편협 되지 않은 시각으로 새로움을 창조할 수 있는 기초를 쌓으려고 노력했습니다.

대학시절 학생회와 동아리 활동으로 많은 사람들과 토론하고 경쟁하였습니다. 그때마다 성적을 먼저 생각하기 보다 구성원간의 대화와 신뢰 구성을 최우선을 하였습니다. 그 결과 '해외시장이해와 분석'경연에서 분란보다 화합으로 우수상을 획득한 경험이 있습니다. 이처럼 남들과 협력하고 나만의 경험을 융화시키는 점은 롯데정보통신의 경영지원으로써 빛나는 발걸음이 되기 위한 제가 롯데정보통신에 입사해야 하는 이유입니다.

〈Comment〉

이번 사례는 회사에 대한 분량 50%, 지원자에 대한 분량 50%를 균형적으로 기술하였다. 즉, 지원동기에서 말하고 싶은 메시지는 '너무 좋은 회사이고' '나는 회사에 입사하면 잘할 수 있다' 2가지를 명확하게 보여주고 있다.

Q. 지원 동기 및 포부, 성장 과정, 수학 내용(휴학 기간 또는 졸업 후의 공백기 내용 포함), 본인의 가치관 및 인생관에 영향을 끼쳤던 경험, 단체 속의 일원으로 거둔 성과(동아리, 공모전 등)에 대하여 주제별로 구분하여 자유롭게 기술해주세요(2500자).

[빨리 가려면 혼자 가고, 멀리 가려면 함께 가라]

이 명언은 아프리카의 오래된 속담이며, 어머니께서 항상 가슴속에 새기면서 살아가길 바라며 해주신 말씀입니다. 인생은 절대 혼자 사는 것이 아니기 때문에 주변 사람들을 포용하면서 살아가는 방법을 터득하라고 가르치셨습니다. 인생의 좌우명을 '적을 만들지 말자. 남에게 도움이 되는 사람이 되자'라고 할 만큼, 항상 주변 사람을 챙기고 그들과 함께 하는 삶을 추구하며 살고 있습니다. 신한은행의 '더 나은 내일을 위한 동행'이라는 가치는 주변 사람들뿐만 아니라 고객들에게도 제 삶의 가치관을 실현할 수 있는 기회를 줄 것입니다.

입사 후 지점 발령이 나면, 1년 동안 그 지점의 막내로서 모든 업무를 성실하게 배우고 지점의 분위기를 밝게 만드는 분위기 메이커가 되겠습니다. 업무를 배우고 난 2년 차에는, 군복무 시절 취득에 실패했던 CFP자격증을 취득하겠습니다. 최근 베이비붐 세대의 퇴직으로 은퇴설계의 중요성이 커졌기 때문에 자격증 취득 후에는 고객의 노후를 함께 고민하고 고객의 입장에서 생각하는 행원이 되겠습니다.

[지속적인 인간관계의 중요성을 가르쳐주신 아버지]

아버지는 초등학교부터 대학원 동창까지 모든 모임을 주최하시는 아주 활발하신 분입니다. 어머니는 애먼 곳에 돈을 쓰는 것이 아니냐고 매번 구박을 하시지만, 아버지는 그 인맥 관리 덕분에 명예퇴직 이후 대학교수라는 제2의 직업을 찾으셨습니다. 그렇기 때문에 주변 사람들과의 인간관계의 중요성을 항상 강조하셨고, 항상 그 가치관에 부합하도록 살아가기 위해 노력하고 있습니다. 고향에 갈 때마다 학교 동창 모임을 주최하며 많은 사람들을 만나고 미국에서 만난 외국인 친구들과도 자주 영상통화를 하는 등 한 번 만난 사람들과는 관계를 꾸준히 유지해오고 있습니다. 신한인이 되어 그 소중한 인연들을 고객으로 만나 더 나은 내일을 위한 동행을 함께할 것입니다.

[백문이 불여일견]

어릴 때부터 수학을 좋아했었고, 항상 새로운 것에 도전하는 것을 좋아했기 때문에 각종 수학 경시대회를 나가서 상을 타곤 했습니다. 대학에 입학할 때, 전공을 정할 때도 좋아하고 적성에 맞는 것을 찾아 경제학과에 진학했습니다. 하지만 대학에서는 미시경제학과 거시경제학, 국제경제학 등 아주 깊이 있는 학문을 다루고 있었습니다. 뭔가 학문보다는 실무를 배우고 싶었기에 배운 것을 실전에 적용해보고자 아르바이트로 번 돈으로 주식을 직접 투자해보기도 했습니다. 주식으로 모든 투자금을 다 잃고 난 후, 적금 통장으로 펀드도 가입해보고 다양한 금융 투자상품을 배우며 대학에서 배운 것과는 또 다른 경제를 배웠던 것입니다.

미국에서는 '금융시장론'을 수강하며 미국의 여러 금융기관들을 방문해보았고 이를 통해 어떻게 미국의 경제구조나 금융기관의 구조에 대해 배울 수 있었습니다. 미국 현지 계좌를 열기 위해 체이스 은행을 방문했을 때는 궁금한 것들을 이것저것 물어보며 미국의 은행이 한국의 은행과는 어떻게 다르게 운영되는지를 알 수 있었습니다. 미국의 현장에서 보고 느꼈던 그 생생한 기억은 아직까지도 기억 속에 남아 금융인으로의 꿈을 향해 달려가는 데 더욱 힘을 보태고 있습니다.

[한국과 브라질의 친선경기]

미국 시카고에 위치한 일리노이공과대학교는 미국인보다 외국인이 더 많을 정도로 다양한 나라의 학생들이 많았습니다. 하지만 영어 실력의 미숙과 소극적인 태도 때문인지 한국 학생들이 외국 학생들과 잘 어울리지 못하는 모습을 보았습니다. 하지만 한국 학생들뿐만 아니라 브라질 학생들도 자신들끼리만 뭉쳐 다니는 것을 보았고 한국 학생들을 대표해 한국과 브라질 학생들의 교류를 추진하기 시작했습니다. 외국인들과 잘 어울리는 한국 학생들을 돕기 위해 같은 수업을 들었던 브라질 학생과 친목 도모를 위한 모임을 기획했고 다운타운에 위치한 'McGees'라는 술집에서 파티를 열게 되었습니다. 각자 다른 언어, 다른 문화를 가진 두 나라였지만 음악과 술로 하나가 되어 친해질 수 있었던 좋은 경험이었습니다. 인생에서 적을 만들지 말고, 항상 남에게 도움이 되며 더불어 살아가는 삶을 추구하는 가치관을 다시 한번 실행할 수 있었던 기회이기도 했습니다.

[酒識으로 주식을 제패하다]

대학교 2학년 때, 대신증권에서 후원하는 모의투자대회에 참가한 적이 있습니다. 당시 동아리에서 1학년들과 함께 조장으로 참여했었는데, 대부분이 주식에 대해 잘 알지 못했습니다. 그래서 혼자 '주식투자 궁금증 300문 300답'이라는 책을 구매해 독학하기 시작했고, 매일 금융 신문과 투자 종목들을 분석하며 주식시장에 대한 이해도를 넓혔습니다. 그리고 강의실을 빌려 다른 조원들과 주식 스터디를 매일 했지만, 1학년 학생들의 참여도를 이끌어내기는 어려웠습니다. 그 후, 팀이 아닌 개별적으로 조원들을 만나 직접 만든 퀴즈를 풀게 하고 회식자리를 마련하여 단합력을 높였습니다. 그러자 하나 둘 주식에 흥미를 보이기 시작했고, 마침내 똘똘 뭉친 팀워크로 대회 2위라는 성적을 거둘 수 있었습니다. 그 대회를 통해 진심은 반드시 통한다는 것과 노력과 열정으로 한계를 극복할 수 있다는 두 가지 교훈을 얻었습니다.

〈Comment〉

　우선 하나의 항목에 2500자 이내로 작성하는, 매우 장문의 답변을 요구하는 항목이다. 짧게 작성해야 하는 항목도 어렵지만, 길게 작성하는 항목도 고민이 될 것이다. 요즘 학생들은 SNS를 사용하면서 짧게, 단답형으로 글을 쓰는 습관이 몸에 배어 긴 글을 작성하는 데 익숙하지 않기 때문이다. 또한, 긴 글을 작성할 때 자칫하면 '돌림형' 현상이 발생해버린다. 이는 했던 말을 또 하고, 또 하는 것을 의미한다. 다시 주제로 돌아가서 이번 사례를 보도록 하자. 하나의 질문이지만 요구되는 답변의 성격은 지원 동기, 포부, 성장 과정, 수학 내용, 가치관 형성 경험, 단체 활동에 대한 성과 등 총 6가지이다. 즉, 면접관이 듣고 싶어 하는 내용은 6가지로 제시되어야 함을 의미한다. 그러나 본 사례에서 지원 동기 및 포부, 성장 과정, 수학 내용(휴학 기간 또는 졸업 후의 공백기 내용 포함), 본인의 가치관 및 인생관에 영향을 끼쳤던 경험, 단체 속의 일원으로 거둔 성과(동아리, 공모전 등)에 대한 답이 모두 있는가? 없다.

본인 장점 & 단점

　과거 유교적 사상 때문에 본인을 낮추고, 숨기는 것이, 선비의 예의이자 인의라고 배워 온 한국 사람들에게 가장 어려운 질문은 아마도 본인의 장점과 단점을 말하는 것일 것이다. 내가 잘하고 있는 부분을 숨기는 것이 겸손이라고 들어왔기 때문이다. 하지만, 이제는 시대가 변화하였다. 자신의 장점은 적극 부각하고, 단점은 다양한 피드백을 수렴하여 개선할 수 있는 사람이 되어야 한다. 회사에서 이러한 질문을 많이 물어보는 이유는 자가 평가를 통해 어떠한 사람인지, 어떠한 사람이 되기 위해 노력하고 있는가를 확인해보려는 것이고, 역시 나아가서 지원자가 우리 회사와 어울리는 것인

가를 알고 싶어 하는 것이다. 장점은 적극 부각하되 자만 또는 자랑이 되어
서는 안 되며, 단점은 솔직하게 얘기하되 단점이 아닌 장점으로, 단점을 해
결하는 노력에 초점이 맞추어져야 한다.

우수 사례(2016년 현대해상 서류 합격)

Q. 타인과 구분되는 본인만의 장점(능력)과 그 장점을 활용하여 탁월한 성
과를 창출하였던 경험 및 사례를 구체적으로 기술 바랍니다.

[성우 못지않은 훌륭한 목소리]
   중저음의 목소리는 상대에게 신뢰를 준다고 합니다. 은행 기업금융팀에
서 근무할 때, 70%에 불과했던 '거래기업 분기별 보고서 수거율'을 전화통화
를 통해 100%로 끌어올린 경험이 있습니다. 거래기업 분기별 보고서는 해
당 기업의 매출, 주요 거래처 현황 등 민감한 사항이 다수 포함되어 있어서
제출하기를 꺼려하는 사장님이 많았습니다. 때문에 같은 팀 선임은 보고서
를 수거할 시기가 되면 스트레스를 받는다고 하셨습니다. 저는 그런 애로사
항을 파악하고, 사장님들과 직접 통화하며 분기별 보고서가 필요한 이유에
대해서 차분한 목소리로 설명 드렸고, 그래도 제출을 꺼리는 사장님께는 직
접 만든 PT 자료를 메일로 발송 드리며 설득하였습니다. 마지막에 제출해
주신 사장님께서는 호탕하게 웃으시면서, 신뢰 가는 목소리 때문에 믿고 보
고서를 주셨다고 합니다. 이 일을 계기로 분기별 보고서 때문에 고민하셨던
선임에게 도움이 될 수 있었고, 은행 사내 커뮤니티 '칭찬합시다' 게시판에
칭찬 글이 올라오면서 저는 경수지역본부의 이선균이라는 별명을 얻게 되
었습니다. 최종적으로는 우수 인턴으로 선정되는 등 개인적인 성과도 거둘
수 있었습니다.

물론 단지 목소리 하나만으로 상대에게 신뢰를 준다고 생각하진 않습니다. 진실된 마음과 행동 등 모든 것이 하나로 조화를 이룰 때 상대에게 신뢰를 줄 수 있고, 제가 가장 잘할 수 일이라고 생각합니다. 이런 장점을 활용해 진솔한 목소리와 진실된 행동으로 고객, 동료 직원 모두에게 신뢰를 주는 신입사원이 되겠습니다.

〈Comment〉

많은 학생들의 자기소개서를 보면 장점으로 '열정', '성실함', '창의적', '도전적' 등 교과서에서 위인을 소개할 때 언급하는 단어를 남발하고 있다. 만약 우리가 면접관이라면 이러한 단어를 쓰는 사람들은 자신만의 장점이 과연 있는가에 대해 의구심이 들 것이다. 장점을 꼭 멋있는 단어로 쓸 필요는 없다. 본인이 남들하고 차별화되고, 이러한 역량이 회사에 큰 기여를 할 것이라는 것을 어필하면 된다.

우수 사례(2017년 효성 서류 합격)

Q. 자신의 성격 및 남다른 지식이나 재능에 대하여 기술하여 주십시오.(500자)

철저하고 꼼꼼하게 모든 일을 진행하는 것의 저만의 성격입니다. 실제로, 현대오일뱅크 중동지사에서 인턴사원으로 근무하면서 이를 확인하고 발전시켜왔습니다.

현대오일뱅크 중동지사 인턴으로 근무하면서, 저만의 '업무 전-중-후 체크리스트'를 만들어 철저하게 분석하고 점검하는 습관을 가지게 되었습니다. 인턴업무 중, 모든 일에는 중요성에 따라 우선순위가 있으며, 어려운 점들은 선배님들께 조언을 구하며 슬기롭게 해결할 수 있다는 것을 느꼈기 때문입니다. 따라서, 저는 아래와 같은 체계적인 업무매뉴얼대로 모든 일을 진행하고 있습니다.

전 – 우선순위 확인 및 조정, 예상소요시간 측정 및 보고
중 – 업무진행상황 중간보고, 어려운 점이나 도움이 필요한 것은 바로
     물어보기
후 – 미흡했던 점 확인 및 보완, 보고서 및 서류는 사본으로 남겨두기

이를 이용해, 체계적이고 효율적인 업무를 진행할 수 있었습니다. 이러한 역량을 바탕으로, 더클래스 효성에서도 모든 업무를 완벽하게 수행하겠습니다.

〈Comment〉
글로벌 마인드, 창조적 등 뻔히 보이는 거짓말 보다 소소한 재능이더라도 진짜라는 확신을 주는 것이 중요하다. '한번 자리에 앉으면 화장실 갈 때 빼고는 24시간도 집중할 수 있습니다.' 이런 리얼한 표현에 익숙해 지길 바란다.

우수 사례(2016년 웰컴금융그룹 서류 합격)

Q. 본인 성격의 장점 및 단점에 대해 작성하여 주십시오(100자 이상 1000자 이하).

[장점 – 약속 중시, 시간 관리, 열정적인 자세]

제가 남들보다 뛰어나다고 자부할 수 있는 세 가지 강점은 약속을 중요하게 여기는 것, 시간 관리를 철저히 하는 것, 그리고 열정적인 자세를 바탕으로 매사 최선을 다하는 것입니다.

기획재정부에서 주관하는 경제교육봉사단에 참여해서 초등학교 학생들의 방과 후 경제 선생님이 된 경험이 있습니다. 학생들을 가르치면서 수업 마지막에 간단한 쪽지시험을 보고 1등부터 3등까지 간단한 상품을 주곤 했습니다. 상품을 주는 일을 학생들과의 약속이라고 생각하고 한 번도 소홀히 하지 않았습니다. 또한 학생들의 소중한 시간을 지키기 위해 수업 시작 5분 전에는 반드시 교실에 도착할 수 있도록 노력했습니다. 마지막으로 당시 영어 학원과 아르바이트를 병행하고 있었음에도, 학생들에게 재미있는 수업을 전달해주기 위해 열정적으로 수업 콘텐츠를 준비했습니다. 이런 저의 노력 덕분에 저는 다시 보고 싶은 선생님 투표에서 학생들로부터 1등으로 뽑힐 수 있었습니다.

앞선 세 가지 자세는 타인으로부터 신뢰를 얻는 가장 핵심적인 요소라고 생각합니다. 제가 가진 장점을 바탕으로 고객에게 믿음을 줄 수 있는 웰컴 금융그룹의 직원이 되고 싶습니다.

[단점 – 서두르는 습관을 고쳐주는 20분]

학교에서 과제를 할 때, 급하게 과제를 마무리하다가 실망스러운 결과물을 교수님께 제출하는 경험이 많았습니다. 이런 단점을 깨달은 후에는 과제를 시작하기 전에 10분을 투자하고 과제를 마무리하고 10분을 투자하기 위해 노력하고 있습니다. 시작하기 전에는 앞으로 해야 하는 과제의 대략적인 구조를 짜기 위해 10분을 투자합니다. 그리고 과제를 마치고는 과제에 부족한 점은 없는지 확인하기 위해 10분을 투자합니다. 덕분에 서둘러 과제를 마무리하는 습관을 고쳐나가고 있습니다.

〈Comment〉

이번 사례에서는 단점 작성에 대해 높게 평가를 하였다. 간단한 글이지만 그 속에서 단점이 무엇이고, 나는 해결하기 위해 어떠한 내용을 하고 있는 지를 일목요연하게 서술하였다. 또한 단점이 이제는 단점이 아닌 장점처럼 보이도록 서술하면서 약점에 대한 부정적인 모습을 상쇄시키려 하였다.

우수 사례(2017년 Yes24 서류 합격)

Q. 성격의 장 · 단점 및 특기사항

일을 할 때 '누구보다 잘하고 싶다'는 욕심이 있습니다. 이런 습관 덕분에 국회 인턴을 할 때 국정감사의 첫 질의 내용을 찾아내고, 신문 1면과 SNS에 크게 실린 경험이 있습니다.

'부담 가질 필요는 없다'며 비서관님이 건넨 것은 두꺼운 8권의 책이었습니다. 5일이라는 주어진 시간 동안 이상한 점을 찾아야 했고 먼저 한 일은 목표를 세우는 일이었습니다. '5일간 10회 읽기'. 반드시 해내고 싶었고, 그랬기에 출퇴근을 하며, 기차 안에서, 버스 안에서 끊임없이 읽고 또 읽었고, 퇴근하라는 상사님의 말씀에도 막차를 타고 다녔습니다. 마지막 날 책을 보았을 때 어느 페이지를 펼쳐도 토가 나올 것 같다는 생각이 들었고, 결과적으로 수백 개의 포스트잇과 메모가 남았습니다.

'고집과 욕심' 제가 가진 장점이자 단점이기도 합니다. 욕심 때문에 일에 몰입할 때면 주변을 살피지 못합니다. 이런 문제를 알고 나서는 중간중간 동료들에게 초콜릿 같은 작은 선물을 건네거나, 시간을 내어 함께 산책하며 떠들며 관계를 만들어나가는 습관을 들였습니다.

〈Comment〉

장점과 단점을 명확히 분리하지 않고, 하나의 속성에서 장·단점 모두를 언급하는 것도 좋은 시도가 될 수 있다. 사람의 판단은 주관적이다. 대립될 수 있는 여지를 원천적으로 차단하는데, 위와 같은 기술방식을 고려해보자.

우수 사례(2017년 한국무역보험공사 서류 합격)

Q. 지원한 분야와 관련하여 자신이 다른 지원자보다 조금이라도 수준이 높다고 내세울만한 역량 및 부족하다고 생각하는 역량을 각각 한가지씩 기술하여 주십시오. (단순 학업성적 우수사항은 기재하지 마십시오.)

지원분야를 위해 제대로 준비한 역량은 고용노동부에서 주관하는 600시간의 수출입 실무자 양성과정을 수강하며 쌓아온 무역지식과 실습입니다. 평소 무역에 대한 관심으로 경제학과 학생임에도 국제통상학과 수업을 수강하며 공부했으며, 수출입 과정을 통해 무역회사에서 실제 활용하고 통하는 무역관련 실무를 현직 전문가로부터 배웠습니다. 수입 및 수출을 직접 해보는 경진대회에 참여하여 치약아이템 수입을 발표하여 입상하기도 했습니다. 그러나 저는 일어 일문학과에서 경제학과로 전과를 했습니다. 처음부터 경제학을 전공한 학생에 비해 경제지식이 부족하다고 생각되지만 인문학과 경제학을 동시에 강화할 수 있는 기회에 초점을 두고 파생상품투자상

담사, 매경테스트와 같은 경제 자격증을 공부하고 취득해왔습니다.

〈Comment〉
　강점은 확실하게 내세우고, 약점은 어쩔 수 없음을, 그러나 극복하고 있음을, 그래서 지금은 약점인 듯 아닌 듯 한 기술이 돋보인다.

아쉬운 사례(2016년 NH농협은행 서류 불합격)

Q. 본인 성격의 장점 및 단점에 대해 작성하여 주십시오.(200자 이내).
[경청과 집중 그리고 완벽함]

　장점: 상대방의 말을 경청하고 공감하는 태도를 가지고 있습니다. 또한 한 가지 일에 오랫동안 집중할 수 있고, 그것이 마무리 될 때까지 맡은 바 최선을 다합니다.

　단점: 모든 일을 완벽하게 하고자 하는 마음에 일 처리가 늦는 경우가 있습니다. 이를 극복하기 위해 우선순위를 두고 해결하려는 노력을 하고 있습니다.

〈Comment〉
　대부분 자기소개서 항목에서는 장점과 단점을 함께 질문한다. 이는 각각의 독립적 요소와 종속적 요소 모두를 고려해야 함을 의미하기도 한다. 사례에서 지원자는 장점으로 '경청, 공감', '집중, 마무리'를 강조하고자 하였고, 단점으로 '완벽, 우선순위'라는 키워드를 전달하고자 하였다. 장점에서는 한

가지가 마무리 될 때까지 집중하고 최선을 다한다고 했다. 즉, 일의 완벽성 추구를 강조하였으나 그로 인해 일 처리가 늦어지는 것을 단점으로 기술하였다. 결과적으로, 장점도 단점도 두리뭉실해져 버렸다.

성공 경험 & 실패 경험 - 인재상 및 직무상에 맞춰라

우리는 실제 기업의 면접 담당자들로서 많은 지원자들을 접해왔다. 개인적으로 가장 비중을 두는 질문이 바로 성공과 실패에 대한 경험에 관한 것이다. 성공 또는 성취한 경험이 있는 사람은 성공 요인에 대해 이해 하고, 또 다른 성공을 위해 목표를 설정하고 도전한다. 반대로 실패를 경험한 사람은 극복하는 과정에서 대단한 자기 발전과 성숙의 기회를 가질 수 있다. 최근 경영에서 회복성(Resilient)이 중요해지고 있다. 불확실한 경영 환경에서 기업은 항상 수많은 위협에 노출된다. 1882년 존슨앤존슨의 독극물 주입 사건, 2010년 BP사의 멕시코만 원유 유출사건, 2010년 도요타 리콜 사태 등 지금까지 기업은 수많은 사건과 위협을 받고 있다. 분명 기업의 생존에 치명적인 사건이다. 그럼 이러한 기업들은 지금 존재하지 않을까? 실패를 교훈 삼아 더 나은 경영을 펼쳐 이전보다 훨씬 성장한 기업이 되어 있다. 사람도 마찬가지이다. 항상 좋은 일만 생길 수는 없다. 어려운 여건, 실패 속에서 얼마나 더 큰 성장을 만들어 낼 수 있는가는 유능한 인재를 만드는 데 아주 중요한 요소가 된다.

Q. 살아오면서 부딪혔던 큰 장애물은 무엇이었으며, 그 난관을 극복하기 위해 어떤 노력을 하였고, 그 결과는 어떠했는지 기술하십시오.
(공백 포함 600자)

[고민은 고민을 낳고, 경험은 결정을 낳는다.]

　대학교 진학 이후 진로를 선택하면서 많은 어려움을 겪었습니다. 고등학생 시절, 미적분과 통계 기본을 배우고 수학에 재미를 느껴 문과 1, 2등을 하는 등 성적이 크게 향상되었습니다. 이러한 흥미 때문에 전공으로 경제학을 택했으나 재미를 느끼지 못하여 공부에 집중할 수 없었습니다. 전공기초로 회계원리를 수강한 이후 관리회계, 원가회계, 재무관리 등을 추가로 들으면서 CPA를 고려했으나 청춘을 책상 앞이 아닌 현장에서 보내고 싶어 고민 끝에 접게 되었습니다.

　진로 결정에 도움을 준 경험은 투자자문사에서의 인턴 실습이었습니다. 9개월간 환율 시황 보고서를 제작하고 영업 대상을 선별하기 위해 기업을 분석하며 실무 지식을 쌓았습니다. 이를 통해 거시 경제 분석 능력을 포함해 재무 상황부터 사업 분야, 수출입 현황, Net exposure, 환 위험 관리 방안으로 기업을 파악하고 이해하는 능력을 키웠습니다. 1,000여 개의 기업을 분석하고 7개의 자문계약을 체결했던 과정 속에서 기업의 가치를 높이는 각 부서별 역할과 Value Chain을 이해하게 되었고, 업무에 대한 흥미를 느끼며 진로를 결정할 수 있었습니다.

〈Comment〉
　대부분 학생들은 인턴경험 한 두 번 있을 것이다. 인턴경험에서 대단한 역량의 향상만을 강조하는 게 아니라 진로, 적성 확인, 기업 돌아가는 상황을 조금이나마 알게 되는, 담백한 이야기도 좋다.

우수 사례(2017년 NH농협은행 서류 합격)

Q. 최근 어떤 일에 실패한 경험은 무엇이었으며, 어떻게 극복하였는지 기술하시오.

〈확신을 가지고 추진하는 힘〉

연말에 지역사무실에서 영수증을 처리하다 최적의 시간을 놓쳐 일이 배로 늘어난 경험이 있습니다. 다량의 영수증을 프린트하다 프린터기 오류로 일부만 프린트되고 나머지가 다 사라져버렸습니다. 다시 처음부터 재 발행해도 되었지만 먼저 프린트가 된 일부에 대해 상사분이 남길까 말까라는 애매한 질문과 요구에 며칠 동안 영수증을 수습할 대안을 찾아 시간을 써버렸고, 결국에는 영수증을 요구하는 시민들의 전화가 폭증하여 일이 배로 늘어나 버렸습니다.

이후로 가진 습관은 확신을 가지면 추진하는 힘입니다. 문제가 생기면 바로 바로 질문하고 우선 실행에 발을 디딥니다. 하지만 일이라는 것은 나 혼자만이 하는 것이 아니기 때문에, 일에 대한 근거들을 명확하게 적었습니다. 근거를 가지고 요구할 땐 채택이 되지 않더라도 그 안에서 더 나은 방안이 마련되곤 하였습니다.

하루는 회계정리를 하다 첨부할 내용증명을 발급할 수 없는 상황이 발생하였습니다. 먼저 질문을 하였고, 일을 위해서 필요한 것들을 상사분과 함께 생각하여 먼저 대안들을 고려하였습니다. 일은 쉽게 해결되었고 기한 내에 보고를 마칠 수 있었습니다.

〈Comment〉

　실패사례를 묻는 항목의 의도는 '살아오면서 얼마나 의미 있는 도전을 해 봤는가?' '실패 속에서 무엇을 얻었는가?' '유사한 일이 발생한다면 잘 해낼 수 있겠는가?' 등 일 것이다. 그런 맥락에서, 참고하면 좋은 사례이다.

우수 사례(2016년 현대엔지니어링 서류 합격)

Q. 본인이 소속된 조직에서 타인과 협력을 통해 공동의 목표를 추구했던 경험과, 이를 통해 깨달은 점이 있다면 기술해 주십시오. (800자).

[안되면 될 때까지]

　여러 대학의 사람들과 함께 '라오스 교실건축 봉사활동'에 참가한 적이 있습니다. 저는 다양한 해외봉사활동 경험을 인정받아, STAFF로써 건축자재 조달과 배송일정을 확인하는 업무를 지원했습니다. 그런데 현지에 도착했을 때 악천후로 도로사정이 좋지 못하여, 자재가 늦게 도착할 것이라는 통보를 받았습니다. 그리고 이로 인해 일정 내에 교실을 완공하기 힘든 문제가 생겼습니다.

　현지 주민은 완공되지 않을 경우 자체적으로 마무리하겠다고 이야기했지만, 먼 곳까지 와서 중간에 멈출 수는 없었습니다. 이에, 저는 STAFF들과 함께 해결방안을 찾아내고자 적극적으로 움직였고, 밤새 이어진 회의를 통해 두 가지 대안을 도출하였습니다. 그리고 그를 바탕으로 교실완공과 더불어 봉사활동의 보람까지 잡을 수 있었습니다.

〈대안 및 효과〉

1) 공사순서 변경(자재투입이 적은 공사부터 먼저 진행) 및 그로 인한 변수 관리

⇨ 효과적 인력 운용이 가능해져, 일정 내에 교실을 완공하였습니다.

2) 현지지원이 필요한 부분을 정리하고, 빠르게 요청

⇨ 현지-봉사활동팀 간의 소통을 통해 더 나은 환경에서 봉사활동을 할 수 있었습니다.

이 경험을 통해 "문제에 대응하는 기본태도"를 배웠고,
항상 다음과 같이 행동하고 있습니다.
첫째, 상황을 정확히 파악하고 그것을 모두와 공유·소통하는 과정을 꼭 거칠 것
둘째, 목표를 위한 요구사항을 전달하는 데에 있어 강단 있는 태도를 지닐 것
국내외 현장에서 겪을 다양한 상황에서도 이러한 태도를 바탕으로 그것을 풀어내겠습니다.

〈Comment〉

이 글이 돋보이는 점은 핵심적으로 전달하고자 하는 메시지를 개괄식으로 전개했다는 점이다. 필자는 많은 자기소개서를 검토하지만 이런 스타일의 기술은 보기 힘들다. 서술식 방식의 스토리 전개로 관심을 유발하고, 개괄식 구성으로 메시지를 효과적으로 전달한다면 당신은 훌륭한 커뮤니케이터가 될 수 있다.

Q. (NCS 직업기초: 공동체윤리) 조직의 목표 달성을 위해, 남들은 꺼려하는 일을 도맡아 묵묵히 수행했던 경험이 있으신가요? 남들이 그 일을 꺼려한 이유, 그럼에도 불구하고 귀하게 그 일을 맡은 이유에 대해 기술해 주십시오. (500자 이내)

　군 생활을 하며 서류로만 존재하는 문서가 많다는 것을 알게 되었습니다. 여러 문서철에는 누락된 문서들이 있었고, 날짜 등 조작된 부분들도 많았습니다. 또한 문서들은 오래된 양식이었고, 물자는 장부상 개수와 보유개수가 맞지 않는 것이 많았습니다. 이는 감사 시 문제가 될 것이 분명했고 당시 병사와 간부 모두 알고 있던 사실이었지만, 누구도 바로잡으려 하지 않고 외면했습니다.

　저 역시 그냥 넘어갈 수도 있었습니다. 하지만 상황에 익숙해져 나태해지고 싶지 않았고 모두 고쳐야겠다고 생각했습니다. 서류들은 선임과 간부에게 물어 작성 및 수정했습니다. 문서 양식은 가독성을 높였고 완성된 문서는 대대의 기본양식이 되었습니다. 또한 물자는 전수조사를 통해 맞췄습니다. 굳이 하지 않아도 되는 일이지만 약간의 시간투자로 선후임이 모두 편해졌고, 이후에도 '누가 바꾸었다.'라는 말을 들을 때마다 뿌듯했습니다. 조금은 하기 싫지만, 조금만 희생하면 모두에게 좋은 결과를 가져올 수 있다는 것을 느꼈습니다.

〈Comment〉

　어떤 문제는 상황적 대안(alternation)이 무의미한 것도 있다. 공공기관에서 종종 출제되는 윤리(Ethics)는 무조건적 원칙 준수를 해야 한다. 애매한 상황과 변명에 속지말자.

우수 사례(2016년 기업은행 서류 합격)

Q. 본인이 가장 자랑할 만한 성과는 무엇이고 그 성과를 이루기 위해 어떤 노력을 했는지 기술해주십시오.

[준비 된 자에게 온 기회]

신한금융투자 기업문화부에 인턴으로 근무하면서 매주 중고등학생을 대상으로 '따뜻한 금융캠프'라는 사회 공헌 프로그램을 보조했습니다. 금융캠프는 메인 강사와 보조 강사로 나뉘어서 프로그램을 진행했었는데 저에게 처음 주어진 역할은 강의장 및 간식 세팅, 상품 지급, 사진촬영 등과 같은 간단한 역할이었습니다. 이런 역할을 묵묵히 수행하면서 언젠간 학생들 앞에서 강의를 하는 것을 꿈꾸며, 메인 강사분이 진행하는 PT를 학생 못지않게 집중해서 들었습니다. 몇 개월 동안 보조강사로 활동하다가 올해 8월, 당시 금융강의를 담당하던 메인 강사분이 급한 사정으로 시작 5분 전에 불참 의사를 밝혔고, 부서에는 대신 강의를 할 인력이 없는 상황이 발생했습니다. 그때 저는 그동안 캠프를 보조하면서 배운 경험을 살려서 직접 강의를 진행해보겠다 하였고, 3시간 동안 무사히 진행해 캠프를 마무리했습니다.

[평점 4.81점의 강사가 되다]

그날 실시한 캠프 만족도 설문조사는 5점 만점에 4.81점의 높은 점수를 얻으며 직원분들의 신뢰를 얻을 수 있었고 이후로 정기적으로 메인 강사로 활동하게 되었습니다. 보조 강사에서 메인 강사가 되었을 때도 기뻤지만 캠프가 끝나고 나서 학생들이 함께 사진을 찍자고 하고, 궁금한 것이 있을 때 연락하게 연락처를 달라고 했을 때 정말 큰 보람을 느꼈습니다. 이런 경험을 살려 기업은행에서도 작은 업무부터 천천히 수행하며 실력을 쌓고, 필요할 땐 열정을 보이며 고객과 동료 직원 모두에게 신뢰받는 행원이 되겠습니다.

〈Comment〉

　우리는 성공이라는 단어를 생각하면 아마도 스티브잡스와 같은 엄청난 부와 명예를 거머쥔 사람을 떠올릴 것이다. 회사에서는 우리에게 스티브잡스처럼 대단한 경험을 요구하지는 않는다. 또한, 그런 경험이 있다면 굳이 회사에 취직하려고 하지도 않을 것이다. 크고, 작은 경험의 규모를 떠나 그러한 경험을 토대로 지원자가 어떤 역량을 갖추었고, 얼마나 더 성장 가능성이 있는가를 보고자 하는 것이다. 이번 사례는 누구나 다 하는 인턴생활이지만 남들과는 차별화된 또 하나의 결과물을 만들어 낸 것과, 이를 만들기 위해 묵묵히 기회를 만들어 가는 과정이 돋보이는 사례로 볼 수 있다.

우수 사례(더와이파트너스 취업캠프 지원자)

Q. 본인의 가장 실패한 경험이 있다면 어떠한 것인지 기술하시오.

[열정 같은 소리하고 있네]

　에이전트로서 벽지 수출을 한국–중동 간 중개한 경험이 있습니다. 한국 업체의 김 모 대리가 업무를 전담하기 시작했고, 이내 중동 업체에 스카우트되어 저는 낙동강 오리알이 되었습니다. 2015년 중동에 중장비와 중고차를 수출하는 기업에 한국 벽지 수출을 제안했습니다. 제안을 하고, 샘플을 시연하고, 업체와 미팅을 가졌습니다. 부족한 샘플을 구하기 위해 한여름에 벽지 샘플북을 들고 뛰어다녔습니다. 비흡연자이나 매일 17시간씩 줄담배를 하고 아랍 차를 마셔가며 비즈니스를 했습니다. 신상품 2 컨테이너 수출 후, STOCK 제품을 시리아 및 이집트로 수출하자는 제의를 했습니다. 성공적인 계약이었고, 향후 비즈니스에 대해서도 긍정적이었습니다. 그러나 한국 H벽지 해외영업 담당 김 모 대리의 사우디아라비아 출장 이후 제 일이 줄어들기 시작했습니다. 미혼 여성인 저는 사우디에 갈 수 없습니다. 억울하지 않았지만 무역 실무에 무지한 자신이 싫었습니다. 미련을 버리고 학업에 매진했습니다. 학기를 마치고 무역실무과정도 들었습니다. 이제는 같은 실수를 반복하지 않을 준비가 되어있습니다.

〈Comment〉

힘들었던 경험을 담백하게 기술하여 상대방이 쉽게 이해할 수 있다. 또한, 실패사례에 그치지 않고 사건을 계기로 더 발전된 본인의 모습을 제시함에 따라 채용을 하는 현재 시점에서의 준비된 지원자임을 제시하는 것을 매우 효과적일 수 있다.

아쉬운 사례(2015년 NH농협 서류 불합격)

Q. 최근 자신이 가장 힘들었던 경험은 무엇이었으며,
   어떻게 극복하였는지 기술하시오.

[원룸의 고성방가]

시골에서 올라와 자취를 시작한 지 어느덧 2년이 지났습니다. 얼마 전 살던 원룸의 계약 기간이 끝나서 다른 원룸으로 이사를 가게 되었습니다. 주인 아주머니도 아주 친절하셨고 방도 넓고 깨끗했습니다. 그래서 원룸을 잘 골랐다는 생각을 했고 매우 흡족한 자취생활을 하고 있었습니다. 하지만 일

주일이 채 안 된 시점에 문제가 발생했습니다. 옆방에 사는 학생이 친구들을 데려와 새벽까지 소리를 지르고 장난을 치는 것이었습니다. 처음에는 그럴 수 있겠거니 하고 참았습니다.

하지만 그런 일이 점점 자주 일어났고 엄청난 스트레스에 시달리던 저는 옆방을 찾아갔습니다. 아니나 다를까 어려 보이는 학생이 문을 열고 나왔습니다. 그 학생을 처음 보고 저의 신입생 시절이 떠올라 차마 싫은 소리를 할 수가 없었습니다. 그래서 옆방에 사는 사람이라고 소개하고 친해지고 싶어서 왔다고 나가서 밥이라도 먹자고 제안했습니다. 밥을 먹으면서 천천히 이야기를 시작하였고 저의 고충을 자연스럽게 말했습니다. 그 친구는 그 말을 듣고 매우 미안해하였고 앞으로는 주의하겠다고 말했습니다. 다짜고짜 화를 내지 않고 조심스럽게 얘기하였기 때문에 그의 기분도 상하지 않게 하면서 일을 원만하게 해결할 수 있었습니다.

〈Comment〉

살면서 힘든 일이 한 번도 없었다는 것은 거짓말이다. 우리는 다양한 사건/사고 속에서 웃고 때로는 울기도 한다. 본 사례의 가장 아쉬운 점은 과연 제시된 경험이 가장 힘들었던 것이었을까 하는 생각이다. 또한, 실패 경험은 사건 – 현상 – 원인 – 해결 방안 – 결과 – 시사점 – 회사/본인 연관성 순으로 전개하여 사건보다는 사건 이후의 과정을 집중적으로 묘사하는 것이 좋다.

입사 후 포부 - 수치 이용, 해당 회사의 미래 비즈니스와 연결

입사 후 포부를 묻는 질문은 지원자가 회사에 입사를 한다면 어떠한 꿈(포부)을 펼칠 것인가를 기술하는 것이다. 앞서 여러 번 언급했듯이, 회사는 채용 과정에서 지원자에 대해 궁금해하지 않는다. 회사에 필요한, 기여할 수 있는 지원자를 찾고자 하는 것이다. 이 질문 역시, 본인의 꿈과 함께 회사의 비전을 달성하는 데 기여할 수 있는 인재의 모습을 제시해야 한다. 최대한 구체적으로 적도록 하자. 두리뭉실한 계획일수록 신뢰성은 떨어지기 마련이다. 마지막으로 끝맺음도 매우 중요하다. '저는 이 회사 입사하면 열심히 해서 대표이사가 되겠다'라고 얘기하는 학생들이 많다. 열심히 보다는, '제대로'가 좋고, 대표이사보다는 '외환 담당 ○○○본부장이 최고인데, 뒤를 잇는 ○○분야 최고 인재가 되겠다'가 더욱 준비된 인재임을 보여주는 것이다.

우수 사례(2017년 한국신용회복위원회 서류 합격)

Q. 신용회복위원회의 직원으로서 5년 후 자신의 모습을 그려보고, 그 모습에 도달하기 위한 실천계획을 구체적으로 기술하여 주십시오.
글자수: 0 / 600 byte

잘 시작하는 것만큼 잘 마무리하는 것이 중요하다고 생각합니다. 따라서 입사 5년 후 다음과 같은 노력을 통해 채무자분들의 경제적 어려움이 주홍글씨로 남지 않고 새로운 시작의 계기가 되도록 돕는 심사역이 되겠습니다. 가장 먼저 위원회 제도와 개인회생과 파산에 대한 법률을 공부하여 채무자분들에게 가장 적합한 제도를 안내하겠습니다. 그리고 변제계획을 컨설팅하며 쌓인 노하우를 활용하여 더 많은 채무자 분들이 채무 완제 후 경제적으로 재기할 수 있도록 돕겠습니다. 또한, 선진국의 채무조정 제도를 연구하여 지속적으로 제도 개선을 위해 노력하여 채무자 분들에게 더 적합한 지원을 제공하겠습니다.

〈Comment〉

미래 모습에 대해 희망직무에서 수행하는 업무를 면밀히 조사하여, 내가 수행한다면 이런 것을 하겠다 라고 사실감 있게 표현한 것이 돋보인다. 입사 후 포부는 아주 대단한 것만 적는 것이 아니라, 회사에서 성장하고 단계별로 가져야 할 것들을 구체적으로 적는 것도 필요하다.

우수 사례(2016년 한국아스텔라스제약 서류 합격) (일본계)

Q. 입사 후 향후 목표에 대해 기술하시오.

[입사 후 포부 – 한국아스텔라스 임원]

저는 입사 후 아래의 3가지를 어떠한 일이 있어도 실천하겠습니다.

첫째, 전문지식을 쌓는데 게으르지 않겠습니다. 디테일하게 논문을 파악하고, 각종 세미나와 심포지엄에 참석하며 약품에 대한 데이터 수집을 기본으로 하겠습니다.

둘째, 말보다는 발로 뛰며 의사와의 유대를 강화하겠습니다. 이를 위해 그들의 동선은 물론이고 취미, 특기, 관심사까지 모두 제 플래너에 기록하며 신뢰를 얻겠습니다.

셋째, 윤리의 선을 지키면서 최고의 영업실적을 만들겠습니다. 2000년

의약분업제도, 2010년 리베이트 쌍벌제, 2012년 일괄 약값 인하 조치, 2016년 김영란법 등 갈수록 영업활동이 힘들어지는 상황에서, '준법 영업활동'을 통해 매출 상위 10%를 꾸준히 유지하겠습니다. 궁극적으로, 꾸준히 역량을 쌓아 세일즈 리더로 성장하고 임원이 되어 한국아스텔라스제약의 성장에 엔진을 달겠습니다.

〈Comment〉

　본 사례는 목표를 두괄식으로 먼저 제시하고, 실천방안을 3가지로 언급했다. 특히, 과장된 계획보다는 실천 가능한 것을 제시함으로써 회사로 하여금 믿음을 가지게 하는 내용이다.

아쉬운 사례(2015년 한국주택금융공사서류 불합격)

Q. 우리 공사 지원 사유 및 입사 후 포부에 대해 기술해 주십시오.
(100자 이상 600자 이내).

　꼭 공기업에 입사하고 싶었습니다. 공기업의 목표는 공익을 향해있기 때문입니다. 현재 한국 경제는 성장보다도 분배가 필요한 시점이라고 생각합니다. 분배를 통해 다시금 수요를 창출하고 발전할 수 있다고 생각하기 때문입니다.

　그리고 공기업은 그 분배의 중심에 있습니다. 공기업을 통해 국가는 사회적으로 최대 후생 수준을 달성할 수 있고, 시장의 실패를 막을 수 있습니다. 저는 경제학을 배우며 그런 공기업의 역할에 큰 매력을 느꼈습니다. 그리고 그 중에서도 현재 사회적으로 가장 큰 문제인 주거 안정을 위한 기관인 주택금융공사에 입사하고 싶습니다. 그래서 주택금융공사에 입사한다면, 사명감과 자부심을 가지고 자아실현을 이룰 수 있다고 생각해서 지원하게 되었습니다.

끝까지 노력하여 입사를 하게 된다면 항상 개선할 점들을 생각할 것입니다. 업무를 하면서 분명 더 나아질 수 있는 부분들이 보일 것입니다. 저는 그런 것들을 개선하며 회사와 함께 성장하겠습니다. 주택금융공사가 발전하고 성장하는 것이 나아가 한국 경제를 이끄는 길이기 때문입니다.

〈Comment〉

요구 내용은 지원 동기와 입사 후 포부 두 가지이다. 그런데 입사 후 포부에 대해서는 언급이 거의 없다. 또한, 너무 일반적인 내용으로 지원자가 회사에 들어오면 뭔가 하고 싶은 꿈이 있는가에 대해 회의감을 들게 한다. 서두에 꼭 공기업에 입사하고 싶다고 기술하였다. '이 친구는 우리 회사를 오고 싶어하는 것이 아니라 그냥 공기업에 취직하고 싶어 하겠지'라는 생각이 먼저 든다.

아쉬운 사례(2016년 예금보험공사서류 불합격)

Q. 당사에 입사한 후 앞으로의 계획에 대해 기술 하시오. (600자).

입사 후 저는 단계적으로 세분화하여 경험을 쌓겠습니다.
입사 후 첫 5년은 저에게도 있어서 중요한 시기라고 생각됩니다. 저는 두 가

지 능력을 기르기 위해 노력하겠습니다. 첫째는 경제 분석 능력입니다. 지금
도 하고 있는 경제신문 스크랩을 계속하며 금융시장을 분석하고 전망해 경
제 전반적인 리스크를 진단하고 대응할 수 있는 발판으로 삼겠습니다.

두 번째는 통계 관련 자격증 취득입니다. 학교에서 계량경제학이라는 과
목을 수강하게 되면서 통계 분야에 관심을 가지게 되었고, 현재 학교 내 정
보통계보험수리학과를 복수전공 하고 있습니다. 앞서 말했던 경제 분석 능
력을 뒷받침하기 위해서 SAS BASE자격증 취득을 위해 힘쓰겠습니다. 더불
어 현재 공부하고 있는 보험계리사 2차 시험과 업무를 병행해 리스크 관리
에 대한 전문성을 기르고 싶습니다.

첫 5년을 통해 일이 익숙해진 상태에서 문제를 다양한 측면에서 볼 수 있는
능력을 갖추게 될 것입니다. 문제 해결을 위해 신선한 아이디어를 제공할 수
있으며 자칫 현실과 동떨어질 수 있는 문제들에 대해 방향성을 제시하겠습니
다. 이를 바탕으로 종국엔 예금보험공사의 한 부서를 책임지는 중간 관리자가
되겠습니다. 새로 들어와 저와 같은 시행착오를 겪는 후배들에게 15년 동안의
노하우를 알려줘 업무 효율성을 높이고 회사의 발전에 기여하겠습니다.

〈Comment〉

입사 후 계획을 단계적으로 세분화하려고 한 점은 높게 평가할 수 있다.
하지만 가장 큰 문제는 모든 내용을 본인 위주로 썼다는 것이다. 학교는 학
생이 돈을 내고, 필요한 역량을 배우는 곳이다. 회사는 직원이 돈을 받고 회
사에 필요한 역량을 제공하는 것이다. 즉, 회사는 직원에게 공부만을 가르치
는 집단이 아니다. 그런데 사례를 보면 본인의 역량 개발을 위해 이것저것
하겠다는 의미가 강하다. 이러한 역량이 회사에 꼭 필요한 것이라는 것을
좀 더 어필했으면 훨씬 더 좋았을 것이다.

Q. 입사 후 어떤 일을 하고 싶으며, 한국금융투자협회에서 10년 후 이루고 싶은 목표는 무엇인지 서술하시기 바랍니다. (1600 Bytes 이내).

대국민 금융투자교육을 통해 금융에 대한 올바른 가치관 확립에 힘쓰고 싶습니다. 대학교 1학년 때 미래에셋 박현주재단에서 진행한 지역 아동센터 경제교실에서 교사로 활동했었습니다. 초등학생들이 보드게임을 통해 자연스럽게 경제에 대해 알아가고 경제에 대한 올바른 가치관을 확립하는 데에 목표를 둔 프로그램이었습니다. 처음에 친구들은 금리와 같은 개념들에 대해 다소 생소해하기도 하고 어려워하기도 했습니다. 하지만 보드게임을 통해 이러한 단어들에 익숙해지고 이는 경제에 대한 관심으로 이어졌습니다. 보드게임 및 경제에 대한 이야기를 통해 초등학생들의 경제에 대한 올바른 가치관 확립에 도움을 주었다고 생각합니다.

한국금융투자협회에서의 제가 하고 싶은 일도 크게 다르지 않습니다. 우리나라의 많은 어른들도 금융에 대해 잘 알지 못하거나 관심은 있지만 배울 기회가 없으신 분들이 많이 있습니다. 저는 이분들이, 초등학생 친구들이 경제에 대한 올바른 가치관을 가질 수 있었던 것처럼 금융투자에 대한 올바른 가치관을 가질 수 있도록 도와드리고 싶습니다. 이를 위해 단순한 금융투자 교육이 아닌 정말로 수요하고 싶은 그들의 눈높이에 맞춘 교육프로그램을 제공해 올바른 가치관을 확립할 수 있도록 도와드리고 싶습니다.

10년 후에는 대국민 금융투자교육을 통해 교육생을 1만 명 이상 배출하고 싶습니다. 이를 통해 금융에 대한 올바른 가치관을 가진 사람들을 많이 배출하여 우리 사회에 조금이나마 기여하고 싶습니다. 또한, 영어, 중국어 등 외국어 능력을 바탕으로 세계로 나아가는 금융인으로 성장하고 싶습니다. 금융투자업은 국경이 없다고 생각합니다. 따라서 어느 직종보다 외국어 능력이 필요합니다. 이를 위해 꾸준히 영어, 중국어 등 외국어 능력을 키워 개인적인 성장과 더불어 한국금융투자협회의 성장에도 기여하고 싶습니다.

〈Comment〉

이번 사례는 전체적으로 구체성이 떨어진다. 질문에서 입사 후 하고 싶은 일, 10년 후 목표를 얘기했으면 거기에 초점을 맞추어야 하는데, 질문과는 동떨어진 답변이 다수를 차지하고 있다. 또한, 지원자가 뭘 하겠다는 언급은 없이, 회사 위주의 표현에 너무 치중되어 있다.

자유 기술 - 전체 문항을 보고 빠진 것을 찾아라

특정 항목을 기술하는 형태가 아니라 '자유롭게 본인을 소개하세요', '앞의 문항에서 기술하지 않은 내용을 자유롭게 기술하시오' 등의 항목이 종종 제시된다. 당황하지 말자. 회사가 원하는 인재는 딱 2가지이다. 우리회사에 적합한 사람인가? 우리회사에 기여할 사람인가? 2가지를 전체 항목에 비추어 보고 강조를 안 한 부분이 있다면 그것을 어필하면 된다. 만약 두루 어필했다면 2가지를 다시 한번 균형적으로 얘기하면 된다.

Q. 위에서 표현되지 못한 자기소개를 간단하게 적어 주십시오.

[마케팅 웨이트 트레이닝 중입니다]

개인적 관심으로 공부하기 시작한 마케팅은 이랜드의 유통 MD가 되기 위한 중요한 자질이 될 수 있을 것이라 생각합니다.

꾸준히 공부해온 마케팅으로 이랜드의 유망산업의 시장을 꼼꼼히 조사해 신시장에 독자적인 유통망을 구축하는 것이 저의 꿈입니다.

대학시절 홍콩에서 구매한 제품을 축제 기간에 판매하는 데 전략이 없어 실패한 후 마케팅의 중요성을 느꼈습니다. 라트비아로 교환학생을 가 마케팅 수업을 통해 아웃도어, 테이블웨어, 렌터카 기업으로부터 피드백을 받으며 마케팅 전략 수립을 배운 뒤 공모전에 3번 참가해 2번 수상하였습니다. 하지만 항상 가격 결정이나 포지셔닝 범위 설정 등에서 어려움을 느껴 이를 보충하고자 빅데이터 소셜마케팅 전문 인력 양성과정 230시간과 마케팅 초등학교 과정을 수료하며 마케팅 이론 및 소비자 해부학을 공부했습니다.

최근에는 다양한 소비자들을 직접 마주하며 실전에서의 마케팅을 배우고 싶어 지난 1월부터 대한민국역사박물관에서 주말마다 근무하고 있습니다. 외국인과 국내의 여러 지방에서 온 관람객들을 상대하며 다양한 상황들을 경험하고 있으며 그 동안 배운 마케팅 이론을 하나하나 적용하여 새로운 시도들을 제안하고 있습니다. 이러한 저의 마케팅에 대한 관심과 열정으로 이랜드에 입사하여서도 계속될 것이며 항상 발전하겠습니다.

[어디서든 살아남을 수 있습니다]

라트비아에서의 교환학생과 14개국의 배낭여행 경험으로 누구보다 빠른 적응력을 기를 수 있었습니다. 라트비아의 환경에 익숙해지자 우울해지기 시작했고 극복하기 위해 과거나 미래의 불가능한 상황에 집착하지 않고 현재에 집중하였습니다.

학교 공부에 충실하였고 시간이 날 때마다 친구들에게 국가별 음식 해 먹기, 주말마다 여행을 제안하였습니다. 언어와 환경이 다른 14개 국가들에서 밥을 먹고 길을 찾기 위해 현지인들과 소통하다 보니 문화의 다양성을 이해할 수 있었습니다. 또한, 러시아에서 2m가 넘는 남자에게 돈을 빼앗길 뻔하기도 하고 스웨덴에서 지하철을 반대 방향으로 타 배 시간을 놓쳐 라트비아로 돌아오지 못 할 뻔한 일들을 겪으며 어디서든 살아남을 수 있다는 자신감도 생겼습니다.

이러한 장점으로 현장 근무는 물론 신속한 환경 변화에도 신속하게 대응할 수 있는 역동적인 이랜드의 유통 MD가 되고 싶습니다.

〈Comment〉

작성 내용은 크게 2가지이다. 본인이 얼마나 직무역량을 갖추고 있는가(기여 측면), 얼마나 조직에 어울릴 수 있는가(적합 측면) 가장 큰 틀에서 최소 2가지는 제시할 수 있어야 한다. 어떤 경험으로 어필할 것인지 고민하는 것은 이후의 문제이다.

기타 항목

　다음은 자기소개서에 빈번하게 제시되는 항목들 중에서 여러분들이 꼭 알았으면 하는 내용을 추려서 소개하고자 한다. 자기소개서는 사전에 질문을 알 수가 있다. 미리 준비하는 만큼 좋은 답변을 쓸 수 있다는 사실을 반드시 명심하자.

회사의 핵심가치 중 본인을 나타내는 가치와 그 이유를 보여주는 경험을 기술하십시오.

　회사의 핵심가치 또는 인재상은 창의, 혁신, 열정, 도전, 글로벌 등 대부분 비슷하다는 것을 느꼈을 것이다. 이는 동형화(Isomorphism) 현상으로 다양한 의미를 포괄하기 위해 상위 개념으로 갈수록, 특정 단어로 귀결되는 특성이다. 하지만 우리가 명심해야 할 것은 동일한 의미일지라도 다양한 표현 방법이 있다는 것이다. 예를 들어 글로벌은 '외국인 친구 사귀기', '혼자 외국에 여행 가기' 등으로 표현하더라도 읽는 독자는 똑같은 의미를 생각할 것이다. 식상한 단어를 수 없이 언급한다고 진정성을 느끼는 것은 아니다. 핵심가치와 변환되는 키워드를 만들어 본인의 경험과 연계시키는 연습을 하길 바란다.

본인이 소중하게 생각하는 3가지를 기술하시오.

　작성의 경계(Boundary)가 너무나 넓음으로, 선정하기 전에 생각나는 가치를 범주화(Category)해 보기 바란다. 예를 들어 인물, 주요 단어, 장소 등 범주화 요소는 다양하게 있다. 중요한 것은 지원자가 소중하게 생각하는 3가지가, 반드시 회사도 중요하게 생각하는 것이어야 하는 것이다. 많은 학생들이 회사의 인재상, 경영철학을 얘기하는 경우가 많다. 회사에서 중요하게 생각하는 가치의 의미는 담되, 직접적인 표현은 지양해야 한다.

당사의 지속가능경영(CSR) 활동에 있어 잘하고 있는 점과 개선해야 할 점을 기술하시오.

최근 기업의 사회적책임에 대한 질문이 종종 나오고 있다. 이것이 현재 사회적 트렌드이고, 기업을 향한 요구사항이다. 빅데이터, 사물인터넷은 다들 수업도 들어보고 준비를 하고 있을 것이다. 마찬가지로 CSR에 대해 어느 정도 지식은 만들어야 한다.

최근에 사회적으로 이슈가 되는 주제를 정하여 본인의 의견을 기술하시오

이 질문은 사회적 현상에 대해 지원자가 평소에 관심을 가지고 있는가를 확인하는 것과 함께, 현상에 대해 정확한 사실적 관계와 진위적 원인 파악, 그에 맞는 본인의 견해를 가지고 있는가 모두를 보기 위함이다. 주제를 선정할 때에는 반드시 해당 기업에 대해 미디어를 조사하여 연관성이 있는 이슈를 찾도록 한다. 해당 이슈에 대해 사실적 내용 기술, 원인 분석, 본인 견해가 제시될 수 있도록 평소에 연습해야 한다.

위 자기소개서 내용 외에 추가적으로 자신을 소개할 내용을 기술하시오

여러 번 자기소개서를 쓰다 보면 나와 궁합이 맞는 질문이 있을 것이다. 하지만 회사별로 질문 항목이 다르다 보니 가끔 내가 원하는 질문이 제시되지 않을 수 있다. 이 질문은 여러분들이 취업을 위한 마지막 기회와 같다. 앞에서 요구한 질문을 다시 보면서 본인을 어필하는 데 빠져 있는 것을 찾아내어 자연스럽게 기술해야 한다.

2-5. 인적성 시험 핵심 요약

과거 인적성 시험은 일부 대기업에서만 도입했으나, 최근에는 중견기업을 포함한, 많은 기업에서 채용 프로세스의 일환으로 적용하고 있다. 그러다 보니 많은 취업준비생들이 한번씩은 관련 인강을 듣고, 책을 구매한 경험이 있을 정도이다. 또 하나의 취업 스펙이 생기는 것 같아, 기성세대로서 미안한 마음도 들지만 합격하고 나서 욕하도록 하자.

인성검사(Personality test)는 개개인이 가진 성격(Character)의 특징, 기질(Temperament) 등의 측정(Assessment)을 위해 질문지 등 규격화된 도구를 활용해서 평가하는 것이다. 학생들이 인성시험을 어떻게 준비해야 하냐고 물으면, '넌 싸이코패스 아니니 솔직하게 답을 고르면 다 붙어'라고 말한다. 그럼에도 불구하고, 좀 더 나은 지원자처럼 보이기 위해, 본인이 '더 낫다고 느끼는' 답변을 함으로써, 싸이코가 탄생하게 된다. 당신이 지나치게 나쁜놈이 아니면, 그냥 생각나는 대로 답을 체크하도록 하자.

적성검사(Aptitude test)는 향후 특정 분야에서 그 활동을 적절하고도 효과적으로 수행할 수 있는 소질이나 가능성이 있는지를 파악하기 위한 시험이다. 다시 말해서 적성검사란 응시자가 현재로서는 특정의 직무를 수행할 지식이나 기술을 가지고 있지는 않지만, 앞으로 그것에 대한 교육 훈련만을 받으면 능히 수행할 수 있으리라는 전제하에서 소질 또는 잠재적 능력의 유무를 측정하려는 것이다.

앞서 언급했듯이 회사가 지원자에게서 확인하고 싶은 것은 딱 2가지이다.

우리 회사에 어울리는지(Fitness), 회사 발전에 기여할 수 있는지.

인적성 검사는 본인이 스스로 여러 번 문제를 풀면서 유형을 익히는 수밖에 없다. 여기서는 시험에 임하는 핵심적인 몇 가지만 언급하겠다.

○ 인성 시험

✓ 일관성을 유지하라

수백 개나 되는 문항들은 비슷한 유형, 비슷한 의도를 확인하려는 문제들의 집합이다. 심지어 토씨 하나 틀리지 않는 문항도 종종 등장한다. 회사에 맞는 인재상으로 맞추는 것도 중요하지만, 여러분이 가장 기억해야 할 것은 오차율의 최소화이다.

✓ 신입사원의 마음가짐을 투영하게

본인이 지원한 직무와 필요 역량, 신입사원으로서 갖추어야 하는 태도와 마음 가짐을 생각해 보자. 적극적이고 성실하며 항상 새로움에 받아들일 준비가 되어있음을 상기하고 문제를 풀면 큰 실수를 최소화할 수 있다.

✓ 거짓말 NO

입사도 중요하지만, 본인을 지나치게 숨기고 가상의 성격으로 시험을 봐서 통과한다면, 입사 후에 아주 후회할 가능성이 높다. 회사마다 선호하는 인재 유형이 조금씩 다르다. 어떤 친구는 L사의 인적성은 항상 통과하는 데 반해, S사만 유독 탈락한다. 그 친구의 인성에 문제가 있는 것이 아니라, 회사와 본인이 안 맞을 뿐이다. 굳이 안 맞는 회사를 억지로 다녀 이직한다고 시간 버리지 말자.

1. 예/아니오 선택형

다음 질문을 읽고 '예'라고 생각되면 ①에, '아니오'라고 생각되면 ②에 표기하시오.

1	사소한 일도 최선을 다해 수행한다.	①	②
2	주도적으로 일하는 것보다 남이 시키는 일을 하는 것이 편하다.	①	②
3	규율에 얽매이는 것을 세상에서 가장 싫어한다.	①	②

2. 점수 척도형

다음 질문을 읽고 '① 전혀 그렇지 않다', '② 그렇지 않다', '③ 보통이다', '④ 약간 그렇다', '⑤ 그렇다', '⑥ 매우 그렇다' 중에서 본인에게 해당된다고 생각하는 것을 선택하여 표기하시오.

1	새롭고 창의적인 방식으로 문제를 해결하는 것을 좋아한다.	①	②	③	④	⑤	⑥
2	일이 없어도 만들어서 하는 편이다.	①	②	③	④	⑤	⑥
3	융통성이 부족하다는 소리를 많이 듣는다.	①	②	③	④	⑤	⑥

3. 문장 선택형

제시된 3개의 문장 중 자신의 성향과 가장 가까운 것(Most)과 가장 먼 것(Least)을 각각 선택하여 표기하시오.

		문항	Most	Least
A	1	기한을 맞추는 것보다는 완성도가 높은 것이 중요하다고 생각한다.	○	○
	2	내 의견과 반대되는 의견은 무시하고 넘어가는 게 속 편하다.	○	○
	3	오래 고민하는 것을 좋아하지 않는다.	○	○

〈그림〉 인성 문제 예시

◎ 적성 시험

✓ 적성검사는 다 풀어야 하는 것과 아는 것만 적는 것에 대한 딜레마

가장 논란이 되는 부분이다. 그런데, 필자가 생각하는 정답은 '회사마다 다르다' 이다. 어떤 회사는 정답률을 우선 시 하고(Ratio evaluation), 어떤 회사는 총 획득 점수로 평가한다(Score evaluation). 한가지 공통점은 여유 있게 풀 만큼의 시간은 주어지지 않는다는 것이다. 그렇기 때문에, 빠르게 문제를 검토하여 쉽게 해결할 수 있는 문제부터 집중하기 바란다. 보통 한 문제에 1분 이상 시간을 투자하면 안 된다. 쉬운 문제를 풀고 난 이후 시간이 남고, 풀어야 하는 문제가 존재한다면 그때 전략적 판단을 하자. 5개의 보기를 모두 모르겠으면 찍지 말자. 하지만, 1~2개에서 갈등한다면 과감하게 찍어 기대값을 올리자.

✓ 오랜 시간 준비해야 하는 문제와 단기간 집중해도 되는 문제

삼성의 GSAT 등에서 출제되는 역사, 상식 유형은 며칠 공부하면 운 좋게 몇 개 얻어걸리는 경우 제외하고는 대부분 풀기 어렵다. 따라서, 평소에 꾸준한 공부가 선행되어야 한다. 반면 수리 영역 등 문제 해결식 영역은 기출문제를 접해서 유형과 패턴을 학습하면 단기간에 집중해도 가능하다. 하지만, 보통의 친구들은 서류 합격 소식을 받으면 그때서야 부랴부랴 인적성 준비를 한다. 그전에 준비하면 인적성 합격 가능성을 더 높을 수 있다는 것을 잊지 말자.

✓ 외울 수 있는 항목은 외워야

주사위의 단면도, 시침과 분침 사이의 각도 등 사전에 암기할 수 있는 항목은 암기하자. 외우지 못하면 많은 시간이 걸리지만, 외운다면 남은 시간을 다른 문제에 투자할 수 있다.

✓ 문제 속의 규칙을 찾아야

도형 회전 등의 유형은 규칙이 꼭 존재한다. 빠르게 영어를 숫자로 바꾸어 규칙을 계산하는 등 본인만의 방식을 만들자.

예시 1) ABBC # BDDB # ? 라는 문제가 나오면 1223 # 2442 가 되므로 #의 규칙은 +1, +2, +2, −1 이므로 ?는 CEEA가 된다.

예시 2) 좌 90도 회전, 상하반전, 우 90도 회전, 색깔 반전의 경우 좌 우 회전을 상쇄하여 상하와 색깔 반전만 적용시키면 된다.

〈수리 논리〉

K그룹 영업1팀은 불우이웃돕기 성금을 내기 위하여 사무실에 저금통을 비치했다. 연말 성금을 내기 위해 100원짜리 동전과 500원짜리 동전만 들어 있는 저금통을 열어 보니 정확히 20000원 이었다. 100원짜리 동전의 개수가 500원짜리 동전 개수의 3배라면 100원짜리 동전의 개수는?

언어추리 예제

연필, 지우개, 볼펜, 색연필, 필통 등 다섯 가지 상품만을 파는 문구점이 있다. 가게 주인은 다음과 같은 네 가지 조건을 내걸고 이를 지키는 손님에게만 상품을 팔았는데, 한 학생이 이 조건을 지키고 학용품을 구입해서 갔다. 이 학생이 구입한 상품은 무엇인지 고르시오.

(가) 색연필과 필통 중 한 가지를 반드시 사야한다.
(나) 지우개와 볼펜 중에서는 한 가지밖에 살 수 없다.
(다) 볼펜과 색연필을 사려면 둘 다 사야 한다.
(라) 필통을 사려면 연필과 색연필도 반드시 사야 한다.

① 색연필, 필통
② 지우개, 볼펜
③ 볼펜, 색연필
④ 연필, 볼펜, 필통
⑤ 연필, 지우개, 필통

Part 3

실전에서
돋보이는
면접스킬

Part 3
실전에서 돋보이는 면접스킬

3-1. 면접관은 누구인가

당신이 이 페이지를 본다는 것은, 아마도 서류 전형을 통과하고 면접을 앞두고 있을 것으로 생각된다. 먼저 서류 전형 합격을 축하한다. 그래도 여러분은 진작 면접을 준비했어야 했다. 어쨌거나 이제는 마지막 단계이다. 면접을 어떻게 준비하는가에 따라 당신은 취업이라는 달콤한 결실을 얻을 수도 있고, 처음부터 다시 시작해야 하는지도 모른다. 면접은 대부분의 기업에서 새로운 직원을 채용하는 가장 마지막 과정이다.

면접을 보러 들어가면 여러 명의 면접관들이 있다. 분명 깔끔하게 생긴 면접관이 자기소개 하라고 시키고, 다른 면접관들은 여러분 얼굴도 안 쳐다보고, 여러분이 제출한 자기소개서를 급하게 읽고 있을 것이다. 그 사람들은 면접관으로 차출되었지만, 업무에 바빠 이제서야 자기소개서를 읽는, 여러분이 지원한 부서의 과장 혹은 팀장일 가능성이 높다. 그 사람이 당신을 뽑는 것이지, 깔끔하게 옷을 입고, 면접을 리드한다는 인상을 주는 인사부 직원이 여러분을 뽑는 것은 아니다. 각 부서 면접관들이 여러분의 점수를 채점하고, '저 사람이요' 하면 합격, '아니다' 하면 불합격이 되는 것이다. 그 결과를 인사팀 직원들이 여러분에게 문자나 메일로 합격 여부를 통보하게 되는데, 이것이 일반적인 채용 절차이다.

따라서, 실무진 면접 준비는 철저히 지원부서 부서장의 입장에서 해야 한다. 또한, 임원면접(최종면접)도 마찬가지로, 나이 지긋한 임원들이 여러분들을 어떤 큰 단위의 사업부(Business Unit)로 보낼 것인가를 결정하는 자리이므로, 사업부 임원의 입장에서 면접 준비를 해야 한다. 임원면접에서는 이미 실무면접에서 실무적인 부분은 검증이 끝났다고 보고, 인성에 관련된 질문이 많아진다. 질문이 쉽다고 해서 면접이 쉬워지는 것은 아니다. 이미 산전수전 다 겪은 임원들은 여러분이 하는 발언의 첫 문장만 들어도 어떤 녀석인지 감을 잡는다. 여러분 주위에 있는 친구 중에서 학점 좋고, 영어 점수가 높고, 인물 좋은데 꼭 최종면접에서 떨어지는 친구들이 있을 것이다. 단언컨대 인성에 문제가 있을 가능성이 높다. 건방지게 행동하지 말고, 잘난 척하지 말자. 그 사람들은 여러분이 그토록 가고 싶어 하는 회사에서 날고 기어 진급한 임원들임을 명심하자. 다시 한번 기억해두기를 바란다. 최종 합격 여부는 지원부서 팀장 및 임원이 결정한다는 사실을.

3-2. 면접의 속성

면접은 크게 4가지로 구분할 수 있다. 이는 면접의 성격을 의미하는 것으로 진행되는 형태와는 다르다.

◎ 경험면접

지원자의 경험을 통해 회사에서 원하는 인재상과 직무 능력을 판단하고 자 하는 유형이다. 면접의 질문 중에서 가장 많은 비중을 차지하는 것으로 어학연수, 전공 수업 활동 등 지원자의 살아온 모든 경험을 질문에 맞춰 녹여내야 하며, 답변은 반드시 해당 기업의 인재상과 직무를 연결해야 한다. 그 기업의 인재상이 창조적이고 열정적인데, 성실과 글로벌을 강조하는 것은 난 다른 회사를 가겠다는 것밖에 안 된다. 인사팀에 지원했는데 활동적이며 영업 경험이 많다고 말하는 것 또한 어리석은 짓이다.

💡 질문 예시
- 살아오면서 가장 힘들었던 경험은 무엇입니까?
- 지원하신 직무에 대한 역량을 키우기 위해 노력한 경험은 무엇입니까?
- OOO 경험을 통해 배운 점은 무엇입니까?

◎ 상황면접

특정 상황을 제시하고, 지원자의 대처 능력을 관찰하여 실제 회사에 입사하였을 때 어떤 행동을 할 것인가를 확인하기 위한 질문 유형이다. 난처한 질문이 가장 많이 나올 수 있으며, 이러한 질문에서 대부분의 합격과 불합격이 갈리게 된다. 상황 면접에 대처하기 위해서는 질문과 답변에 대한 연습이 필요하다. 평소 생각을 많이 하고, 집단 활동에 익숙할수록 대답하기 쉬운 면접이다. 난처하다고 인상 쓰지 말고, 정답은 없으니 소신껏 답변하면 된다.

◉ 발표면접

주어진 주제에 대해 지원자의 의견을 공식화된 발표 형태로 확인함으로써 회사외의 적합성, 역량을 평가하는 형태이나. 정확한 답을 찾아가는 과정, 전달하는 스킬, 태도 등 복합적인 평가가 가능하다. 생각보다 많은 학생이 PT면접을 어려워한다. 특히 경제학, 회계학 전공 학생들은 '너희들은 왜 발표를 못하니?' 물으면 '저 경제학과예요'라는 답변을 한다. 회사에 취업해서 상사가 PT준비를 시키면 '전 경제학과이니 경영학과 출신 시키세요' 라고 할 것인가? 평소에 연습하고, 발표 기회가 있으면 망설이지 말고 시도해야 할 것이다. 청산유수로 말 잘하는 지원자를 뽑는 것이 아니고, 얼마나 조리 있게 이야기하는지에 포인트를 주는 것이 발표면접이다.

💡 질문 예시

- 자사의 제품 경쟁력에 대해 경쟁사의 제품과 비교하여 설명하시오
  (준비 시간 10분).

- 최근 국제적 이슈인 브렉시트에 대해 자사의 기회요인과 위협요인을
   설명하시오(준비 시간 30분).
- 우리 회사가 왜 지원자를 뽑아야 하는가에 대해 설명하시오(준비 시간 10분).

○ 토론면접

특정 주제에 대해 지원자들 간의 상호 토론을 함으로써 집단적 사고 능력과 조직의 융화 정도를 판단하는 형태이다. 이러한 토론면접에서는 사전에 각자의 역할이 정해지고, 그 역할에 맞춰 참여하는 것이 중요하다. 보통 상식적인 사람은 떨어지지 않는다. 토론하랬더니 반대 의견자에게 눈 부릅뜨고 싸우거나, 경청하지도 않고 자신의 말만 주장하는 친구들이 떨어지게 된다. 부드럽게 상대편을 쳐다보며 경청하고, 키워드는 살짝 메모하자.

💡 질문 예시
- 사형제도의 존폐에 대해 찬반으로 나누어 토론하고,
   각 입장의 결론을 설명하시오(토론 시간 10분).
- 유가 하락에 따른 제품 가격 인상에 대해 마케팅팀과 원가팀의 입장에서
   토론하고 종합된 결론을 설명하시오(토론 시간 30분).

이처럼 면접은 진행되는 형태에 따라 확인하고자 하는 성격이 조금씩 다르다. 이번 기회에 면접의 속성을 정확하게 인지하고, 그 에 맞는 훈련을 하도록 하자.

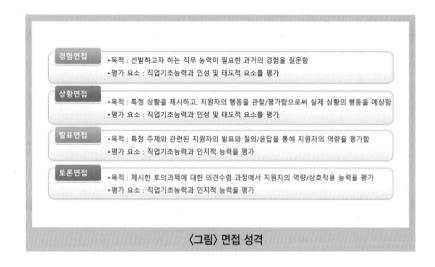

〈그림〉 면접 성격

3-3. 면접에서의 순간 포착(MOT, Moment of Trust)

　면접은 당일 눈을 뜬 순간부터 시작이다. 아침에 일어나서 면접을 마치고 귀가하는 것까지 어디서든 면접관과 함께 있다는 마음을 갖자. 이번 내용은 면접의 순간순간에 있어 여러분들이 행동하는 단계에 맞춰 숙지하면 좋을 내용을 정리하였다. 면접 당일에는 반드시 읽어 보고 항상 기억해두자.

〈그림〉 면접에서의 MOT

◉ 면접 전날

정장은 구겨지지 않게 미리 준비하고, 내일 입을 복장, 구두, 머리 스타일 등을 확정해 놓는다.

◉ 회사 도착

도착과 동시에 면접이 진행되는 것이다. 정해진 시간보다 30분 정도 일찍 도착하여 차분히 기다리는 여유를 만들자. 되도록 커피를 마시지 말고, 담배도 피우지 말고, 혹시라도 직원들과 눈 마주치면 가볍게 목례하자. 그 사람이 당신의 면접관이 될지도 모른다.

◉ 대기

면접장에 있는 것과 마찬가지로 행동해야 한다. 다리를 꼬거나, 잡담하거나, 전화통화를 하는 것 등의 행동은 금물이다. 여성 면접자의 경우 화장을 고치고 싶다면 화장실을 이용한다. 물론 남자도 넥타이나 옷맵시 등을 최종적으로 확인하면 좋다. 우리도 중요한 미팅이나, 면접 전에 항상 화장실에 가서 가장 자신감 있는 미소를 연습하곤 한다. 일부 회사에서는 채용 담당자가 면접 사전안내(오리엔테이션)를 하기도 한다. 이때는 진지한 태도로 관심을 표현하여 좋은 인상을 남기도록 하자. 대기하면서 옆 지원자의 전화번호를 받아 친구 만드는 경우가 있는데, 친구는 면접장에서 만들지 말고 평소에 만들자.

◉ 입장 및 착석

진행자가 호명하면 '예' 하고 답변 후 지시에 따라 조용히 들어간다. 특별한 지시가 없으면 1~2초 여유를 두고 입실한다. 자리로 가서 정식으로 인사하고 수험번호와 이름을 또박또박 말한다. 앉으라는 지시가 있고 난 뒤, 착석 시 가능하면 등받이와 10cm 정도 띄어서 앉는다. 불편할지라도 면접이 끝날 때까지 정자세를 유지하는 데 도움이 된다.

◉ 면접 진행

- ✓ 시선을 아래에 고정하면 자신감이 결여되어 보이니, 질문을 들을 때도 면접관을 응시해야 한다.
- ✓ 너무 빨리 말하거나 말끝을 얼버무리지 않는다.
- ✓ 너무 장황하게 답하거나, 그 분야의 전문가인 양 답변해서도 안 된다.
- ✓ 못 알아들었으면 '죄송합니다만, 질문 내용을 제대로 이해하지 못했습니다'라고 정중하게 되묻는다.
- ✓ 발음이 꼬이지 않도록 하며 "~습니다"로 끝나도록 한다.
- ✓ 잘 모르는 질문에 꾸미거나 얼버무리지 말고 '모르겠습니다. 생각해 보겠습니다'라고 대답한다.
- ✓ 다른 면접자가 대답할 때에도 경청하는 모습을 보인다.
- ✓ 대답을 잘 못 했더라도 포기하는 인상을 주지 않고 끝까지 소신껏 대답하면 점수를 만회할 수도 있다.
- ✓ 마지막에 하고 싶은 말이나 질문의 기회가 있으면 적극적으로 말한다.

◉ 퇴실

문을 닫을 때 부주의하여 '꽝' 소리가 나지 않도록 조심한다. 면접 후 들뜬 표정이나, 자신감 없는 표정을 짓지 않도록 주의한다. 면접관은 지원자가 나가는 모습까지 유심히 지켜보고 있음을 명심하자. 퇴실 후에도 바른 모습을 보여야 하며, 면접 질문 등에 대해 다른 지원자와 잡담하는 행동은 삼가한다. 밖에 인사부 직원이 있으면 면접을 볼 기회를 준 것에 대해 감사의 멘트를 하고 돌아선다. 퇴실했다고 긴장을 늦추지 말고 회사 정문을 나설 때까지 주의한다.

3-4. 면접관을 이기는 면접 노하우

면접은 면접관과 지원자 간의 심리 싸움이다. 누가 더 자신감 있게 대화를 이끌어 가는가가 합격과 불합격을 가르게 된다. 회사에서는 지원자에 관해 확인하고자 하는 여러 속성을 다양한 면접 형태를 거쳐 판단한다. 대표적으로 진행되는 면접 형태별로 여러분들이 꼭 알아야 하는 노하우를 알아보자. 모든 면접에 앞서 우리가 가장 강조하는 것은 바로 '자신감'이다. 여러분들이 스스로 위축되어 있으면 어떤 형태로든지 면접관에게도 보이게 된다. '스스로 잘할 수 있다'라는 마음을 가지는 것이 가장 중요한 준비물이다. 면접관도 분명 사람이기에 선호하는 성격 및 성향이 있을 수 있다. 세상엔 다양한 사람이 많으니 자신이 그러한 부분에 맞지 않으면 면접관에 따라 운이 작용하거나 그동안의 모든 노력이 물거품이 되는 것은 아닐까 하는 걱정은 하지 말자. 간단한 예로 여러분들은 과연 자신들이 이상형으로 생각하는 사람만을 사귀게 되었는지 물어보고 싶다. 아니지 않은가. 자신이 강점을 보이는 부분에 대해서 얼마나 면접관을 공감시켰는지가 제일 중요한 요소라고 볼 수 있다.

◉ 면접관이 범하기 쉬운 면접 오류

  면접관들도 사람이다. 관상학을 전공한 것도 아니고, 사람의 심리를 꿰뚫어 보지도 못한다. 여러분들처럼 과거에 면접을 봐서 입사하였고, 특정 분야에 대해 업무를 하는, 조금 낫지만 평범한 사람들이다. 그렇기에 제한된 시간에 많은 지원자를 면접하다 보면 오류를 범하기도 한다. 대표적으로 놓치기 쉬운 것들이 무엇이 있는지를 살펴보자. 면접관의 입장이 되어 본다면 성공적인 면접을 하는 데 많은 도움이 되기 때문이다.

첫인상의 오류(Anchoring effect)

  지원자가 입장하는 순간 외모를 보고, 또한 최초 1~2분간 답변 이나 이미지를 통해 지원자를 판단해버리는 것이다. 한번 결정을 하면 그렇게 믿어 버리는 경향이 존재하기 때문에, 첫인상은 매우 중요하다. 살짝 웃자.

후광 오류(Halo effect)

  지원자가 가진 장점이나 특성에 동화되면 다른 역량도 우수할 것으로 믿는 것을 의미한다. 예를 들어 외국 명문대 출신의 지원자는 영어도 잘할 것이고, 성실히 살았을 것이고 등 다른 영역까지 좋게 볼 수 있다.

동질성의 오류(Homogeneity effect)

  면접관의 개인 성향, 출신 학교, 취미 등에 있어 유사한 지원자가 있으면, 자신과의 유사성에 따른 지원자의 장점만이 주목받을 수 있는 오류이다. 물론 상이성에 따른 불이익도 있을 수 있다.

시계열에 따른 오류

면접 시간 동안 최초 습득한 정보는 이후의 정보에 비해 기억력이 약해지는 오류를 의미하는 것으로, 복수의 지원자가 동시에 진행할 경우 발생할 수 있다. 이런 것을 방지하기 위해 면접관들은 중간중간에 메모한다.

대비효과의 오류(Contrast effect)

여러 명의 지원자가 동시에 면접을 보는 경우 아주 역량이 뛰어난 지원자가 있으면 상대적으로 다른 지원자에게도 영향을 줄 수 있는 것을 의미한다.

정규화 오류

아주 뛰어나거나, 아주 그렇지 않은 지원자를 제외하고는 변별력 있는 측정을 어려워하는 경향을 의미한다. 우리도 각종 설문조사를 하다 보면 대부분 보통이라는 등급에 표시하곤 한다. 이를 방지하기 위해 일부 기업에서는 5점 척도를 기준으로 3점(보통)을 없애기도 한다.

말솜씨

요즘 학생들은 다들 스피치 학원에 다니는지 말을 잘하는 친구들이 많다. 면접에서도 말을 잘하는 지원자들이 역량을 떠나 좋은 인상을 받기도 한다. 하지만 익히 알려진 대표적인 오류이기 때문에 회사에서는 그러한 것에 현혹되지 않도록 면접관들을 교육하고 있다. 말을 잘하는 사람을 뽑는 것이 아니고, 조리 있게 말하며, 설득력이 있는 친구를 뽑는 것이다.

◉ 일반면접 대응요령

　일반면접은 인성면접/적성면접으로 분류되며, 면접관과 지원자가 질의응답을 통해 적합 여부를 판단하는 형태를 말한다. 가장 보편화되어 있는 면접 유형이며, 반대로 지원자는 가장 많이 준비해야 하는 것으로 보면 된다.

✓ 눈빛도 훌륭한 커뮤니케이션 수단

　질문에 대한 답변을 할 때, 그리고 다른 지원자가 대답을 할 때의 시선 처리는 면접관과 끝나지 않은 대화의 일부분이다. 시선은 특정 면접관을 오래 보기 보다는 잠시 시선을 마주치고, 다음으로 자연스럽게 이동하면 좋다.

✓ 몸은 흔들지 말고, 눈동자는 돌리지 말자

　많은 지원자가 보이는 약점이다. 오랫동안 바른 자세로 앉아 있는 습관이 부족한 학생들은 면접시간이 육체적으로 매우 힘들 것이다. 본인도 모르게 자세가 흔들리게 된다. 또한, 눈동자를 위아래로 수 없이 움직이는 경우가 많다. 흔히 눈동자가 위로 향할 때는 잘 모르는 경우, 아래로 향할 때는 자신감이 없는 답변을 할 때 보이는 습관들이다.

✓ 잘난척하는 답변은 피하자

　면접관들은 회사에서 차출된, 여러분보다 똑똑하고 관련 분야에서 오랫동안 근무한 사람들이다. 자신감과 자만심은 큰 차이가 난다.

✓ 스피칭은 강약과 리듬의 기술

　목소리, 억양, 속도, 강약 조절에 유의하고, 군더더기는 제거하고 표정은 밝게 한다. 일부 학생들은 말 잘하는 학원, 과외를 받으려고 한다. 아나운서 한테 말 잘하는 법을 배우라는 것이 아니라 본인 하고 싶은 얘기를 명확하게 전달하는 훈련이 필요하다. 리듬도 마찬가지이다. 질문과 답변에 여유를 둬라. 난처한 질문을 받으면 잠시 생각하고, 호흡을 한번 한 후에 대답해라. 면접은 말을 빨리하는 시험이 아니다.

✓ 모든 대답은 두괄식으로, 중요한 것부터

기업에서의 소통 구조는 결론 중심이다. 학문적 배경보다는 결과를 보고 빠른 의사결정을 만드는 것에 익숙해져 있는 집단이다. 그렇기에 여러분들도 질문에 대한 결론을 먼저 얘기하고, 필요하면 부연설명을 해야 한다.

✓ 긴~ 답변은 NO

말을 많이 한다는 것은 스스로 결론과 근거에 대해 자신이 없다는 것을 의미한다. 말은 간결하게 해야 한다. 실제 회사들의 회의를 보면 간부들이 가장 많이 사용하는 단어가 바로 '그래서'이다. 이를 위해 모든 대답은 두괄식으로 하고, 중요한 것부터 대답해야 한다.

✓ '열심히 하겠습니다' 보다는 '제대로 하겠습니다'에 익숙해지자

열심, 최선, 성실이라는 단어를 대 놓고 남발하기보다는, 회사가 저를 뽑은 것에 대해 후회를 안 할 것이라는 인상을 줘야 한다.

✓ 반복 어구의 잦은 사용은 본인의 밑천을 보이는 것이다

평소 지식이 풍부한 사람은 같은 의미를 다르게 전달할 수 있다.

✓ 과도한 제스처는 금지, 몸은 고정된 상태로 유지하자

면접관의 시선은 여러분의 얼굴 주위에서 유지되게 하는 것이 좋다. 앉은 자리에서 과도한 몸짓을 해야 효과적으로 전달되는 내용은 아마 없을 것이다.

✓ 준비한 유머가 힘을 발휘할 수 있다

유머 하나쯤은 준비해서 면접 분위기에 따라 써먹을 수 있도록 하자. 상황을 반전시킬 수도 있다. 여러분들이 면접관이라고 생각해 봐라. 하루 종일 면접을 보면 오후에 가서는 지치게 된다.

✓ 마지막 한마디는 비장의 카드이다

모든 질문에 답변을 잘하기는 어렵다. 마지막 한마디는 여러분들의 실수를 없애버리는 유일한 카드이다. 가끔 실제 면접에서 하고 싶은 말을 하라고 하면 안 하는 학생들이 있는데 정말 아쉬울 때가 많다. 그렇다고 쓸데없는 얘기로 오히려 마이너스가 되어서도 안 된다. 이 마지막 한마디가 당신의 인생을 바꿀 수도 있다. 미리 준비하자.

마지막 한마디는 3가지 타입으로 생각할 수 있다. 먼저 긍정적 분위기일 경우이다. 면접을 잘 본 것으로 판단된다면 합격의 쐐기를 박는 멘트가 좋다. 의지와 자신감만 보여주면 된다. 반대로 면접 느낌이 안 좋고, 떨어질 것 같다면 상황을 반전시킬 수 있는 답변이 필요하다. 그냥 열심히 하겠다는 것은 반전의 카드로서는 부적절하다. 위 2가지는 사전에 준비할 수 있다. 마지막 타입은 실수를 바로잡는 것이다. 면접 도중에 답변을 못했거나 실수한 것이 있었다면 바로 잡을 수 있는 기회이다. 그러나 다시 한번 더 답변하는 만큼 완벽하게 해야 한다.

○ 토론면접 대응요령

✓ 사회자를 선호하라

토론 주제는 사전에 알지 못한다. 이에 짧은 시간에 완벽한 답변을 준비하기는 어렵다. 하지만 사회자는 상충하는 의견을 수렴, 조정, 통합하는 임무를 수행한다. 이는 어떠한 주제가 제시되더라도 진행하는 방법은 동일함을 의미한다. 하지만, 평소 나서는 성격이 아니면 사회자 역할에 지원하지 말자.

✓ Fact & 사례는 설득력의 기본이다

토론의 핵심은 공감과 설득이라고 해도 과언이 아니다. 즉, 상대방이 고개를 끄덕일 수 있도록 주장을 제시하는 것이 중요하고, 이를 뒷받침해 줄 강력한 무기가 바로 사실 관점의(Fact Based) 정보이다. 서두에는 Fact를 먼저 제시하고, 이후 숫자가 포함된 사례를 제시한다는 점을 명심하자.

✓ 자신의 발언을 했다고 끝이 아니다

보통 토론면접에서 참여자들이 자신이 할 얘기만 생각하기에 자신의 발언이 끝나면 가만히 있는 경우가 있다. 토론은 양측의 주장을 교환하는 상황의 집합이다. 간단하게 자신이 발언을 마치면 자신이 제기한 쟁점에 관해 상대방 측에서 얘기할 사람이 없는지 물어보는 센스는 토론면접을 더욱 부드럽게 이어갈 수 있다.

✓ 상대방이 발표할 때 경청하는 척이라도 하자

상대방이 이야기 할 때 자신이 할 말을 생각하기 위해 듣지 않는 지원자가 많다. 토론면접은 회사에서 발생할 수 있는 다양한 현상을 직접 확인하는 자리이다. 실제 기업에 다닌다고 가정해보자. 상사, 후배, 동료가 이야기하는데 딴짓을 할 수 있겠는가?

✓ 메모하는 습관을 키우자

남이 이야기하는 것을 모두 기억할 수는 없다. 메모를 통해 더 나은 답변을 준비할 수 있고, 또한 상대방에 대한 예의이다. 전부 적지 말고 키 포인트만 적어라.

✓ 토론면접은 이기는 사람을 뽑는 게 아니다

면접 분위기에 휩쓸려 상대방을 공격적으로 대하는 경우가 흔히 발생한다. 회사는 한 사람의 의견을 관철하는 집단이 아니다. 토론의 목적은 의견교환을 통해 더 좋은 결론을 만들기 위한 것이다. 서로 싸우지 말고 윈윈 전략으로 가야 한다.

✓ '말씀 잘 들었습니다.'

채용 과정에서는 순간순간의 모든 태도가 중요하다. 상대방의 말을 듣고 나면 항상 감사의 표시를 하자.

✓ 평소에 시사상식 공부를 하자

토론면접은 아는 만큼 나오게 된다. 평소에 시사상식에 대해 학습을 한다면 어떠한 주제가 제시되더라도 훌륭하게 이끌어 나갈 수 있을 것이다.

✓ 마지막 2~3분은 결론을 제시하는 시간이다

토론 종료 2~3분을 남겨둔 상황에서는 계속된 쟁점 관련 발언보다는 마무리 및 요약 발언을 해야 한다는 것을 잊지 말자.

● PT(프레젠테이션)면접 대응요령

✓ Presentation은 더하고 빼기의 정석이다

제한된 분량, 발표 시간에 지원자가 전달하고 싶은 모든 것을 넣을 수는 없다. 면접관이 궁금해하는 것이 무엇인지를 사전에 기획(Concept)하고 PT를 준비해야 한다. 하고 싶은 얘기를 두괄식으로 먼저하고, 첫째, 둘째, 셋째로 나누어 살을 붙여 예시를 들고, 그 후 전체를 마무리하는 전략으로 가라.

✓ 목차는 훌륭한 내비게이션

발표 방향을 알고 듣는 것과 모른 체 듣는 것은 몰입 측면에서 큰 차이가 난다. 발표를 본격적으로 시작하기 전에 목차를 언급하라. 자료를 준비하는 PT이건, 구두로 하는 PT이건, 그냥 하는 PT이건 간에 동일하다.

✓ 키워드는 전부 외워라

초보 발표자의 대표적인 실수가 화면을 보고 이야기하는 것이다. PT면접도 엄연한 대면 면접이다. 면접관을 보면서 진행해야 한다. 화면은 대화의 리듬을 줄 때, 혹은 화면의 특정 정보를 부각하기 위한 경우에만 보는 것이 좋다. 이를 위해 본인이 말하고 싶은 메시지는 기억하길 바란다. 기억할 수록 여유 있는 진행이 됨을 잊지 말자.

✓ PT면접에서 보고자 하는 것은 핵심의 이해와 전달력이다

주장을 전개할 때의 논리성과 말하고자 하는 메시지를 명확히 전달하는가. 이 두 가지가 포인트다. 그러나 많은 학생은 자신이 찾은 정보를 나열하고 설명하는데 열을 올리는 우를 범한다. 자신이 찾은 정보를 나열하고 설명하려고 한다면, 제한된 준비 시간 때문에 정확히 암기하지 못해 발언 시 계속 끊기게 되고, 이는 청중, 즉 면접관들의 집중력을 급격히 낮추기 때문에 원하고자 하는 목표를 달성하지 못하게 된다. 자신의 큰 틀(주장과 목적)을 먼저 생각하고, 탐색한 정보를 그 근거로 활용하도록 생각하고 접근해야 한다.

✓ 창의적인 답변만이 정답이라고 생각하지 말자

일부 학생들은 남들과 다르게 보이기 위해 주제를 벗어나거나 사회적 통념과는 너무 동떨어진 PT를 진행하는 경우가 있다. 창의가 나쁜 것은 아니다. 하지만 PT를 통해 면접관이 알고 싶어 하는 것을 주제로 제시한 것이다. 기본 정보를 바탕으로 한 답변에 충실해야 한다.

✓ 메시지를 명확히 하라

보통 PT면접은 5분간의 발표 시간을 준다. 막상 진행을 하면 주어진 5분이 매우 길다는 것을 알게 될 것이다. 이는 면접관들도 마찬가지다. 수십 명의 발표를 듣는 자리에서 지원자들의 말을 모두 기억할 수는 없다. 결론을 명확히 하고 근거를 제시하자.

✓ Body Language는 약이 될 수도, 독이 될 수도 있다

PT면접을 하면 딱딱한 자세로 발표하는 사람부터 무대를 휘젓고 다니는 사람까지 다양하다. 자연스러운 몸짓은 발표장소, 참석자 수, 발표주제, PT 관련 장비 등을 고려하여 면접관의 시선을 뺏지 않는 범위 내에서 메시지 전달을 강화하는 것을 의미한다. 무조건 고정된 자세를 유지하라, 팔을 움직여라 등은 잘못된 정보이다.

✓ 주어진 시간을 반드시 지키자

앞서 언급한 5분의 PT시간은 여러분들에게 공통적으로 주어진 제약조건이다. 아무리 예쁜 자료구성과 함께 발표를 잘한다 하더라도, 시간 준수 개념을 무시한다면 결코 좋은 결과를 얻을 수 없다. 필자도 PT를 위해 사전에 몇 번이나 연습하고 시간을 측정한다. 어떠한 주제라도 좋다. 모의 면접 준비를 할 때 시간 측정을 꼭 해보기 바란다.

✓ 평소에 발표를 즐기자

요즘은 학교에서 조 단위 과제 발표 등을 많이 진행한다. 평소에 발표를 두려워하는 사람은 면접에서도 별반 차이가 없다. 남들 앞에서 말하는 습관을 만들고, 즐길 수 있다면 50점은 먹고 들어가는 것이다.

이처럼, 면접은 충분한 준비와 연습을 통해 극복할 수 있다. 이왕이면 정말 가고 싶은 회사가 생애 첫 면접 대상이 안 되었으면 한다. 면접의 경험이 없어, 현장의 분위기를 모르면 본인이 생각하는 분위기로 만드는 것이 어렵게 될 수 있기 때문이다. 그냥 시간을 들여 연습한다고 되지 않는다. 이왕 연습하려면 실전과 같은 연습으로 감각을 익혀라. 모의면접은 가능한 한 많이 하며, 거울을 보고 연습하고, 본인의 모의면접을 비디오로 찍어서 확인해보라. 여러분의 단점이 바로 보일 것이다. 또한, 연습하는 과정에서 지원하고자 하는 회사를 명확히 설정하고, 충분한 조사를 하자. 지원하는 회사에 대해 제대로 모르는 학생이 대다수이다. 하지만, 학생들은 회사에 대한 정보가 제한되어 있어 자칫 잘못된 정보를 접하게 된다. 회사에 대해 가장 잘 아는 사람은 회사에서 근무 하는 사람일 것이다. 학교 선배 등 주위에 도움이 될 사람이 있다면 적극적으로 도움을 구하길 바란다. 취업준비생들끼리 모의 면접하지 마라. 전부 도토리 키 재기일 뿐이다. 취업스터디에서는 그냥 정보만 구해라.

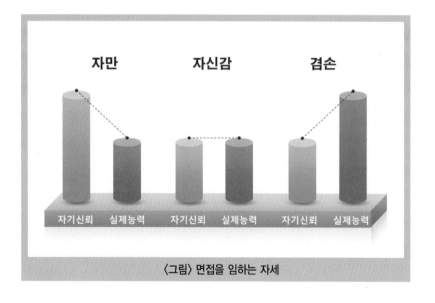

자만　　　　자신감　　　　겸손

자기신뢰　실제능력　자기신뢰　실제능력　자기신뢰　실제능력

〈그림〉 면접을 임하는 자세

　일부 기업에서 사용하고 있는 면접평가표를 소개한다. 면접관의 의도를 객관화하기 위해 만든 것이 평가표이다. 모든 회사의 면접 평가표를 알고 있다면 대처하기는 쉬울 것이다. 하지만 그런 고급(?) 정보는 공개되지 않는다. 다음의 평가표를 보면서 이러한 기준에서는 내가 합격할 수 있을까 스스로 반문하면서 연습하길 바란다.

〈 표 〉 면접 평가표

Criteria	Description	Commeent	Score
첫인상	노크 후 정중하게 입장 공손하게 인사 및 밝은 표정		/20
면접 자세	면접에 적절한 복장 면접에 대한 열정 호감 정도 목소리 톤 다른 면접자 경청 바디 랭귀지/제스처 아이 컨택트 및 자세		/20
질문에 대한 답변	논리적 설득력 해당 분야에 대한 지식 대답이 자연스럽고 과장 되지 않음		/20
지원 분야에 대한 지식	업부에 대한 준비성 -〉전공 지식 혹은 경험의 연관성 지원하는 회사에 대한 지식 및 이해도 지원하는 업계에 대한 이해도 지원하는 업무에 대한 열정		/20
마무리/기타	업무 관련 질문을 하는지 최종 Sales Pitch를 하는지		/20
Total			/100

Comments: 전반적인 총평

3-5. 질문 항목별 분석과 답변 가이드

　많은 학생들이 자기소개서보다 면접을 어려워한다. 가장 큰 이유는 면접에 어떠한 질문이 나올지 사전에는 알지 못하기 때문이다. 또한, 찰나의 순간에 생각하고, 답변해야 하는 신속함이 요구된다. 이 두 가지가 결합하여 본인이 생각하지 못한 질문을 받았을 때, 학생들은 평소의 안 좋은 습관들이 나오는 것이다. 물론 면접관들은 지원자의 솔직한 모습을 보고자 하는 목적을 충분히 달성할 것이다. 여러분은 불확실한 미래를 예측 가능하도록 준비하는 것이 취업을 위한 지름길임을 꼭 기억하자. 면접에서 나오는 질문들은 기업별, 연도별로 많은 차이가 있는 것이 아니다. 평소에 예상되는 질문을 정하고, 실제 상황에서는 어떻게 답을 할까 생각하면 즉흥적으로 대응해야 하는 순간에도 준비된 답변을 할 수 있다. 아래에서는 최근 기업에서 실제 제시된 면접 질문들이다. 이 글을 읽고 나면 이러한 질문에 대해서는 자신감 있는 답변을 할 수 있길 바란다.

● 인성 관련 질문

　면접은 보통 지원자의 자기소개서를 토대로 질의 항목이 생성된다.

반대로 얘기하면 내가 쓴 자기소개서를 보면서,
'내가 면접관이라면 어떤 부분을 궁금해할까?'를 생각해야 한다.

　특히 인성 관련 질문은 자기소개서에 제시된 살아온 경험, 성격의 장점과 단점 등을 토대로 지원자가 얼마나 우리 회사에 적합한지를 판단하기 위함이다. 이에 면접 준비에 있어 자기소개서를 다시 한번 봐야 한다.

OOO 지역 출신이시네요. 지역에서 자랑할 만한 것 3가지 소개해주세요.

지방 출신의 학생들에게 주로 묻는 항목이다. 이력서나 자기소개서에 출신 지역을 강조해야 하는 사안이 아니라면 특별히 지역 연고를 언급하지 않는 것이 좋다. 만약 지역을 얘기했다면 그 지역의 특징, 최근 현안에 대해 간단하게 조사를 하자

최근 1년의 경력/경험에 있어 공백기가 있는데, 어떤 것들을 했나요?

대부분 학생의 자기소개서에 대학 재수, 고시 준비, 취업 준비 등 좋지 않은 경험은 잘 적지 않는다. 그러다 보면 특정 기간에 공백이 생길 수밖에 없다. 이러한 이력이 있는 학생들은 반드시 질문이 나올 것을 예상하고 준비를 해야 한다. 고시 준비는 반드시 적어라, 그리고 질문을 기다려라.

상사의 지시가 자기 생각과 다를 때, 어떻게 대처할 것인가?

조직 적합성을 확인하는 대표적인 질문이다. 상황 질문이라고 부르기도 하는데, 이는 어떠한 상황을 제시하고 지원자의 답변에 따라 개인의 성향을 추정하는 형태이다. 가상적인 상황이기에 정답이 있는 것도 아니다. 이러한 질문 유형은 사전에 답변을 정하고 주위 어른들에게 의견을 꼭 들어보길 바란다.

최근에 감명 깊게 읽은 책에 관해 설명해주시기 바랍니다.

요즘 인문학이 강조되면서 책, 영화, 미술 등에 관한 질문이 종종 제시된다. 분야별로 한 가지 정도는 미리 생각해두자. 단, 이러한 것은 상반된 의견이 나오는 답변보다는 누구나 다 고개를 끄덕일 수 있는 결론이 좋다.

원서 몇 군데 넣으셨어요? 동시에 여러 회사에 합격한다면 어느 회사로 가시겠어요? 왜 우리 회사를 택하신 거죠? 본인의 적성과 맞지 않는 부서로 배치된다면 어떻게 하시겠어요? 상사로부터 부당한 대우를 받는다면 당신은 어떻게 하겠어요?

모두 유사한 목적을 가진 질문들이다. 지원자가 우리 회사에 다니고 싶은 마음이 어느 정도인지를 확인하고자 하는 것이며, 입사 후 오랫동안 다닐 수 있는 사람인가를 보는 것이다. 어떤 쪽이든 소신껏 말하기 바란다. 애매하게 말하면 어차피 오래 다닐 생각이 없다는 것이니.

지원자는 어떠한 회사에서 일하고 싶은가요?

면접관 입장에서는 '당신은 어떤 회사일 때 이직할 것인가'에 초점을 두고 물어보는 반어적 질문이다. 일반적인 답변과 구체적인 답변을 모두 준비하면 좋다. 직설적으로 이야기하기 바란다.

나만의 스트레스 해소법이 있다면 설명해주시기 바랍니다.

회사는 스트레스의 연속이다. 인재는 스트레스 관리를 잘하는 사람이다. 어떠한 방법도 좋다. 다만 그러한 활동을 통해 스트레스가 해소된다는 것을 강하게 보여주자.

친한 친구들이 본인에 대해 어떻게 평가하는지 설명해주시기 바랍니다.

회사는 많은 사람이 상호 관계를 맺고 있는 집단이다. 즉, 아주 뛰어난 독불장군이 아닌 다양한 사람들과 같이 협력할 수 있는 인재가 필요한 것이다. 다른 사람의 눈에 비친 지원자의 모습을 보면서 회사 생활을 예측하려는 질문이다. 다들 좋은 말을 할 것이다. 단, 자기소개서에 적혀있는 본인과 연관성이 있어야 한다.

우사인볼트와 달리기 시합을 한다면 이길 수 있는 방법이 무엇이 있을까요? 63빌딩에서 하루에 사용되는 종이컵은 몇 개가 될까요?

면접관들은 정말 당신이 우사인볼트와의 달리기 시합에서 이길 수 있다고 물어보는 것일까? 제한된 시간, 긴장되는 상황에서 얼마나 유연하게 대처할 수 있는가를 보는 것이다. 추가로 문제를 잘 생각해 보자. '달리기 시합은 몇 미터?' '결승선에 먼저 들어오는 것이 이기는 것?' 등 여러분들은 당연히 생각하는 규칙들이 면접에서는 당연하지 않을 수 있다. 최선의 답변은 이러한 가정들의 의심에서부터 시작할 수 있다.

인턴 경험이 주는 장점과 단점에 대해 설명해 보시기 바랍니다.

많은 학생은 인턴 경험을 하고 있다. 청와대나 UN 등과 같은 대단한 인턴직이 아니라면 경험 그 자체에 큰 의미를 두기는 어려울 것이다. '전략적 기획력, 커뮤니케이션 능력, 영업 역량 등을 키웠다' 라는 것은 전부 거짓말이다. 면접관들도 다 알고 있다. 인턴이 그러한 임무를 수행한다면 정규직은 필요가 없다. 실제 본인이 수행한 과업 중심으로 설명하고, 이를 앞으로 입사 후 직무에 적용하기 위한 방안을 얘기하는 것이 좋다.

본인 인생에서 가장 중요한 것이 무엇인가요?

인생의 목표가 있는가를 확인해보고 싶은 질문이고, 두 번째는 그러한 중요한 것을 위해 살아왔는가를 확인해보고 싶은 것이다. 3개 정도는 정하도록 하자.

어머니 생년월일이 어떻게 되시나요? 어머니께서 최근에 관심을 가지시는 취미가 무엇인가요?

이런 질문을 할까 하는 생각이 들 것이다. 당연히 확률이 높은 예상 질문이다. 요즘 바쁘게 살아가는 학생들은 정작 가장 소중히 생각해야 하는 것들을 놓치곤 한다. 우리가 잊지 말아야 하는 것들을 이번 기회에 떠올려보길 바란다.

○ 적성 관련 질문

적성 관련 질문은 지원자가 특정 직무를 수행하는 데 얼마나 어울리고, 훌륭하게 수행할 수 있는가에 대한 확인이다. 여러분들은 해당 직무를 수행하는 데 기본 역량은 준비되어 있다는 것을 자신감 있게 보여줘야 한다. 물론 전문가 수준의 역량을 쌓아야 하는 것은 아니다. 신입사원이기 때문이다. 하지만 직무에 대한 관심과 열정은 누구보다 높다는 것을 보여주길 바란다.

(공통) 당사의 대표 제품을 제시하고, 경쟁사 대비 뛰어난 경쟁력과 보완해야 할 점은 어떤 것이 있을까요?

질문을 통해 회사는 정말 경쟁사 대비 뛰어나고, 부족한 것을 여러분을 통해 알고 싶어 할까? 당연히 아닐 것이다. 그것을 비전문가인 여러분들한테 들어야 한다면 그 회사는 벌써 망했을 것이다. 지원자가 얼마나 회사, 또는 회사의 제품에 관심이 있는가를 확인하기 위함이다. 아무리 열심히 준비하여도 면접관보다 많이 알 수는 없다. 어설픈 답변은 매우 위험하다. 특히 정보를 찾을 때 블로그 등 신뢰성이 확인되지 않는 곳은 매우 주의해야 한다.

(공통) 본인의 경쟁력이 무엇이라고 생각하시나요? 왜 ○○○직무를 지원하셨나요? 해당 직무에 대한 역량을 높이기 위해 평소 어떤 활동을 하시는지요?

아마 질문에 대한 답을 하기는 쉬울 것이다. '당신은 뭐 잘해' 이런 내용이기 때문이다. 하지만 많이 놓치는 것이 지원자의 경쟁력=회사 기여라는 측면이다. 여러 번 언급했듯이 회사는 당신에 대해 궁금해하지 않는다. 당신의 역량과 태도가, 얼마나 우리 회사에 어울리고 기여할 수 있는지에 대해 관심을 가질 뿐이다. 마케팅을 지원한다고 가정하자. 지원자는 직무 역량을 위해 학교에서 마케팅 관련 수업을 많이 들었고, 외부 교육도 들었고, 마케팅 직무 관련 인턴 경험도 했고 등 여러 가지 활동을 얘기하였다. 그럼 면접관은 '경험이 풍부하니 마케팅 업무를 잘하겠구나'라고 생각하고 합격을 줄까? 회사에 들어가기 전에 외부에서 하는 활동은 한계가 있기 마련이다. 회사에서는 당신의 해당 직무를 진짜 관심 있어 하는지를 보고 싶어 한다. 평소에 관심 있는 직무라면 연관성 있는 경험들이 많았을 것이다.

(직무 상식) 최근 미국의 달러가 강세를 보이고 있는데 그 이유가 뭐라고 생각합니까? 공유경제가 무엇이고, 그 장단점에 대해 설명하시오. 일본에서 양적 완화를 했을 때, 우리나라 경제에 미치는 영향에 관해 설명하시오. 지난 금요일 환율 종가, 주식 종가는 어떻게 되는가? 우리 회사 작년 매출이 얼마인지 알고 있습니까?

최근 직무 관련 상식을 많이 물어본다. 교육, 어학연수, 인턴 등 외적 활동에서 확인하기 어려운 지식과 관심 정도를 확인할 수 있기 때문이다. 우리의 실제 경험에 비추면 이러한 질문을 공통적이 아닌 나에게만 한다는 것은 '특히' 시험을 하는 것으로 봐야 한다. 우리는 면접 시 직무 능력이 아주 많다고 건방지게 얘기하는 사람이거나, 경험은 많은데 실제 직무 능력이 없을 것 같은 지원자에게 직무 관련 상식을 돌발적으로 질문하곤 한다. 해당 직무에 대한 상식을 평소에 많이 알아두자.

(마케팅) 마케팅과 브랜딩의 차이는 무엇이라고 생각하십니까? 마케팅 직무를 하기 위해 그동안 무엇을 준비하셨나요? 마케팅을 가장 잘한다고 생각하는 기업은 어디입니까?

최근 많은 학생들이 마케팅 직무를 선호하는 경향이 있다. 그러나 정작 기업에서 하는 마케팅 업무에 대해서는 잘 모른다. 희망하는 기업의 비즈니스 흐름도(Business Value Chain)를 그려보고, 마케팅은 어떠한 일들을 하는지 꼭 살펴보자. 그러면 마케팅, 영업, 영업 관리/지원, 상품기획 등 비즈니스 접점에서의 업무 특성과 차이를 구분할 것이다.

(마케팅) 자사의 마케팅 전략을 경쟁사와 비교하여 장/단점을 설명해 보시기 바랍니다.

마케팅 수업을 들어본 학생들은 STP(Segmentation, Targeting, Positioning), 4P(Price, Product, Place, Promotion) 등의 용어에 익숙할 것이다. 이런 전문용어를 나열하여 있어 보이는 설명을 하면 좋은 평가를 받을 것으로 착각한다. 면접관들은 여러분들보다 훨씬 더 실제 경험과 전문지식을 가지고 있다. 지원자들이 평소에 관심을 가지고, 느낀 생각들을 얘기하는 것이 좋다.

(영업) 영업에서 가장 중요한 능력은 무엇이라고 생각하십니까? 당사 제품의 판매를 10% 올리기 위한 영업 전략을 소개해주세요.

영업은 말 잘하고, 사교성이 좋은 사람이 적합한 것으로 오인하는 사람들이 많다. 지금은 일부 제품을 제외하고는 포화 상태이다. 즉, 공급자가 수요자보다 훨씬 더 많은 세상으로 영업의 중요성이 매우 높아지고 있다. 현장(Field)에서 이루어지는 모든 경영의 압축이 영업이고, 이를 위한 역량이 무엇인지를 기억하자.

(영업) 신혼부부에게 중고 냉장고를 판다면? 50대 주부에게 야구방망이를 판다면? 70대 노인에게 스마트폰을 판다면? 20대 학생에게 종이신문을 판다면 당신은 어떤 전략을 세우시겠어요?

진짜 판매를 하기에는 말도 안 되는 질문이지만 간혹 출제된다. 어쩌면 이것이 영업일지도 모른다. 영업에는 공식이 없다. 실시간 변화되는 상황, 고객들의 니즈를 파악하여 최고의 조건을 제시하는 것이다. 이러한 유형은 일상적으로 통용되는 사회적 관습, 당연하다고 생각되는 사고의 틀을 벗어나야 문제에 대해 접근할 수 있다.

(R&D) 연구개발 직무를 수행하는 데 필요한 역량은 무엇이라고 생각하십니까?

연구개발 직무에서 가장 많이 질문하는 유형이다. 특히 제조업에서는 연구 개발의 중요성이 매우 높음으로 우수한 인재들이 많이 모여있고, 회사 내에서 상당한 자부심을 느끼고 있다. 이런 분들이 면접관으로 들어올 때 여러분들은 어떤 대답을 해야 할지 생각해보자.

(R&D) 창의적인 사고를 통해 문제 해결 및 개선을 한 경험이 있으면 '창의'라는 컨셉을 중심으로 설명해 주시기 바랍니다.

실제 연구개발 직군에서 근무하는 직원들이 가장 많이 학습하는 것이 바로 창의와 관련된 교육이다. 창의란 없는 것을 새롭게 만드는 것이 아니다. 기존의 불합리한 것을 새로운 형태의 사고와 실행을 통해 더 나은 가치를 제공하는 것을 의미한다. 우리는 일상에서 수많은 모순점을 접해 왔고, 개선해 왔을 것이다. 사물을 근본적으로, 다르게 볼 수 있는 시각, 개선을 위한 진심과 실행력에 초점을 맞추어 보자.

(생산/품질관리) 생산 관리(또는 품질관리)는 어떤 일을 하는 직무인지 아는 대로 설명하시오. 직무 관련 자격증을 취득하는 과정에서 어떤 역량을 키우셨나요?

이공계 출신 학생들은 현장직무(생산, 생산 관리, 품질관리 등)에 대한 관심이 많을 것이다. 물론 대부분의 공장들이 지방에 있다 보니 꺼리는 학생도 있지만, 많은 인원의 채용이 있으므로 한 번쯤은 고려할 수 있다. 관련 직무는 자격증이 많이 있다. 그러나 단기간 공부해서 취득되는 것이 별로 없다. 관련 직무에 대한 충분한 검토 후 적성에 맞다 판단되면 미리 관련 역량을 준비하도록 하자.

(생산/품질관리) 생산과 품질 간의 상호 이해관계자 상충할 때 당신은 생산의 입장인가요? 품질의 입장인가요?

관련 직무에 지원하는 학생들은 꼭 기억하자. 생산과 품질은 하나를 희생해서 얻어지는 것이 아니라 두 가지 모두 충족될 때 각자의 목적이 달성된다. 여러분이 품질직무를 희망하더라도 품질이 우선되어야 한다는 극단적인 답을 해서는 안 된다. 회사의 궁극적인 목적을 상기하고, 그에 맞는 생산과 품질의 역할을 균형적으로 제시하도록 하자.

(서비스/고객관리) 진상 고객이 찾아왔을 때 어떻게 대처하시겠어요? VIP 고객이 해외에서 불법으로 은행 계좌를 개설해 달라고 하면 어떻게 하시겠어요? 최근 일부 고객에 의한 서비스 직원 피해 사례(막말, 폭력, 성희롱 등)와 관련하여 회사에서 할 수 있는 해결책을 설명해 보시기 바랍니다.

　어떠한 비즈니스이든 간에 고객은 중요하다. 우리의 재화나 서비스를 구매/이용하기 때문이다. 고객만족경영 등도 기업에서 흔히 보는 방침이다. 그러나 최근 일부 고객들의 몰지각한 갑질 행위로 우리를 짜증나게 만들기도 한다. 3자 입장에서는 욕할 수 있다. 하지만 기업의 직원이라면 참으로 난처할 것이다. 여러분들의 원칙을 세우자. 무조건적인 고객만족의 시대는 지나갔다.

(경영기획/지원) 어려운 것을 해결한 경험을 설명하시고, 그것이 직무를 수행하는 데 어떠한 도움이 되는지를 설명하시오. 어떤 일을 위해 밤새워 수행해 본 경험과 그를 통해 얻은 것이 무엇인지를 설명하시오.

　경영기획, 경영지원과 같은 Staff 업무는 특별한 직무 역량보다는 직무를 수행하는 데 필요한 기초 역량에 대한 질문이 많이 나온다. 문제 해결, 창의, 성실성, 팀워크 등 관련 키워드들과 여러분들의 경험을 하나씩 매칭해 놓으면 면접에서 많은 도움이 될 것이다.

(금융권) Utility이론과 보험과의 관계성에 대해 설명해보시오. 개인영업과 법인영업의 차이는 무엇이라고 생각하십니까? 최근 금융산업에서 화두가 되고 있는 주제를 하나 정하여 설명하시기 바랍니다.

　금융기업은 직무, 기업에 대한 전공 지식을 묻는 질문이 많이 나온다. 은행, 증권, 보험 등 업종별로 정확한 이해를 하고 관련된 지식을 미리 학습해야 한다. 최근에 산업에서 이슈가 되는 사항에 대해서는 꼭 기억해두자.

(금융권) 은행, 증권, 보험, 자산운용 등 금융산업 내 분류 간의 차이점에 대해 설명해 보세요.

　최근에 금융권에 지원한 학생들에게서 가장 많이 듣는 질문 중 하나이다. 반면 많은 학생들이 정확하게 차이를 모르고 있다. 그리고 세부 분류 별로 선호하는 인재의 역량과 특성도 다르다. 최소 본인이 지원하는 분야에 대해서는 확실하게 알아서 가자.

(공공기관) 사회적 책임(CSR)에 대해 설명해보시오. 우리 공사에서 가장 중요하게 생각하는 것이 무엇인지 설명해 보시오.

　사회적 책임(CSR)은 최근 많은 기업 및 공공기관에서 추진하고 있는 활동이다. 특히 공공기관은 공익을 추구하는 집단임을 잊지 말자. 대부분 공공기관은 사회적 책임 활동을 적극적으로 하고 있다. 해당 기관의 사회공헌, 지속가능경영, 윤리 등의 키워드를 주의 깊게 보자.

(공공기관) 공공기관 성과연봉제 도입에 대한 본인의 의견을 설명해 보시기 바랍니다.

　공공기관은 정부의 역할을 대행하여 수행하는 기관이다. 이에 정부의 정책에 따라 다양한 이슈가 발생할 수 있다. 최근에는 성과연봉제 도입으로 일부 기관에서 노조와의 갈등이 발생하고 있다. 본인의 주장만을 제시하지 말고, 당신이 회사라면, 회사 간부라면 어떠한 답변이 가장 안정적일까를 생각해 보길 바란다.

주요 능력 기본 질문	
문제해결능력	어려운 상황을 풀기 위한 노력이 허사가 된 적이 있는지 얘기해 주세요. 또는 동기들이나 친구들이 풀지 못한 문제를 본인은 해결한 적이 있나요?

추가로 들어가야 하는 상세 질문	
A. 생각	주어진 상황에 대하여 생각하는 과정에 대한 설명과 결정에 대한 사유를 설명하시오.
B. 행동	문제 해결을 위해 취한 구체적인 행동은 무엇인가?
C. 결과	그로 인한 결과는 무엇이었나?
D. 학습	배운 점은 무엇인가?
E. 응용	배운 점을 활용한 경험은 무엇인가?

지원자의 부정적 특징 요소
자기만의 범주에만 갇혀있는지 여부
빠르고 쉬운 해결책만 찾았는지 여부
신중히 고려했는지 여부
정보의 소스를 다변화 했는지 여부
안전 적인 대안만을 다뤘는지 여부

지원자의 긍정적 특징 요소
실패와 성공시의 결과물을 모두 예상해 봤는지
새로운 문제를 능동적으로 받아들였는지
도전 정신이 강했는지
핵심에 빠르게 접근했는지

전반적 평가 : 해당 능력에 대해 후보자를 평가한다면				
매우 충족	충족	보통	충족 못함	상당히 충족 못함

〈그림〉 OO 회사의 면접관 평가 가이드 라인 및 평가표 예시 1

주요 능력 기본 질문	
행동력	어려운 상황에도 좋은 성과를 냈던 적이 있었나요? 남들이 모두 해내지 못할 때 자신은 문제를 풀어낸 적이 있었나요?

추가로 들어가야 하는 상세 질문	
A. 생각	주어진 상황에 대하여 생각하는 과정에 대한 설명과 결정에 대한 사유를 설명하시오.
B. 행동	문제 해결을 위해 취한 구체적인 행동은 무엇인가?
C. 결과	그로 인한 결과는 무엇이었나?
D. 학습	배운 점은 무엇인가?
E. 응용	배운 점을 활용한 경험은 무엇인가?

지원자의 부정적 특징 요소
일을 지체시키진 않았는지 여부
시간 낭비 요소가 있진 않았는지 여부
계획 없이 무조건 덤비진 않았는지 여부
쉽게 결론 내고 포기하진 않았는지 여부
담대함이 부족하여 일을 머뭇거리진 않았는지 여부

지원자의 긍정적 특징 요소
가용한 자원이 많았는지 와 모두 활용했는지여부
자신의 목표치가 충분히 높았는지 여부
주어진 임무에 대한 열정이 충분했는지 여부
인내심있게 일을 추진했는지와 주위 사람들과 문제가 없었는지 여부

전반적 평가 : 해당 능력에 대해 후보자를 평가한다면				
매우 충족	충족	보통	충족 못함	상당히 충족 못함

주요 능력 기본 질문	
행동력	어려운 상황에도 좋은 성과를 냈던 적이 있었나요? 남들이 모두 해내지 못할 때 자신은 문제를 풀어낸 적이 있었나요?

추가로 들어가야 하는 상세 질문	
A. 생각	주어진 상황에 대하여 생각하는 과정에 대한 설명과 결정에 대한 사유를 설명하시오.
B. 행동	문제 해결을 위해 취한 구체적인 행동은 무엇인가?
C. 결과	그로 인한 결과는 무엇이었나?
D. 학습	배운 점은 무엇인가?
E. 응용	배운 점을 활용한 경험은 무엇인가?

지원자의 부정적 특징 요소
일을 지체시키진 않았는지 여부
시간 낭비 요소가 있진 않았는지 여부
계획 없이 무조건 덤비진 않았는지 여부
쉽게 결론 내고 포기하진 않았는지 여부
담대함이 부족하여 일을 머뭇거리진 않았는지 여부

지원자의 긍정적 특징 요소
가용한 자원이 많았는지 와 모두 활용했는지여부
자신의 목표치가 충분히 높았는지 여부
주어진 임무에 대한 열정이 충분했는지 여부
인내심있게 일을 추진했는지와 주위 사람들과 문제가 없었는지 여부

전반적 평가 : 해당 능력에 대해 후보자를 평가한다면				
매우 충족	충족	보통	충족 못함	상당히 충족 못함

〈그림〉 OO 회사의 면접관 평가 가이드 라인 및 평가표 예시 2

Part 4

외국계기업
바른취업하기

Part 4
외국계기업 바른취업하기

4-1. 외국계기업의 이해

외국계기업에 대한 학문적 표준은 여러 기준이 있으나 이 책은 학문을 다루는 책이 아니다. 학생들이 가장 쉽게 알 수 있는 용어로 설명하면, '대한민국이 아닌 국가에 사업체의 본사를 두고 있고, 대한민국에서는 지사(영업소, 사업소 등) 형태로 경영하는 회사'를 의미한다. 다시 얘기하면 상법 172조에 의거, 한국에 본점 소재지가 있으면 한국회사, 그렇지 않으면 외국회사가 되는 것이다. 삼성을 보자. 많은 매출을 해외에서 창출하고 있고, 지분도 외국투자자가 50% 이상을 차지하고 있다. 하지만, 삼성을 외국회사라고 아무도 말하지 않는다. 본점 소재지가 바로 대한민국에 있기 때문이다.

● 한국형 외국계기업 vs. 현지형 외국계기업

여러분의 생각보다 한국에 들어와 있는 외국계 기업의 종류와 수는 어마어마하게 많다. 많은 수만큼이나 다양한 형태로 한국회사에 들어와 있는 것이 현실이다. 한국화된 외국계와 현지스타일 외국계를 구별해야 한다.

〈 표 〉 유형별 외국계기업 종류

구분	현지법인	합작회사	지점/대리점
성격	100% 외국자본	외국/국내 자본 제휴	일부 사업기능 배치
특징	안정성(재무위험, 사업 철수 리스크 약함)	위험회피(국내 경험을 적극활용)	사업효율성
조직문화	현지형	현지형 + 한국형	현지형
채용형태	현지형	현지형 + 한국형	현지형
주요기업	P&G, 한국IBM 등	한국 GM, 유한킴벌리 등	시티은행 등

○ 주요 외국계기업

국내에 진출한 외국계기업에 대한 정보는 산업통상자원부(www.motie.go.kr)의 외국인투자기업정보에서 확인할 수 있으며, 2017년 5월 기준으로 외국인 투자기업은 17,336개이다. 이는 외국인투자기업 현황이으로 엄연히 외국계기업과는 다르나, 포괄적 의미로 참고할 수는 있다. 대부분의 외국계기업은 국내 대기업과는 달리 공채가 아닌 수시 채용을 선호하기 때문에 여러분들이 가고 싶은 회사를 미리 선정하여 주기적인 채용정보를 확인할 필요가 있다.

〈표〉주요 외국계기업 리스트

번호	기업명	본사	본사 설립	산업구분	홈페이지 (국내지사 기준)
1	ABB코리아	스위스	1988년	엔지니어링	www.abb.com
2	BMW코리아	독일	1916년	자동차	www.bmw.co.kr
3	DHL코리아	독일	1969년	물류	www.dhl.co.kr
4	GE코리아	미국	1878년	인프라	www.ge.com/kr
5	메트라이프	미국	1868년	보험	www.metlife.co.kr
6	페이스북 코리아	미국	2004년	IT	www.grukea.com
7	한국 화이자제약	미국	1849년	제약	www.pfizer.co.kr
8	동우화인캠	일본	1925년	화학	www.dwchem.co.kr
9	한국3M	미국	1902년	소비재	www.3m.com
10	한국GM	미국	1908년	자동차	www.gm-korea.co.kr/
11	한국마이크로 소프트	미국	1975년	IT	www.microsoft. com/ko-kr
12	한국필립모리스	스위스	1847년	담배	www.pmi.com/ko_kr
13	지멘스	독일	1847년	엔지니어링	www.siemens.co.kr/
14	이베이코리아	미국	1995년	e-commercial	www.ebay.com
15	한국 로버트보쉬	독일	1886년	자동차부품	www.bosch.co.kr
16	콘티넨탈 오토모티브	독일	1871년	자동차부품	www.conti- automotive.co.kr
17	구글코리아	미국	1998년	IT	https://www. google.co.kr
18	유한킴벌리	미국	1970년	소비재	www.yuhan- kimberly.co.kr
19	스타벅스 코리아	미국	1971년	식음료	www.istarbucks. co.kr

20	메르세데스벤츠 코리아	독일	1926년	자동차	www.mercedes-benz.co.kr
21	한국P&G	미국	1837년	소비재	www.pg.co.kr
22	나이키코리아	미국	1964년	스포츠	www.nike.co.kr/
23	한국IBM	미국	1911년	IT컨설팅	www.ibm.com
24	로레알코리아	프랑스	1909년	화장품	www.loreal.co.kr/
25	애플코리아	미국	1976년	전자	www.apple.com/kr
26	퀄컴	미국	1985년	전자	www.qualcomm.co.kr
27	SAP	독일	1972년	software	go.sap.com/korea
28	한국 시세이도	일본	1872년	화장품	https://www.shiseido.co.kr
29	인텔코리아	미국	1968년	반도체	www.intel.com
30	볼보코리아	스웨덴	1927년	인프라	www.volvocars.com/kr

4-2. 외국계기업의 채용 특징과 잘못된 오해

　외국계기업은 국내 기업과 달리 대규모 채용이 드물며, 이는 취업준비생 입장에서 보면 채용에 대한 정보가 제한되어 있음을 의미한다. 채용 시에는 일반 기업과 마찬가지로 서류, 면접 등의 과정을 거치게 된다. 사람을 판단하는데 있어 문서와 직접 만나는 것 이상으로 확실한 것은 없기 때문이다. 그럼 국내기업과는 어떤 측면이 유사하고, 무엇이 다른지를 살펴보자.

　외국계기업을 분석할 때 한국화된 기업인지, 글로벌 스타일의 기업인지를 구분할 필요가 있다. 이는 경영방식, 조직문화뿐만 아니라 채용 형태에서도 차이가 나기 때문이다. 이 책에서는 글로벌 기업들의 채용과 함께 여러분이 잘못 알고 있는 정보에 대해 알아보도록 한다.

● 채용 특징

입사 서류

이미 한국화된 대형 외국계 회사가 아닌, 보통 외국계 기업의 경우 영문 Resume & Cover Letter를 입사서류로 요구하고 있다. 결론부터 얘기하자면, Resume를 먼저 작성하고, Cover Letter는 그 다음에 작성하기를 권장한다. 많은 학생들이 상대적으로 작성하기 어렵다고 느끼는 Cover letter 작성을 먼저 하다가, 정작 Resume는 써보지도 못하는 경우가 부지기수이기 때문이다. 하지만, 학생들의 생각과 달리 많은 기업이 Cover Letter 제출을 생략하는 경우도 많고, 제출한다 할지라도 아예 안보는 경우도 많으므로, 중요도로 따지면 Resume 90%, Cover Letter는 10% 정도가 된다고 할 수 있다. 그것도 많이 쳐줘서 10이다. 영문 Resume 작성은 몇 날 며칠 밤을 세워가며 소설을 써야 하는 한국계 기업의 자기소개서보다 쉽다. 두려워하지 말고, 우선 영문 Resume를 철저히 준비하기 바란다.

입사 서류 준비 단계와 관련하여 어학연수나 교환학생 경험을 통해 영어에 대략 자신이 있는 대학생들이 외국계 기업 신입이나 인턴 모집 공고가 뜨면 공통적으로 하는 일이 있다. NAVER에 가서 Resume & Cover letter sample을 검색하고 Cover letter sample에 쓰여있는, 딱 보기에도 상당한 Writing 실력을 자랑한 글에 입이 쩍 벌어지는 경험을 한다. 그리고, 생각한다. 외국계 기업은 나의 길이 아니다. 대부분의 노력하는 학생이나 도전적인 성격이 강한 친구들조차, Cover Letter를 쓰는데 어마어마한 노력과 시간을 쏟아부은 후에, Resume는 그냥 대충 적어 넣는다. 그리곤 서류전형에서 떨어지고, '외국계는 어렵구나' 라고 생각한다. 어떻게 알았지? 라고 신기해 하지 말아라. 아직 시작도 안 했다.

채용 형태

외국계 기업의 채용 형태는 비공개 수시 채용이 대부분이다. 일반 한국계 기업보다 지인 추천도 많고, 수시 채용도 많다. 불리한 조건이라 생각지만 말고, 외국계 회사 구인 구직 채용사이트의 대부인 피플앤잡(www.peoplenjob.com)을 적극 활용하자. 미리미리 이력서도 작성해 놓고 평소 동경하는 회사의 기업조사 정도를 미리하는 노력 정도는 보이자.

'외국계기업은 경력자만 채용하나요?'

맞다. 대부분 경력직을 뽑는다. 하지만, Entry level 모집 또한, 많지 않아도 분명 있으며, 채용 규모는 여러분들이 한번 시도해 볼 만한 정도는 된다 (피플앤잡 사이트에서 2016년 7월 한달 동안 신입 구직 건수 75건 + 인턴 구직 건수 67건). 또한, 외국계 기업에서 인턴을 했으면, 이 또한 경력으로 인정해 주는 사례도 많으며, 계약직으로 시작해도 전환이 가능한 경우도 부지기수로 많다(일반적으로 면접을 볼 때 전환 여부를 친절하게 알려준다). 전환이 안 되어 정규직이 보장 안 될 경우, 입사 안 하면 그만이다. 물론, 전환이 가능한 자리라 할지라도, 업무 하는 동안 개판 치면 절대 뽑지 않는다.

실무, 능력 위주 채용

한국사 자격증 또는 2~3주간 공부하면 취득할 수 있는 잡다한 자격증들 모두 필요 없으며, 단지 지원부서의 직무와 연관된 역량 여부를 최우선적으로 본다. 학생의 경우 실무 능력은 검증이 불가능하니, 관련 역량의 경험 유무를 중점적으로 체크한다. 회사마다 혹은 부서마다 선호하는 역량이 다를 수 있지만, 신입 및 인턴의 경우 빠른 학습력, 문제해결 능력 및 목표 달성을 위한 추진력은 어느 회사, 부서에서 모두 공통으로 우선시 하는 역량이라고 할 수 있다.

Job Description

우선 영어로 써있으며, 어마 무시한 글들로 가득 차 있어 '넌 접근하지마!'라고 해석되곤 한다. 맞다. 경력자들도 격하게 공감하는 바이다. 하지만 쫄지 말자. 어차피 사람이 하는 일이고, 막상 들어가면 그런 자격을 가지고 있지 않은 사람들도 비슷한 일을 하고 있다. 전혀 상관없다고 말할 수는 없으나, 그로 인해 겁부터 먹고 시도조차 해보지 않는 실수를 범하지 말자. 일단 지원부터 해보길 추천한다.

컴퓨터 능력

한글이나 워드 잘한다는 소리는 그만. 외국계뿐만 아니라 한국계 회사의 직장인 상당수가 한글 오피스 프로그램을 사용하지 않는다. 하물며 외국계에서는 MS Office 프로그램이 기본이다. 엑셀 공부 2주만 제대로 하고, 엑셀 함수 어디까지 완벽하게 사용 가능하며, 서류 작업은 바로 시작할 수 있다고 어필해 보자.

실제 면접 Process

실무자 면접 + 인사부 면접 및 상담 -> 임원 면접 + 인사부 확인

첫째, 편하게 하란다고 정말 편하게만 하는 학생들은 순진한 건지, 아니면 유교사상에 입각하여 말을 너무 잘 듣는 건지 모르겠다. 외국계 면접은 한국 기업의 면접보다 편안한 환경에서 진행되는 경우가 많다. 실제로 면접을 보러 가면, 커피를 주며 얘기를 시작하는 경우도 있고, 편안하게 얘기하라고 거듭 권한다. 하지만, 편하게 얘기하라고 한다고, 부모님과 얘기하듯이 편하게만 하는 실수는 범하지 말자. 당신은 신입이다. 그리고, 당신을 면접하는 사람은 대부분 군대 다녀온 한국인인 경우가 많음을 되새기자.

두 번째, 편안한 분위기에서 Resume & Cover Letter에 써있는 단어 하나하나 다 털리게 되는 경험을 하게 될 것이다. 즉, 집요하게 파고 든다. 조금의 과장이나 거짓으로 쓴 부분은 꼬리에 꼬리를 무는 질문을 통해 바로 검증된다. 1차 면접 시 시행하는 인사부서와의 면접은 말 그대로 회사 정책 설명 및 연봉관련 얘기이므로 미팅 정도로 생각하면 될 듯하다.

침 튀어가며 이렇게 열변을 토하니 '조금은 걱정이 줄어들고 나도 도전해 볼 만 하겠네?'라는 생각이 드는가? 아직 끝나지 않았다. 대학생들이 가장 크게 오해하고 있는 부분을 좀 더 다루도록 하겠다.

○ 외국계기업 관련 잘못된 오해
야근이 없다
회사나 직무에 따라 업무의 양과 야근의 횟수가 다를 뿐, 야근은 존재한다. 기본적으로 본인 일이 끝나야만 퇴근을 할 수 있다. 다만, 자기 일을 모두 마쳤는데도 팀장이나 임원의 눈치를 보며 퇴근하지 못하는 경우는 한국계 기업과 비교하면 거의 없다고 할 수 있다. 또한, 자유스럽고 편안한 분위기라고 직원들 모두가 가족 같고 행복한 분위기라고 생각했다면 착각이다. 외국계기업이 자유스럽다라는 말을, 다른 말로 얘기하면 일이나 책임에 대한 것도 자유스러워 적극적으로 가르쳐 주려 하거나, 내 사람이라고 생각해서 승진이나 고과 챙겨주려는 사람도 없다는 말이 된다.

영어를 엄청 잘해야 한다

외국계는 무조건 영어를 잘해야 한다고 생각하는데, 토익점수는 크게 중요하지 않고 Speaking과 Writing이 중요하다고 할 수 있다. 스피킹도 Native 또는 Fluent까지도 필요하지 않고, TOEIC Speaking level 7 정도면 된다. 1차 실무진 면접은 대체로 한국인 부서장과 인사부 직원이 진행하며, 직무중심, 회사중심의 질문이 대다수이며, 영어질문은 간단한 한두 개로, 대략적인 영어실력을 체크할 뿐이다. 하지만, 2차 이후 임원면접은 대부분 외국인임원이 진행하게 되므로, 자연스레 영어면접이 된다. 하지만, 영어 실력을 체크 후에 대화 가능 수준 정도 (Conversational = Intermediate = TOEIC Speaking level 7) 정도만 되면, 더 이상 영어실력으로 트집 잡는 경우는 거의 없다. 임원이 외국인이라면 100% 영어 면접인데, '그것이 가능한가' 라는 의문을 가질 수도 있지만, 무식 딱딱한 면접이 아닌, 실무영어회화 중심이므로 쫄 필요 없다. 더하여, 신입 인턴의 경우 임원 면접까지 보지 않는 경우도 많다. 물론, 본사 또는 다른 외국의 직원들과의 Communication이 주된 업무인 직무의 경우는 대단한 영어 실력을 요구할 수 있으나, 대부분 직무는 한국시장을 Target으로 하니 이는 논외로 해도 될 듯하다.

이직이 너무 심하다

　자발적 이직이 많다. 더욱 빠른 승진과 연봉인상을 위해 자발적으로 이직한다. 사회생활을 하게 되면 자발적으로 이직할 수 있는 환경이 좋은 것이라는 것을 뼈저리게 느낄 것이다.

능력 vs. 인성

　드라마를 보면 능력만으로 모든 장애물을 물리치고 빠르게 승진하는 경우를 보게 된다. 그런 사람들은 그냥 슈퍼맨 영화 속의 주인공일 뿐이다. 외국계 기업 또한, 한국기업과 마찬가지로 능력보다는 인성이다. 능력과 인성을 이분화할 때, 둘 다 나쁘거나, 좋은 경우는 항상 선택이 쉽다. 문제는 능력 좋고 인성이 나쁜 경우나, 인성은 좋은데 능력은 조금 모자라는 경우가 있다는 것이다. 여러분의 기대치와 다르게 인성 좋고 능력이 모자란 사람을 뽑으면 뽑았지, 능력 좋고 인성 나쁜 사람은 절대 뽑지 말라고, 외국계 기업의 인사 부서 Manual에 도표까지 써가며 표기되어 있다.

공통적인 필요능력

　앞에서 언급한 컴퓨터 능력, 외국어 능력, 문제해결 능력, 빠른 학습력, 목표 달성 추진력은 더 언급하지 않겠다. 외국계에서 염두에 두어야 할 다른 두 가지 중요 사안은 첫째, 혼자 판단하고 처리해야 하는 업무가 많으므로 플래너 기질이 필요하며, 둘째, 성과주의에 입각하여 내 실적은 누구도 챙겨주지 않기 때문에, 자신의 업무는 본인만의 책임감이 필요하다.

4-3. Resume, 제대로 이해하기

필자들의 땀과 눈물이 서린 경험의 집약체인, 이 책, 대충 한번 읽고 지나가도 좋다. 다만 Resume파트는 집중해서 읽고, 기억해서 직접 실천해 주길 바란다. 외국계 기업으로의 취업에서 제일 중요한 Resume 작성법을, 대학생들이 주로 하는 실수와 같이 묶어서 설명하겠다. 먼저 회사 입장에서의 Resume 체크에 대해 언급하고 넘어가야 할 듯하다. 두 단계로 나누어 지는데 처음 서류를 검토하는 사람은 20초에서 30초를 들여 Yes, No & Maybe를 결정한다. Yes & Maybe로 분류 될 경우 다시 5분 정도의 시간을 들여 자세히 읽어본 후 합격 여부를 결정한다. 추후 실제 면접관 또한 5분 미만의 시간을 들여 Resume를 읽어보고 면접에 임하게 된다.

● Standard Resume

Entry level에 지원할 여러분은, 제발 아래에 제시된 포맷 그대로 해주길 바란다. 우선 묻지도 말고, 따지지도 말고, 이대로 써주길 바란다. 정말 많은 양식이 있겠지만 하기 Format은 필자들의 오랜 경험과 수많은 첨삭을 통해 최종안으로 채택한 가장 효율적이며 단정하게 보일 수 있는 양식이다.

〈 표 〉 외국계기업 Resume Format

Your Name

City, Country Zip Code

Cell: 000-0000-0000 | Email: name@gmail.com

EDUCATION

University Name, City, Country   **Start date - Present**

Candidate for Name of Your Degree(s)

·Scholarships or awards (if any)

·Courses Taken(optional)

University Name,City, Country   **Dates Attended**

Exchange Student

·Scholarships or awards; unique achievements (if any)

·Courses Taken(optional)

RELEVANT EXPERIENCE

Name of Company, City, Country   **Dates Employed**

Job title

·Describe your accomplishments while working using an active verb in the past tense

·Describe your accomplishments while working using an active verb in the past tense

Name of Company, City, Country   **Dates Employed**

Job title

·Describe your accomplishments while working using an active verb in the past tense

·Describe your accomplishments while working using an active verb in the past tense

LEADERSHIP ROLES AND ACTIVITIES

Name of Organization or Club   **Dates of Membership**

Your title or role

·Describe your contributions to the club or what you gained or learned

·Describe your contributions to the club or what you gained or learned

Name of Organization or Club   **Dates of Membership**

Your title or role

·Describe your contributions to the club or what you gained or learned

·Describe your contributions to the club or what you gained or learned

SKILLS & INTERESTS

IT Skills	List computer skills – programs, platforms
Languages	List languages, level of fluency, years of study, test scores
Interests	List some of your interests and hobbies, especially the unique ones

○ Resume 작성 주의사항

Education 그리고, Experience 순서로 작성한다. 경력직의 경우 Qualification 또는 Experience가 먼저 나오는 경우가 대부분이나, 대학생의 경우 경험이 많지 않거나, 있더라도 짧은 경우가 많으므로 Education 부분이 제일 먼저 나오고 Experience 부분을 그 다음에 작성해 주어야 한다.

필수 항목인 Education & Experience 외에는 개인에 따라 차별화를 둘 수 있다. 인터넷에서 돈 주고받은 양식을 보면, 정말 다양한 형태의 Format 으로 구성되어 있는데, 그럴 필요 없다. 학생들의 경우는 Skills, Activities, Leadership Roles, Skills, Awards, Interests, Languages 등을 개별적으로 추가하거나, 묶어서 자유롭게 구성해도 된다.

학생의 경우 이력서는 한 장으로 맞춘다. 직무에 정말 어필할 수 있는 필수 사항이 넘쳐나지 않는다면, 한 장 이내로 작성하는 것이 맞다.

Font는 Time New Roman체로 글자 크기 10.5로 맞추어 작성한다. Arial과 같은 글씨체도 깔끔해 보여 많이 쓰이긴 하나, 실제 종이로 출력한 상태로 보았을 때는 Time New Roman 글씨체가 가장 시안성이 좋다.

이력서에 작성되는 모든 영어는 문장으로 작성되면 안 된다. 동사가 제외된 단어로만 구성된 '구'로 작성하거나, 제일 앞에 주어 없이 동사만 바로 나와 설명하는 형식으로 작성되어야 한다. 특히 Experience에서 Bulletin이 붙는 상세 설명 시에는 과거 형 동사가 제일 앞에 나오는 형식으로 작성해야 한다.

예시)

- Evaluated investment ideas and helped the firm source for potential acquirers by conducting primary research through Bloomberg and Capital IQ, creating 11 company profiles and 3 industry profiles
- Analyzed key demand and supply drivers of crude oil prices and produced a report on the 2012 crude oil price outlook to give the firm perspective on its equity in a Chinese oil production company

■ Marathon training
  · Member of the Yonsei University marathon club - *Running Yonsei*
  · Ran first marathon at Adidas MBC Han River Marathon (April 8, 2012)
    (Course: Half course 21.0975km, Record: 2:11:11)

Hierarchy 구조로 작성해야 한다. 예시와 같이 Education과 같은 큰 주제는 모두 굵은 대문자로 작성하며, 하부 항목으로 갈수록 첫 글자만 대문자로 하고, 일반 글씨체 등으로 작성하여 계층별로 차별화를 두어야 한다. 상세 설명 부분에서는 Bulletin 등을 사용하여 좀 더 명료하게 보이는 것이 중요하다.

EDUCATION

University Name, City, Country   **Start date - Present**
Candidate for Name of Your Degree(s)
  · Scholarships or awards (if any)

칸이나 줄 맞추기의 경우 Tab 또는 Bullet 사용 시 주의해야 한다. 자신의 컴퓨터에서는 깔끔하게 칸이 맞을 수 있을 지라도, 다른 사람의 컴퓨터나 프로그램에서는 칸이 달라지고 변경될 수 있음을 항상 명심해야 한다. 이를 피하기 위해서, 최종 제출 파일은 Word 파일 대신 PDF로 변환하여 보내는 것이 안전하다. 다만, 한글 파일은 제발 자제하자. 회사 들어가면 한글 파일 쓰는 회사가 거의 없어 인사 담당자의 컴퓨터에선 해당 한글 파일을 열어 보지도 못하게 된다. 고로, 이 경우 여러분이 공들여 쓴 Resume & Cover Letter는 읽히지도 않고 지워지게 된다.

날짜 및 기간 정보는 오른쪽으로 보내자. 학생의 경우 보통 Experience 기간이 짧아서 첫눈에 보이지 않는 오른쪽으로 보내는 것이 낫다.

거짓말을 하거나 눈에 뻔히 보이는 과장된 문구를 쓰는 것은 안되지만, 기간을 곧이 곧대로 며칠부터 며칠까지로 제시하는 것보다는, 기간이 짧을 경우 Summer, Winter와 같이 시즌으로 표기하기를 추천한다.

여러분의 눈이 소중한 만큼 서류를 확인하는 담당자의 눈도 소중하다. 서류를 출력하여 멀리서 보길 바란다. 왼쪽과 오른쪽 여백의 비율이 맞는지 확인하고, 만약 어느 한곳에 글자가 몰려 있다면 조정을 해주자.

이력서 상에는 문장이 나오면 안 된다고 분명 언급했다. 혹시, 마침표를 쓰면 안 된다는 저의를 잡아내지 못하는 학생들을 위해 다시 쓴다. 이력서 에는 마침표가 없어야 한다.

제일 앞에 Objective란을 따로 만드는 것은 아주 오래된 양식이니, 만약 썼다면 과감히 지워주기 바란다.

시안성을 좋게 하려고 줄을 그어 구분을 해주는 것은 좋다. 다만 큰 주제 (Education, Experience등) 밑에만 적당한 굵기로 구분을 주자. 튀려고 두껍게 하거나 많은 줄을 넣는다거나 하는 것은 금물이다.

각 항목의 상세 설명 부분 관련해서 꼭 한 줄로만 쓸 필요는 없으나, 끝까지 늘여 쓰되, 오른쪽 끝의 날짜 관련 정보 표기되는 부분까지 쓰지 말고, 다음 칸으로 쓰는 것이 적절하다.

나쁜 예)

WORK EXPERIENCE
H&M, *Shanghai, China*   2012
- Worked during 2012 winter internship program.
- Managed store in sales strategy and Marketing, and mainly took a close look at the strategy applied in the major H&M mall in Nanjingxi Road.

Yonsei Volunteer Coordinator Committee (VC), *Seoul, Korea*   2012-2013
- Worked as a Team Leader, leading eight team mates, and ten more seniors.
- Planned, designed and directed three different unusual volunteer activities, such as collecting and distributing the secondhand pairs of jeans, gifting donation for Vietnamese orphans, delivering coal briquette to the poor Korean olds.
- Through three different volunteer activities, the team was able to trigger more than approximately 400 university students to register for participation.
- Performed 100 hours of pure volunteering.

Harvard Project for Asian and International Relations(HPAIR), *Boston, USA /Seoul, Korea*   2010-2011
- Worked as the Director of Delegate Relations Department, and worked with 28 Harvard students, as one of the Yonsei organizers.
- Planned and organized three Pre-conference Tour courses and Delegate Guidebooks regarding FAQ, general information of Seoul including currency, transportation, lodging information.
- Managed 500 delegates and over 1,000 Applicants regarding their personal issues relating conference and visa problems.

같은 사안을 반복해서 표현하는 것은 피하자. 예를 들어 Education 부분에 장학금을 언급했음에도, Award 부분에 중복 표현하는 실수가 가장 흔한 예이다.

효율성 측면과 서류 담당자의 눈을 사로잡는 효과적인 방법을 사용하자. 되도록 숫자를 넣어 설명한다면 이 두 가지 모두를 충족할 수 있다. 예로서 성적 장학금 받은 것도 단순 Awarded scholarship보다는 추가로 전체 학생 총 몇 명 중 몇 명안에 들었다는 표현을 추가해 주자. (5 out of 120 students in Economics department)

이력서나 커버레터에 지원 회사의 로고 이미지는 삽입하지 말아야 한다. 노력과 생각이 가상하긴 하나 공문서와 혼동을 줄 여지도 있으며, 톡톡 튀는 개성은 면접에서나 상황 보아 가며 어필해야지 공식 서류상에서는 하지 말아야 한다.

◉ 주요항목 작성하기

이름

이력서 제일 위에 오는 이름을 표기할 때는 Gildong Hong으로 작성하자. 간혹, Gildong, Hong으로 쓰는 경우가 있는데, 쉼표는 성이 앞에 나온 경우에만 찍는다.

주소

개인정보 때문에 요즘은 개인 주소를 모두 쓰지 않는다. 시/구/동까지만 쓰자.

연락처

전화번호 표기 방법은 두 가지로만 쓰자.

예시 – Cell: +82 (0) 10-2659-9680 / Cell: 010-2659-9680

E-mail address

기존의 개인 이메일 주소가 조금이라도 이상하면 자신의 이름으로만 되어있는 새로운 계정 생성해서 기재하자.

예시 - kihwan.lee@gmail.com

Education 상세

작성 순서는 학교, 전공, GPA 또는 직무 관련 수강 과목이나 프로젝트 순으로 작성해야 한다. Resume의 Education 부분에서 실수가 가장 자주 나오는 것은 바로 전공 부분이다. 졸업하지 않는 학생은 Majored in이란 단어는 사용해서는 안 된다. 또, 다른 실수 부분은 전공학과를 영어로 표현할 때 정확하게 표기하지 않고, 보통 이렇게 쓰니 나도 써도 되겠지 하고 작성하는 부분이다.

예시 - Candidate for Bachelor's in Business Administration
　　　- Bachelor's in Business Administration, expected Feb 2017

전공명의 정확한 영어 표현은 학과 사무실에 직접 전화를 걸어 확인하거나, 학과 홈페이지에서 언어를 영어로 바꿔서 조회해 보면 확실히 알 수 있다.

마지막으로 GPA를 안 쓰는 경우 많으나, 높으나 낮으나 적길 바란다. 적혀 있지 않으면 당연히 낮아서 적지 않았겠거니 생각하고, 면접에서 꼭 부정적으로 물어본다.

Experience 상세

첫 번째, Experience에는 인턴 또는 Part time job 경험만을 적는다. 그 외의 다른 동아리 활동이나 봉사활동 등의 일반적인 경험들을 과장하여 나열하는 경우가 많은데, 역효과이니 시도하지 말기를 바란다. 동아리나 다른 모든 활동은 Activities, Leadership Roles 등으로 따로 분류하여 표현하자.

두 번째, 내용 기입 순서는 Experience → 기관이나 회사 → Job title → Bulletin 1 → Bulletin 2 → Bulletin 3이다.

기관이나 회사명을 쓸 때는 Full name을 쓰도록 하자. 장소가 외국인 경우 회사명, comma, 국가 명을 기입해 줄 수도 있다. 또한, 부서명을 꼭 기재하려고 한다면 Job title 부분에 Intern in International Sales Dept. 등으로 표기해도 된다. Bulletin 1의 경우 자신이 회사에서 한 일을 되도록 수치화하여 설명한다. 다만 회사명으로만 설명이 부족할 시 회사에 대한 설명을 해주어도 된다. Bulletin 2의 경우 실제 Routine 업무를 추가로 설명해 주는 것으로 사용하고, 마지막 Bulletin 3번째는 이 경험을 통해 배운 점을 명기하고, 그로 인해 갖추게 된 역량을 표현해 주길 바란다. 경험한 일에 대한 설명은 무조건 과거 시제형 동사로 시작해야 한다.

세 번째, Experience 항목에서 동사 단어 선택 시 과장된 표현을 주의해야 한다. 개인적으로 많은 학생의 이력서에서 가장 거슬리는 부분이다. 팀에 새로운 신입이 들어오면 교육 시킬 시간도 없어 자료 던져주고 읽어 보라고 하거나, 정말 간단한 단순 업무만 시킨다. 신입이 그 정도인데 인턴에게 설마 꽤 중요한 일을 시킬까? 대학생 빼고 직장인들 모두가 알고 공감하는 사실이다. 문제는 학생들만 모르기 때문에 Experience 부분에 상당히 과장된 문구들이 들어간다. 어떤 프로젝트를 성공적으로 수행했다는 친구는 양반이고, 계약을 성공적으로 이끌어 내었다는 친구들도 있었다. 또한 Managed, Controlled, Accomplished, Achieved, Created와 같은 책임이 뒤따르는 업무에서나 사용할 수 있는 단어들이 난무하며, 팀에서 주로 수행하는 직무 기술을 자신이 한 듯 그대로 옮기는 경우도 많다. 여러 번 얘기했듯이 면접에 들어가면 다 털리게 되어 있다. 처음부터 오버하지 말고 자신이 한 일에 가치를 부여하여, 사소한 일을 했더라도 어떻게 다르게 했는지를 설명하거나 성과를 이루어 낸 점을 표현하길 바란다. 한가지 더 바란다면 해당 직무기술서에 명기된 단어 및 동사들을 유심히 보았다가 똑같이 쓰기 보다는 동의어를(Word문서에서 Shift + F7 누르면 동의어 검색 가능) 사용해 자신이 한 일과 Mapping하여 표현한다면 더욱 좋은 Resume가 될 것이라고 확신한다.

〈 표 〉 Resume에서 많이 쓰는 Action Verbs

Marketing	Surveyed, Analyzed, Researched, Supported, Investigated, Studied, contracted
Leadership	Controlled, Coordinated, Executed, Headed, Operated, Organized, Planned, Produced, Programmed
Initiative	Administered, Created, Designed, Founded, Established, Formed, Implemented, Incorporated, Initiated, Launched
Communication	Authored, Briefed, Composed, Corresponded, Counseled, Edited, Illustrated, Persuaded, Promoted, Reviewed

마지막으로, 개별의 경험마다 설명에는 5W가 모두 들어가는지 확인하도

록 하자. 주구장창 자신이 했던 일만 쓰려고 하다가, 정작 중요한 HOW (또는 WHY)를 놓치는 경우가 많으니 주의하자.

Activities, Leadership roles, Skills, Awards, Interests, Languages 상세

Skills의 Language 숙련도 표현과 관련해서 많은 친구들이 외국 한번 나갔다 오면 대부분 Fluent라고 무턱대고 적고 본다. 정확성을 떠나서 최소한 몇 년의 해외 생활 경험이나 영어점수 등과 같은 근거는 제시하자. Fluent의 경우 완벽하게 의사소통 및 영화 & 드라마 이해가 가능하지만, Native들 특유의 액센트와 똑같이 않거나, 문화를 완벽히 이해하지 못하는 상태를 의미한다. 외국계에 관심이 있어, 지원하려고 하는 여러분의 경우 99%는 Proficient 혹은 Intermediate 수준일 것이다. OPIC AL 혹은 토익스피킹 Level 8 정도의 경우에만 Fluent라는 표현을 쓰자.

* 외국어 구사 수준: Native - Fluent - Proficient(Advanced) - Intermediate - Conversational - Basic

나머지 부분은 주제에 맞게 단어로 명기하면 되는 부분이고, Interest 부분은 면접 시작의 Ice breaking에 효율적으로 사용될 수 있기에 고민하여 적도록 하자. Sample reseme 몇 개 첨부 했으니 참고하길 바란다.

〈표〉 Resume Sample

OOO
61 Nangok-ro 30-gilGwanak-gu, Seoul
Contact number: +82 10 8826 5964
Email: OOO @gmail.com

EDUCATION

OOUniversity, Seoul, Korea   **MAR 2011 – Present**
Candidate for BA in Economics, expected August 2017
- Took computer classes(Excel, PPT, Adobe photoshop), GPA : 4.00 / 4.50
- Awarded   OO university scholarship(2015)for outstanding academic achievements

The   OO University of Applied Science,The Hague, Netherlands   **FEB 2016 – JUL 2016**
Exchange Student
- Took business environment and management and political economy of growth courses

International Trade Training Program, The Ministry of Employment and Labor   **OCT 2016 – Present**
- Conducted business cases, investigated tariff conditions, communicated with actual sellers and forwarding companies through e-mail and visited real-market to check actual price and conditions
- Gained practical trade business experience through not only lectures from working level instructors & but also actual practices above by myself

EXPERIENCE

Air Force, Gyeryong, Korea   **AUG 2012 – AUG 2014**
Administrative clerk
- Managed procurement of daily necessities in military service such as firearms, ammo, uniforms, foods by using Microsoft office(Excel, Word)
- Learned how to write an official documents and how to report it to senior officers

PIZZA HUT, Seoul, Korea   **JUL 2011 – JAN 2012**
Part time job
- Acquired inventory management skill by checking daily food stock and effective communication skill through busy interaction with waiters

ACTIVITIES

Insadong tourist information center   **JUL 2015 – JAN 2016**
Interpreter
- Interpreted and guided for about 100 foreign tourists in English every week for six months and learned importance of communication and English ability

Korea Foundation   **OCT 2015 – NOV 2015**
delegator
- Understood governmental administration and business system of China by meeting government personnel and visiting Hyundai Beijing factory
- 3 of 100 delegators awarded excellent program report

OOUniversity   **MAR 2015 – MAY2015**
Volunteer
- Taught Korean and guided for foreign student about Seoul attractions and acquired how to build relationship with one person.
- Awarded for excellent activities (1 of 50 volunteers)

SKILLS &INTERESTS

IT Skills	Microsoft Office (Word and Excel : Business Proficiency)
Languages	English : Spoken(Advanced), Written(Advanced), Reading(Fluent) Acquired TOEIC TEST(905)
Certificate	Certified MOS Master (Word, Excel, Outlook, Powerpoint) Certified Adobe Photoshop and Adobe Premiere pro
Interests	Jiujitsu, Taking Photos

〈 표 〉 Resume Sample

OOO
12 Gwangyi-ro, Gwangmyeong-si, Republic of Korea 14217
Cell: 010-9630-0120 Email: h63003@naver.com

EDUCATION

OO **University of Foreign Studies (HUFS), Yongin-si, Republic of Korea   Mar 2011 - Present**
Candidate for B.A. in Arabic Interpretation and Translation, expected Sep 2017(GPA: 3.98/4.5)
College of Interpretation and Translation
Candidate for B.A. in International Business (Double Major), expected Sep 2017
College of Economics and Business

- Scholarships on 2 semester

Exporters and Courses for International Trade Practitioners   **Dec 2016 – Feb 2017**
- Training 630 hours of trading, foreign sales and marketing by hands-on workers from GS retail, BMW marketing department, GM motors, BHN company
- 1of 50 candidates (out of 103) for the program sponsored by Human Resources Development of Korea
- Awared the first prize at Trading Simulation Competition
- Acquired knowledge on trading, Incoterms 2010, overseas exhibition, marketing and distribution through completing 480 hours

OO **University, Jordan**   **Jul 2013 – Dec 2013**
Exchange Student
Certification of Arabic Academy Level 5 of 6
- 1 of 3 selected students (out of 57), Scholarships for 1 semester (approximately $5,500)

RELEVANT EXPERIENCE

EID Trading Ltd., Seoul, Korea   **Nov 2014 – Feb 2016**
Agent
- Proposed exporting national branded wallpaper to Saudi Arabia, arranged meetings with Korean companies, finally made a contract to export 2 containers to zedda, Saudi Arabia
- Suggested exporting stock capacity to Syria and Egypt with lower price than the other agents

2014 Incheon ASIAN Game, Incheon & Seoul, Korea   **Jun 2014 – Oct-2014**
Team Leader of UAE Team Assistants
- Organized schedules of entry meeting, transportation, training, arrival and departure, handled immigration issue, quarantine of gear (Ex. cycles, air rifles) and accommodations, assisted financial officer cared coaches of UAE team with our assistants team
- Protocoled presidents of UAE Team and VIPs from IOC

Lotte Duty Free Inchoen International Airport, Incheon, Korea **Feb 2014 – Jun 2014**
Salesperson
- Promoted and sold liquor under strict laws and regulations
- Checked inventory, ordered products from duty free zone

The High-Class Restaurant, Gyeonggi-do, Korea   **Sep 2012 – Jun 2013**
Manager
- Escalated incomes consistently from $100 to over $3,000 per day, attracted customers by conducting events, specially cared for own 50 VIP customers, handled customers' complains effectively
- Produced manuals of education workers, stock management by FIFO, cleaning system and spending cost on Exel to make working process efficient and save the cost

Imported Select Shop, Gyeonggi-do, Korea   **Sep 2011 – Aug 2012**
Manager
- Made sales rise sharply in 3months from $70 to $800 per day in small shop, computerized all products, rearranged display of the shop totally, made a new banner, placed speakers out of the shop and played fashionable music on loudly
- Promoted events and sales (Ex. 3+1, birthday discount) on existing customers to make them feel special, negotiated unit price with seller gradually (approximately 3 to 20%)

American Casual Pub, Gyeonggi-do   **Sep 2011 – Aug 2012**
Captain
- Served foods and beer, encouraged other workers, managed counter
- Designed pub's T-shirt, suggested changing concept of the pub

Coex Intercontinental, Seoul, Korea   **Jan 2011 – Sep 2011**
Clerk and Server (Part Time Job)
- Welcomed visitors, showed the way and Informed simple information at the main hall

- Served the course meals at banquet hall, washed dishes, tableware and glasses, cleaned up the hall

BC Card Outbound Telemarketing   Jan 2011 – Mar 2011

Telemarketer
- Promoted financial products to unspecific customers on telephone
- Persuaded customer making another card and joining financial program

Business at Fleamarkets & Online market, between China and Korea   Sep 2006 – Jun 2009

Agent
- Bought goods at china, sold at fleamarkets in korea
- Imported bags from china, uploaded at online, sold them on and offline

LEADERSHIPROLES AND ACTIVITIES

Belly Dance Club   Mar 2011 – Dec 2012

Performing Director & President
- Composed new belly program and performed at various stages

Student Council   Mar 2005 - Feb 2011

Class president
- Elected as a representative and served classes during middle and high school

SKILLS & INTERESTS

IT Skills	MOS, Photo Shop
Languages	English, Advanced, 10years, TOEIC 875
	Arabic, Conversational, 3years
	Chinese, Basic (enough to sell), a year
Interests	Sports (Scuba Diving, Windsurfing, Ice Curling), Music (Piano)

⟨ 표 ⟩ Resume Sample

O O O
Seoul, South Korea KS013
Cell: 010-4135-9074| Email: silverssaug9@gmail.com

EDUCATION

O O **University, Seoul, South Korea**	**Mar. 2013 - Present**
Candidate for B.A. in Business Administration, expected Feb 2017	

Global commercial export experience	**Nov. 2016 – Feb. 2016**

Human Resource Development Service of Korea
- For 600 hours, learned about global trading and made business proposal of a certain item
- Contacted with several sellers of certain items and made strategies of marketing and distribution.

RELEVANT EXPERIENCE

Hansol Textile, Seoul, South Korea	**Jun. 2016 – Aug. 2016**

Part-time job at the foreign business department
- Evaluated color and weight of fabrics for 80 different styles and got admission from GAP fit-test department
- Inspect 80 sample clothes made by outside manufacturers and communicated with overseas factories regarding directions on manufacturing actual clothes

A-land, Seoul, South Korea	**Aug. 2015 – Apr. 2016**

Part-time job at the multi-brand apparel retailer
- Increased sales from 7~8 million won to 10 million won by analyzing customer features and preference and reflecting it in the display of the store
- Got a good reputation from manufacturers by controlling appropriate inventory level especially for seasonal products

Uniqlo, Seoul, South Korea	**Jul. 2014 -Dec. 2014**

Part-time job at the SPA
- Got suggestion of a full-time worker at the CS department by ranking as a great staff by customer investigation

Olive Young, Seoul, South Korea	**Summer 2013**

Part-time job at the drug store
- Suggested suitable products for various customer based on my information about 70 brands
- Learned defining needs of each customer by building trust and sympathy
- Checked extra and deficient stocks and prepared popular products by analyzing preferences of customers

Extracurricular Activities

Marketing Investigation and Analysis
Marketing Analysis for Starbucks Coffee
- Investigated 300 passengers and got data of cafes they prefer
- Analyzed strengths and weaknesses of Starbucks and made marketing solutions

Marketing clubs with colleagues	**Apr. 2015 - May. 2015**

Managing online platform with 30,000 registered members
- Analyzed what people search online and caught trends
- Made keywords with that trends and upload 1~2 post every day during 2 months for maintaining and increasing members.

On-line and off-line marketing project for soy sauce	**APR. 2015 – May. 2015**

Marketer for Mongo soy sauce
- Designed on-line and viral marketing plan and got 900 clicks as a result

Marketing Consultant Program	**Mar. 2015 – May. 2015**

Marketing consultant for small enterprises
- Contacted with 109 companies by phones and met 57 companies directly and got positive reactions from 36 companies
- Made contracts with 4 companies and suggested marketing strategies by analyzing commercial power and SWOT

4-4. Cover Letter, 제대로 이해하기

● Standard Cover Letter

Cover Letter의 목적은 고용자가 여러분의 Resume를 읽게 하려는 데에 있다. 동시에 여러분만이 가지고 있는 역량 및 근거를 요약하여 보여주고, 최종적으로는 Resume와 함께 읽혀 인터뷰를 볼 수 있는 기회를 획득하는 것이 목표라고 할 수 있다.

최종 목표인 면접 기회를 가지기 위한 Cover Letter의 전략은 두 가지로 구분할 수 있다. 첫째, 자신의 Resume 즉, 어필하고자 하는 항목이 경쟁력이 있다고 본다면, 예시에 보여진 바와 같이 정해진 양식대로 작성히여 기본을 갖추는 것에 있다. 둘째, 만약 Resume의 경험이나 학력 등 여러 면에서 다른 경쟁자들과 대비해서 부족하다 싶을 때는 커버레터의 양식을 무시하고 자신의 강점에 대한 사례를 심도 있게 호소력 있는 글을 작성하여 글을 읽는 회사 담당자에게 정말 얼굴을 한번 보고 싶게끔 글을 써야 한다. 하지만, 후자의 경우 영어를 써서 감동을 줘야 하는데, 실제로 Native 외국인들도 힘들어 하는 경우이니, 평범한 대한민국의 대학생들은 그냥 잊기 바란다.

Cover letter를 쓰는데 사용할 노력과 시간을 Resume 작성에 사용하라. Cover letter에 큰 실수만 없다면, 이것 때문에 서류전형에 탈락할 확률은 극히 낮으며, 많은 경우 인사담당자는 Cover letter 자체를 읽지 않는다.

〈 표 〉 Cover letter format

Date

Hiring Person's Name, Title (if available)
Address

Dear Specific Name or Dear Hiring Professionals:

Introduce yourself, state your purpose, your motivation (why you are interested in the job) and any references—how you learned about the job. Briefly overview why your values and goals align with the organization's and how you will help them—how you match the position requirements

Your argument or sales pitch—what do you have to offer—you need to do some research on the company and their presence in Korea and the position you are applying for.
　· Show you're a good match for the organization's mission/
　　goals and job requirements.
　· Convince your reader that the company will benefit from
　　hiring you.
　· Provide a strong reason why your employer should hire you
　　and how they will benefit from the relationship.
　· Maintain an upbeat/personable tone.
　· Avoid explaining your entire resume but use your resume as
　　a source of data to support your argument

(the two documents should work together).

The closing—restate your strengths
· Restate why you align with the organization's
  mission/goals.
· Restate why your skills match the position requirements and
  how your experience will help the organization.
· Inform your readers when you will contact them.
· Include your phone number and e-mail address.
· Thank your readers for their consideration

Sincerely

Signature

Printed Name
University name
Name of Degree

Enclosure: Resume

○ Cover Letter 작성요령

Cover Letter의 전체 구성은 Heading – Greeting – Body(자기소개, 지원동기) – Closing – Signature로 하는 것이 좋다. 우리가 어필하고자 하는 메시지를 가장 효과적으로 표현할 수 있는 일반적인 형태이기 때문이며, 서류 담당자의 입장에서는 위의 큰 주제 기재를 당연히 기대하는 사항이 있다. Cover letter 작성 시, 마음속으로 아래와 같은 질문을 먼저 해보자.

▶ 당신은 누구인가요?

▶ 당신은 왜 우리 회사에 지원하였나요?

▶ 당신이 가진 능력은 어떤 것이 있습니까?

▶ 그래서 우리 회사는 왜 당신을 뽑아야 하나요?

최대 4문단을 넘기면 안되며, 보통 3문단 정도로 마무리가 되어야 한다. 한 페이지까지도 생각 말고, 반 페이지에서 2/3장 정도로 쓴다고 마음 먹자. 생각보다 길게 쓰지 않아도 된다.

간결, 명료, 직무역량에 집중

물론 제일 어려운 말이라는 것을 잘 안다. 다만, 자신이 글을 쓴 후, 해당 단어 또는 문단이 정말 필요한 것인지를 스스로에게 계속 질문해 주었으면 한다. 여러분들의 목표는 여러 일을 해봤다는 것을 나열하는 것이 아니고, 직무역량과 관련된 강점 두 가지 정도 얘기하고, 어떠한 과정을 통해 그 직무역량을 보유하게 되었는지 근거를 들어 어필하는 것이다. 관련이 없다 싶으면 과감히 버려라.

To whom it may concern 절대 쓰지 마라

호랑이 담배 피우던 시절에 쓰던 표현이다. 최고의 방법은 직접 전화해서 담당자 이름을 확인 후에 적는 것이고, 정 찾기 힘들다면 Hiring Professionals로 하기 바란다. 항상 이야기하지만 무섭고 귀찮다는 생각이 자꾸 들면, 아예 지원하지 말기를 제안한다.

Error Check

앞에서 언급한 바와 같이 첫 서류 스캐닝에 들이는 시간은 평균적으로 20초에서 30초 정도밖에 되지 않는다. 그런데, 담당자의 입장에 서면 신기하게도 틀린 것만 귀신같이 눈에 쏙쏙 들어온다. 'Maybe' 범주에 드는 친구들에게 Error는 쥐약과도 같은 존재이다. 가장 추천하는 방법은 펜으로 한번 직접 써 본 후에 그 내용을 큰 소리로 읽어 보고 고치면서 최종 내용을 Word에 옮기는 것이다. 완료 후 외국계기업을 다니는 사람에게 검증을 받는 것도 필수이다. 샘플 Cover letter를 몇 개 보자.

〈 표 〉 Cover letter Sample

O O O
61 Nangok-ro 30-gilGwanak-gu, Seoul
Contact number: +82 10 8826 5964
Email: kbkm1202@gmail.com

01 JAN 2017

The U.S Department of Commerce (Commercial Service)
The U.S Embassy, Seoul, South Korea

Dear Intern Coordinator:

Through studying in Economics from Soongsil University and taking International Trading specialist course from the Ministry of Employment and Labor, I have always aspired to work at commercial field. I am deeply interested in this position, offered at The U.S Department of Commerce (Commercial service). I have accumulated capacities such as computer skills, international and commercial experience for this position. I am confident that I am a suitable candidate for this position of The U.S Department of Commerce (Commercial service).

My key strengths acquired through my experience are as follows :

- Strong computer skills
  I worked in military service as administrative clerk for 2 years and managed supply of daily necessities in military service such as firearms, ammo, uniforms, food by using Microsoft Office (Word, Excel)

- International Experience
  As a interpreter in Insadong tourist center, I had many opportunities to guide about 100 tourists every week for six months. From these opportunities, I met people from diverse countries, cultures, ages and made an effort to understand differences between different culture background and gain global mind.

- Commercial experience
  I'm taking international trading education courses (600hours) from OCT 2015. From this course, gained practical business experience about international trade.

- Multi-task ability
  I have a strong time management capability. I managed to achieve high GPA score : 4.0 / 4.5 as well as doing volunteer work for foreign students in Soongsil University and elementary students as a member of Sinhan Card program and interpreting in Insadong tourist center simultaneously for 4 months.

It would be highly appreciated if an interview opportunity will be given to me to discuss with Intern Coordinator how I can contribute to The U.S Department of Commerce (Commercial service).

Thank you for your consideration, I will look forward to hearing back from you.

Sincerely

GIBEOM KIM
Soongsil University
Candidate for Economics

Enclosure: Resume

O O O
Seoul, South Korea KS013
Cell: 010-4135-9074| Email: silverssang9@gmail.com

11 January 2017

Contact Name (if available)
Recruiting Manager
Address

Dear Hiring Professionals:

 I think fashion is the easiest way to express someone's opinions or feelings. In case of composing music or drawing pictures, we need to buy lots of materials and sometimes several talents are needed. But in case of fashion, we can easily express our thoughts by just wearing bright sweater for cheerfulness or dark clothes for sorrow. That is why I got interest in apparels and want to be a merchandiser of ABC International and deliver these effective expression methods to customers.

 Working as a part-time job in every process from manufacturing to selling products, I have a passion to be a merchandiser.

 When I worked at the SPA store, Uniplo, I learned how to face customers and got to know that sympathy is the most important. Once I received a foreign customer, I tried hard to recommend him a good shirt. Even if it was really hard to communicate in English, but I struggled to consider on his foot and the other customer uploaded a compliment our website.

 Ever since I was young, I have looked around some stores as my hobby and after I entered the university, I began to work at several stores as a part-time job and full-time job. Working at several stores, I got to know how to catch a needs of each customer and recommend an appropriate item effectively and I even have an experience with increasing sales 7 million won to 10 million won. I also have worked at the vendor company who cares productions in foreign factories, so I totally understand process manufacturing clothes to selling clothes.

 To be a good merchandiser, I tried to improve my analyzing skills by doing several activities. As a marketer for certain brand and a consultant for a certain store, I analyzed the position in market of each brand and store and designed marketing projects and solutions. I also took course of Marketing Investigation and Analysis and got the certificate. By taking the course I mastered how to use data as information using ICT, analyze it and suggest solutions.

 Through various experiences of working at Moment of Truth and the rear of it, I acquired qualifications for a good merchandiser. Thank you for your consideration and I look forward to your favorable reply soon.

Your sincerely,

Eunsang Cho
Seoul Women's University
Candidate for BS of Business Administration

Enclosure: Resume

〈 표 〉 Cover letter Sample

O O O
jaeyeonjoo92@gmail.com
+82)1098079209

July 28, 2016

Mr. Jae Min Seo
Talent Acquisition Partner
General Electric
POBA Gangnam Tower,
343 Hakdong-Ro,
Gangnam-gu, Seoul, Korea

Dear Mr. Jae Min Seo:

As I discovered the opening of an internship position at Government Affair & Policy team of GE Korea, I was excited for a chance to learn about a company that does 'the things that matter' in hand with the local government. I am an optimistic and energetic go-getter who wants to experience new challenges as an intern at GE.

The position is captivating since I have had a similar internship experience at Hyundai Home Shopping Co., an industry that is also strictly monitored by the government. During my brief internship as a merchandiser, I was able to learn the close relationship between the Korea Fair Trade Commission and the home shopping industry. My job was collecting and submitting evidential material to the FTC, constructing advertisement contract with supplier companies under FTC standard and reviewing legal papers for inspection. My daily responsibilities included tasks such as contacting sourcing companies for margin negotiation and inventory release, which helped strengthen my interpersonal communication skills. Also, collecting market information and competitor analysis has honed my research skills to a higher level. Through this internship not only did I gain better sense of project management and public relations, I also learned how a legally sensitive company adapts its marketing methods in accordance to government parameters. I am confident that these experiences will help me perform as a fast-learning intern at GE.

Additionally, from living in Manila, Philippines and Seoul, Korea, I am fluent in English, Korean and Tagalog. With these language abilities and cultural awareness, I matured to be a sociable and friendly 'people person' who can communicate cross-nationally. Moreover, the multicultural background allowed me to be culturally sensitive and susceptive to different surroundings. The approachable and enthusiastic attitude and aptness to work in an international setting are things I can exercise at GE Korea.

With the corresponding work experience and passion to learn about how GE conducts a successful global business that strives to cooperate with local governments, I believe I am a good fit for GE Korea. I hope for an interview to discuss further about the position in detail at anytime of your convenience. I look forward to hearing from you.

Sincerely,

Jae Yeon, Joo
Yonsei University
Candidate for B.A in English Language and Literature

Enclosure: Resume

4-5. 면접구조와 기출문제

 최근 3년간 주요 외국계기업의 실무진, 임원진, 사장단 면접에서 출제된 질문 항목을 조사하였다. 직무별 특수성에 따른 질문의 차이를 제외하고 상당수의 질문들은 일정한 그룹으로 분류할 수 있다. 또한, 실제 면접을 경험한 학생들의 인터뷰를 통해 시작부터 종료까지 질문에 대한 흐름을 정리하였고, 다음의 면접 질문 프레임을 만들었다. 아직 한번도 외국계기업의 면접을 경험하지 못한 학생들은 참고해 보기 바란다.

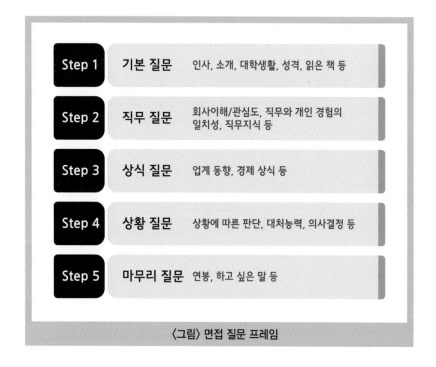

〈그림〉 면접 질문 프레임

Step 1. 기본질문

 면접관과 처음 마주하게 되면, 지원자는 긴장하게 된다. 이에 면접관은 편한 분위기를 조성하기 위해 '오늘 기분 어떠세요?' '오는데 어떠셨어요?' 등 가벼운 질문으로 시작한다. 이를 암묵적 면접 준비라고 이해하면 된다. 그리고 나서 본격적으로 본인 소개를 시작으로 지원자에 대해 알기 위한 질문이 시작된다.

· How are you today? / How do you feel? / How did you get here?
· Tell me about yourself.
· What are your strengths and weaknesses?
· Any book you recently read?

Step 2. 직무 질문

지원자를 알기 위한 간단한 질문(일명 호구조사)이 끝나면 본격적인 직무 관련 질문이 이어진다. 외국계기업은 대부분 채용을 해야 하는 직무와 직무 조건(Job Description)을 명확하게 제시한다. 반대로, 이는 지원자 입장에서는 어떠한 질문이 나올지, 나는 어떤 형태의 답변을 준비해야 할지를 알려주는 가이드라고 할 수 있다. 책이나 학습을 통해 배울 수 있는 지식과 본인의 경험을 통해 어필할 수 있는 직무 지식을 구분하여 생각하자.

· What do you know about our company? / What attracted you to this company? Why are you interested in our company? /

What do you want to do in our company?

· What's your ideal company?

· Why do you want this position?

  —〉What did you prepare to apply for this position?

· What can you do for us that other candidates can't?

· I'd like to know your definition for marketing and sales?

· Explain about B2B and B2C, So, What is main difference?

· Explain about recall and recognition

· Do you think what kind of abilities you need to be a marketer?

· Do you know what we are doing in HR? Tell me about it

· What is main difference between finance and accounting?

· Do you think which company is best for marketing?

  —〉 why don't you apply for that company

· What is the most important qualification to work in 부서

  (ex. Overseas sales)? —〉How did you prepare those abilities?

· What did you like least about your last internship?

· When were you most satisfied in your job?

· What were the responsibilities of your last position?

· How would you go about establishing your credibility
  quickly with the team?

· How long will it take for you to make a significant
  contribution?

· What do you see yourself doing within the first 30 days
  of this job?

· If selected for this position, can you describe your strategy
  for the first 90 days?

· What are you looking for in terms of career development?
· How do you want to improve yourself in the next year?
· Where would you like to be in your career five years from now?/ What are your plans in the next 5 years?
· What does success mean to you?
· What kind of goals would you have in mind if you got this job?

Step 3. 상식 질문

직무 관련 질문은 말 그대로 해당 직무라는 정해진 범위에서의 역량을 확인하는 것이다. 하지만, 이것만으로는 지원자의 내적 역량을 전부 확인하기가 어렵다. 이에 일부 기업에서는 '포괄적 직무 역량' 개념으로 관련 산업, 경제 등과 같은 거시적 질문을 제시하기도 한다. 평소에 시사나 상식 관련된 지식은 학습하도록 하자. 면접 당일에는 꼭 신문을 보자. 가장 최근에 이슈가 되는 주제가 그날의 면접 질문이 될 수 있다.

· Any news you know in this field of business?
· Do you think who our competitor is? How can we beat them? Any strategy?
· If US government raises their interest rate, what kind of influences we will get?

- If Japanese government is doing quantitative easing, what kind
  of influences we will get?
- Tell me about your opinion for Britain exit?
- Anything you know about Volkswagen issue?

Step 4. 상황 질문 – Behavioral Interview Questions

앞서 얘기한 질문 유형들은 어느 정도 준비한 지원자들의 경우 충분히 답변할 수 있을 것이다. 다르게 얘기하면 합격과 불합격의 변별력을 갖기에는 부족하다는 것을 의미한다. 면접관은 채용할 사람과 그렇지 않은 사람을 결정해야 한다. 필자가 면접관의 입장에서 가장 중요하게 판단하는 것이 바로 상황 질문에 대한 대처이다. 본인의 경험뿐만 아니라 가상의 상황을 제시하고, 이에 대해 지원자의 성향, 행동, 태도, 판단 등을 비교하여 결정한다.

- How do you make important decision?
- What was the last project you headed up,
  and what was its outcome?
- Give me an example of a time that you felt you went above
  and beyond the call of duty at work.
- Can you describe a time when your work was criticized?
- Have you ever been on a team where someone was not pulling
  their own weight? How did you handle it?

· Tell me about a time when you had to give someone difficult feedback. How did you handle it?

· What is your greatest failure, and what did you learn from it?

· What irritates you about other people, and how do you deal with it?

· If I were your supervisor and asked you to do something that you disagreed with, what would you do?

· What was the most difficult period in your life, and how did you deal with it?

· Give me an example of a time you did something wrong. How did you handle it?

· Tell me about a time where you had to deal with conflict on the job.

· If you were at a business lunch and you ordered a rare steak and they brought it to you well done, what would you do?

· If you found out your company was doing something against the law, like fraud, what would you do?

· What assignment was too difficult for you, and how did you resolve the issue?

· What's the most difficult decision you've made in the last two years and how did you come to that decision?

· Describe how you would handle a situation if you were required to finish multiple tasks by the end of the day, and there was no conceivable way that you could finish them.

Step 5. 마무리 질문

지원자를 알기 위한 모든 질문이 종료되면, 이제 면접을 끝내기 위한 질문이 주어진다. 외국계기업에서는 흔히 연봉에 대해 언급하기도 한다. 이때 너무 겸손할 필요는 없다. 면접 시 언급된 연봉이 진짜 본인의 연봉이 되기도 하기 때문이다. 동종업계의 연봉 수준을 사전에 확인해서 답변할 수 있는 가이드를 만들어놓자. 국내기업에서는 주로 하고 싶은 말이 있으면 해보라고 하지만, 외국계기업에서는 회사에 대해 질문할 것이 있는가를 물어보는 빈도가 높다. 여러분들이 정말 궁금해하는 전문지식을 알고자 하는 자리가 아니다. 너무 무겁지 않게, 또한 너무 가볍지 않을 정도의 질문을 준비하자.

· What are your salary expectations?
· Do you have any questions for me?
· Why should I hire you?

〈 표 〉 영어면접 Rubric

Interview Rubric

Name: _____

Criteria	Description	Comments	Score
First Impressions 첫인상	· Knocks and enters the room in a polite manner · Bows politely with bright, smiling face and waits to be invited to sit down		/20

Professional Manner and Appearance for Interview 면접 자세	· Dressed in appropriate business attire · Professional behavior and language · Overall good impression given · Appropriate voice / tone · Passionate about the interview · Appropriate hand gestures · Eye contact made	/20
Respond to Questions 질문에 대한 답변	· Give logical answers · Answer are persuasive · Rich knowledge of topic asked · Answers are concise and direct – 　not rambling or repeating · Responses are natural and genuine – 　no exaggeration	/20
Job / Industry Knowledge 지원 분야에 대한 지식	· Readiness for job – Matches skills and 　activities they have that has helped 　them prepare for this job and gives 　concrete examples · Well informed about the company they 　are interested in · Knowledge of the industry that the 　company is in · Shows passion for the position they are 　interested in	/20
Closing Remarks 마무리/기타	· Asks questions that are relevant to job · Takes the opportunity to make a final 　sales pitch	/20
	Total	/100

Comments: 전반적인 총평

Appendix

주요 기업
면접
기출항목

Appendix.
주요기업 면접 기출항목

기업리스트

1	KB국민은행	15	한미약품	29	이마트
2	우리은행	16	효성그룹	30	롯데월드
3	신한은행	17	동서식품	31	한화무역
4	새마을금고	18	LG유플러스	32	태평양물산
5	신한금융투자증권	19	KTDS	33	동원 F&B
6	한국투자증권	20	CJ제일제당	34	동원시스템즈
7	유화증권	21	롯데정보통신	35	CNR리서치
8	삼성화재	22	마이다스아이티	36	아우디폭스바겐 코리아
9	현대해상	23	홈플러스	37	BMW Fianancial Sevices
10	국민카드	24	GS리테일	38	싱가폴항공
11	롯데렌탈	25	CJ올리브네트웍스	39	대한적십자사
12	기아자동차	26	LG지투알	40	신용회복위원회
13	현대위아	27	삼성에스원		
14	현대엔지니어링	28	롯데시네마		

KB국민은행

2016년부터 토론, 인성, PT 세가지를 따로 보는 것이 아닌 50분내에 5명 한 조로 자연스럽게 혼합하여 진행하고 있다. 예를 들어 1차는 토론면접, 인성면접, 세일즈면접이(가상 판매 면접) 진행되고, 2차 임원면접은 자기소개서 바탕 꼬리 질문과 인성위주의 면접이 진행되었다.

PT면접은 30분간 준비한 후 발표 4분, 질의응답 4분으로 진행되었으며, 토론면접은 7분간 준비, 25분간 5명이서 토론을 진행하는 방식이다. 면접 마지막에 영어인터뷰도 진행한 사례도 있으니 영어답변도 준비해야 한다.

· 돈이 없는 고객이 차를 사고 싶다고 은행에 왔을 때 어떤 상품을 판매할 것인가? (조별 토론 후 결론을 제시하는 형태)

· 선배가 승진을 위해 본인의 실적을 양보하라면 어떻게 할 것인가? (찬성과 반대로 나누어 손을 들고, 바로 토론 진행)

· 이 곳에 있는 물건 말고, 본인 집에 있는 물건 중 소중한 물건 하나를 팔아보라 (치약, 신문 등을 파는 세일즈 면접 출제)

· 무슨 질문을 할 것 같은가? 가장 자신 있는 질문이 무엇인가? 그 질문에 답해봐라.

· 당행 또는 직무와 관련된 자격증은 어떤 것이 있는가?

· ROA는 무엇을 말하는지 설명해 봐라.

· 당신은 대외 모임(활동)에서 리더형인가, 참모형인가?

· 본인의 외국어 실력을 상중하로 표시한다면 어떤 위치인가?

· 행원이 되기 위해 어떤 준비를 했는가?

· 아르바이트 경험이 있는가? 아르바이트 하면 금방 그만두는 편인가?
  얼마 동안 했고, 그만둘 때는 어떻게 했나?

· 살아오면서 가장 인상 깊었던 경험이 있다면 무엇인가?

· 당행 채용을 준비하면서 느낀, 본인의 강점과 약점은 무엇인가요?

· 입사한다면 어떤 직무를 맡고 싶은가?

· 다양한 유형의 고객들이 존재한다. 당신이 영업한다면 어떤 유형의
  고객이 회사 측면의 높은 수익을 줄 수 있을 것 같은가?

· 중소기업가들이 당행에 원하는 것은 무엇이겠는가?

· 중소기업가들에게 어떻게 영업하겠는가?

· 국민은행 금리가 타행에 비해 높은 수준인데, 어떻게 고객을
  유치할 것인가?

우리은행

　　1차는 복합면접 형태로 먼저 인성면접으로 면접관 3명과 지원자 12명이 한 조로 진행되었다. 특이사항으로 지원자끼리 상호 질문하는 형식으로 진행된 적도 있다. PT면접은 10분간의 준비시간을 가진 후 5분동안 발표를 진행했으며, 출제된 주제는 다음과 같다. (우리은행의 지속적 발전 방향, 성공적인 인적 네트워크를 만드는 방법)

　　세일즈 역량에 대한 평가가 진행되었으며, '우리V적금카드와 우리V적금 통장 함께 팔아봐라' 등 자사 상품에 대한 문제가 출제되었다. 논술시험의 경우 2문제 중 1문제를 정한 후 자유논술, 3문제 중 2문제 선정 후 자유약술

등으로 진행되었다. (상생경영, 지구온난화, 환율전쟁 교원평가제, DTI, 한국은 저작권료와 표절에 왜 관대한가, 간접광고에 대한 의견 등), 토론면접은 일반적 찬반형태이다. 1차 면접이 통과되면 2~3명의 임원진 대상으로 최종 면접을 진행한다.

· 천안함 사건에 대해 본인은 어떻게 생각하는가?

· 상생경영에 대해 어떻게 생각하는가?

· 우리은행이 나갈 방향에 대해 설명해 봐라.

· 하나은행이랑 비교했을 때의 우리은행 단점이 무엇인가?

· 우리은행 어제 주가는 얼마였는가?

· 최근 유가는 얼마인가?

· 골프에 나오는 파(Par)는 무엇인지 설명해 봐라.

· 아그레망이란 무엇인지 설명해 봐라.

· 서브프라임에 대해 설명해 봐라.

· 달러 약세와 고유가 간의 상관관계에 대해 설명해 봐라.

· 엔케리 트레이드에 대해 설명해 봐라.

· 미국 증시가 왜 국내 증시에 영향을 미치는지 설명해 봐라.

· 왜 행원(Banker)이 아닌 텔러(Teller)직군에 지원하였는가?

· 자신이 사는 동네를 자랑해봐라..

· 원하는 곳과 다른 지점에 배치된다면 어떻게 하겠는가?

· 인턴 할 때 가장 곤혹스럽게 했던 고객에 대해 설명해 봐라.

· 고객이 원하는 상품과 지점에서 세일즈 해야 하는 상품이 다를 경우

어떻게 할 것인가?

· 인덱스에 대해 설명해 봐라.

신한은행

　　면접은 보통 채용인원의 5배수 규모로 진행하며, 면접 유형으로는 인성/상황면접, 토론면접을 진행한다. 일반면접은 다대다 면접방식이며(최종면접 시 면접관 4, 지원자 6) 특히, 인성면접은 자기소개서 기반으로 구체적인 질문을 많이 하였다. 토론면접은 1대 10 찬반 토론형태로 40분간 진행하였고, 출제된 주제는 다음과 같다.

　　『흉악범 얼굴공개에 대한 찬반토론, 박태환 선수의 올림픽 출전에 대한 찬반토론, 병역특례폐지에 대한 찬반토론, 한국 핵무장에 대한 찬반토론, 베이비 박스 설치에 대한 찬반토론, 동전 없는 사회에 대한 찬반토론』

　　PT면접은 준비시간(약 15분) 포함 약 90분간 진행되며, 기출 주제는 다음과 같다.

　　『역사적 인물 바탕으로 신한은행 글로벌 진출 전략, 역사적 인물 업적을 통해 인재 채용전략 또는 영업 전략』

· 면접학원을 다닌 경험이 있는가?

· 맘프로(Mom-pro)가 무엇인지 설명해봐라.

· 신한금융투자와 신한은행 기업문화의 차이점은 무엇인가?

· 신한은행 직원이랑 이야기 한적 있는가? 했다면 회사에 대해 어떻다고 하는가?

· 신한은행 입사를 위해 준비한 것은 무엇인가?

· 구체적으로 은행원이 되기로 결심한 계기는 무엇인가?

· 왜 PB가 되고 싶은가?

· 따뜻한 금융에 대해 얘기해 봐라

· 본인은 무엇 때문에 은행원에 어울리는 것 같다고 생각하는가?

· 지원자는 적극적 성격이 아닌 것 같은데 어떤 편인가?
  솔직히 말해도 된다. 은행이 활발한 사람만 뽑는 게 아니다.

· 자신의 별명 5가지만 말해보라

· 주량이 어떻게 되는가? / 술 먹고 기억 잃어본 적 있는가?

· 자신의 단점이 무엇인가?

· 직장생활 하면서 대화만으로는 해결이 안되고, 계속 싫은 소리만
  하게 될 일이 반복해서 발생한다면 본인은 어떻게 대처하겠는가?

· 지점에서 파이팅 넘치게 할 수 있겠는가?

· 무대에서 그런 열정 말고 보여줄 수 있는 것 있나?
  지금 노래할 수 있나?

· VIP고객이 해외에서 불법으로 카드발급 해달라고 하면 어떻게
  대처할 것인지?

· 선임이 자꾸 심부름시켜서 창구를 비우게 된다면 어떻게 할 것인지?

· 왜 은행인가, 그리고 왜 신한은행인가?

· 최근에 읽은 책의 교훈을 신한은행이 나아갈 방향과 맞춰서
  얘기해 봐라.

· 살면서 힘들었던 경험이 있다면 설명해봐라.

· 최근에 관심 있게 본 뉴스가 있다면 무엇인가?

· 돈을 빌려달라고 하는 친구가 있다면 당신은 어떻게 대처하겠는가?

· 본인이 원하지 않는 직무를 하게 된다면 어떻게 하겠는가?

· 지방에 있는 지점으로 발령 난다면 어떻게 하겠는가?

· 존경하는 인물이 있는가?

· 마감업무를 하는데 시제(회사 돈)가 5천원 모자란 것을 알게 됨.
  내 돈 처리하면 편할 수 있음. 이때 당신은 어떻게 하겠는가?

· 5만원을 고객에게 줬는데 고객은 못 받았다고 한다면 어떻게
  대처하겠는가?

· 상사와의 불화가 생긴다면 어떻게 대처하겠는가?

· 영업점 방문 경험이 있는가? 방문한 영업점의 단점은 무엇인가?
  당신이라면 어떻게 해결할 것인가?

· 인재를 분류했을 때 저너럴(General), 스페셜(Special)로 구분할 수
  있다. 당신이 담당자라면 어떤 유형의 인재를 채용하겠는가?

· 신항은행의 최근 리스크 관리에 대해 아는 것을 말해봐라

· 기준금리 오르면 왜 은행 수익성 좋아지는가?

· 특정 키워드를 제시한 후 연관하여 1분간 자기소개 진행(ex. 부끄러움)

새마을금고(지역금고)

2016년도 실무면접은 면접관 5명과 지원자 6명이서 약 40분 면접 인성 및 적성위주의 면접을 진행하였고, 면접 경쟁률은 약 2:1 수준이었다.

· 새마을금고 지점에 방문했던 적이 있냐?
· 지점업무 외에도 직접 고객을 찾아가서 수금을 하는 업무도 맡을 수 있는데 할 수 있는가?
· 자신이 새마을금고에 적합한 이유는 무엇인가?
· 일과 가족 중 우선순위를 말하고 그 이유는 무엇인가?
· 새마을금고의 특징이 뭐라고 생각하는가?
· 행원이 가져야 할 중요한 가치는 무엇이라고 생각하는가?
· 예금자 보호법에 대해 성명해 봐라.
· 새마을 단점과 개선점에 대해 말해 봐라.
· 지점에서 일반 수신업무 이외에 추심업무를 맡을 수도 있는데 할 수 있는가?
· 당행에서 하는 사회공헌활동 아는 대로 말해봐라.
· 새마을금고 체크카드 설명해 봐라.
· 새마을 금고를 생각할 때 떠오르는 이미지는 어떤 것이 있는가?
· 자신의 가치판단 기준은 무엇인가?
· 당행의 조직구조에 대해 아는 대로 말해 봐라.

· 새마을 금고 역할이 뭐라고 생각하는가?

· 서민은 어떤 사람이라고 생각하는가?

· 대내외 환경을 고려했을 때, 한국은행은 금리인상을 해야 하는가?
  인하해야 하는가?

· 주어진 매출 할당량을 달성하지 못했을 때, 생길 수 있는 스트레스는
  어떻게 관리하겠는가?

· 일상에서 제일 힘든 점은 무엇인가?

· 최근 금융이슈에 대해 설명해 봐라.

· 기업의 사회적 책임에 대해 설명해 봐라.

· 존경하는 인물은 누구인가? 이유는 무엇인가?

· 상사가 부당한 지시를 한다면 어떻게 대처하겠는가?

· 펀드손해를 입은 고객이 찾아와서 난동을 부린다면
  어떻게 대처하겠는가?

· 뱅크사태가 일어난다면 어떻게 하겠는가?

· 영업이 뭐라고 생각하느냐?

· 주량은 어떻게 되냐?

· 마감 시 시제 10만원이 모자란다면 어떻게 하겠는가?

· 본인의 가치관에서 직장이 우선이냐? 가족이 우선이냐?

· 대변과 차변에 대해 설명해 봐라.

· 수익적 지출과 자본적 지출에 대해 설명해 봐라.

신한금융투자증권

2016년도 채용은 인턴 선발 후 최종면접을 거쳐 정직원을 선발하였다. 1차 인턴 면접은 면접관 4명, 지원자 6명으로 구성되어 30분간 인성보다는 증권업에 대한 이해도 위주로 질문을 하였으며, 최종면접은 사장단 5명이 면접을 진행하였다.

· (공통질문)자기가 신한금융투자에 어울리는 이유는 무엇인가?
· 주식투자를 한 경험이 있는가?
· 개인투자자가 기관투자자에 비해 수익률이 좋지 못한 이유는 무엇인가?
· 줄어들고 있는 브로커리지 시장을 어떻게 대응할 것인가?
· 100년 뒤 금융상품을 묘사해보시오
· 트럼프 당선이 미국경제에 미칠 영향에 대해 말해보시오
· 포항지점(연고지)으로 발령이 나도 괜찮은가?
· 영업을 어떻게 할지 설명해 보시오
· 10억이 있는 고객이 찾아와서 자산관리를 부탁하면 어떻게 포트폴리오를 꾸리겠는가?
· (자격증이 없는 지원자에게) 자격증이 없는데, 다른 지원자에 비해 강점은 무엇인가?
· 스트레스 관리는 어떻게 하는가?
· 2년 후 자산을 얼마나 유치할 수 있다고 생각하는가?

· 지원한 직무를 잘 할 수 있다고 생각하나?

· 당시 이슈였던, 한진해운 사태에 대해 어떻게 생각하나?

· 만약 원하는 직무에 배치 받지 못하면 어떻게 할 것인가?

· 우사인 볼트와 달리기 시합을 해서 이길 수 있는 방법은 무엇인가?

· 자신의 별명에 대해서 설명하시오

· 우리나라 증권업에 종사하는 임직원이 35,000명이다. 그 중 PB가
  몇 명일지 본인만의 논리로 설명하고, 상위 10% PB가 되기 위해서
  필요한 역량이 무엇인지 설명해봐라.

· 왜 영업을 지원하였는지 설명해봐라.

· 인적네트워크에 대해 말해봐라.

· 지역특성에 맞춰 영업을 어떻게 할건지 설명해봐라.

· 증권회사에 일하면 무엇이 가장 힘들 것 같은가? 힘들 텐데 괜찮겠느냐?

· 은행과 증권의 차이에 대해 설명해 봐라. 은행이 아닌 증권사를
  지원한 이유가 무엇인가?

· 출구전략이란 무엇인지 설명해 봐라.

· 자신에게만 말을 안 거는 선임이 있다면 본인은 어떻게 대처하겠는가?

· 직장상사로부터 부당한 대우를 받는다면 어떻게 대처하겠는가?

· 자신의 적성과 맞지 않는 부서로 배치된다면 어떻게 하겠는가?

· 100명의 고객을 유치해오라는 업무가 주어진다면 어떻게 대처하겠는가?

· Random walk theory에 대해 설명해 봐라.

· 당사를 방문 또는 전화해서 취업관련 문의한적이 있는가?

· 따뜻한 금융에 대해 아는 대로 말해봐라 / 당사에게 하는
  CSR활동에 대해 말해봐라.

· 증권사에 대해 주위에서 들은 얘기는 어떤 것이 있는가? /
  나쁜 얘기 없는가?
· 오늘 본 우리 회사의 분위기는 어떠한 것 같은가?
· 평소 인맥관리는 어떻게 하는가?
· 현재 기준 기준금리는 얼마인가?
· 본인만의 스트레스 해소법이 있는가?
· 우리 회사만의 경쟁력이 있다면 무엇이라고 생각하는가?
· 본인이 지원하는 분야에서 입사 후 개발하고 싶은 상품이 있는가?
· 아버지께서는 현재 뭐하시냐?
· 소매 영업이면 고객과 마찰이 많을 때 어떻게 극복하겠는가?
· 증권업은 언제부터 관심이 있었고, 입사를 위해 무엇을 준비했는가?

한국투자증권

면접은 면접관 4명, 지원자 6명이 1조로 구성하여 30분간 진행되었으며,
질문은 개인별로 약 3~4개 정도였다.

· 전공이랑 다른데 왜 금융권 지원했냐?
· 타 금융권에 지원한 적이 있는가?
· 요우커믹스가 국내증시에 미치는 영향에 대해 설명해 봐라.
· 입사하면 본인이 하고 싶은 분야는 무엇인가?

· 왜 증권회사에 다니고 싶은가? 왜 한국투자증권에 입사하고 싶은가?
  왜 해당 직무를 하고 싶은가?

· 언제부터 증권업을 희망하였는가? 증권회사 또는 해당 직무를 위해
  역량을 쌓은 경험이 있는가? 해당 선배를 찾아간 적 있는가?
  본인이 가장 잘할 수 있는 것은 무엇인가?

· 본인의 학창시절은 어떠하였는가?

· 본인이 가장 아끼는 것은 무엇인가?

· 경제에 대해 어떻게 생각하는가?

· 우리나라 경제가 나아가야 할 방향은 무엇이라고 생각하는가?

· 상사가 돌탱이라면 어떻게 대처하겠는가?

· 연봉이나 처우가 마음에 안 든다면 이직할 의향이 있는가?

· 주식투자 경험 있는가? 있다면 수익률은 어떻게 되는가?
  주식투자 하면서 느낀 점은 무엇인가?

· 한국투자증권에 대해 아는 대로 말해봐라.

· 입사 후 어느 정도 위치까지 가고 싶은가? 목표는 무엇인가?

· 사내 왕따가 된다면 어떻게 하겠는가?

· 휴대폰에 저장된 인원이 몇 명인가?

· 지점영업은 고객 상대로 인한 스트레스가 많다. 어떻게 관리하겠는가?

· 펀드 수익률 마이너스 10% 난 고객이 찾아와서 내 돈 물어내라고
  항의하면 어떻게 대처하겠는가?

· ELS, ELW에 대해 설명해 봐라.

· 자산관리와 브로커리지의 차이에 대해 설명해 봐라.

· 자산관리를 하면서 고객과 어떤 관계를 맺어야 하는가?

· 가장 기억에 남는 수업이 무엇인가? 거기서 무엇을 느꼈는가?

· 지점장이 100% 이상의 초과성과를 요구한다면 어떻게 하겠는가?

· 증권사에 3명의 고객이 방문. 1) 불만에 찬 고객, 2) 신규고객,

  3) 돈이 많은 고객, 어떤 순서대로 처리할 것인가?

유화증권

1차면접은 면접관 3명, 지원자 3명이서 40분 가량면접을 진행하며, 2차면접은 회장, 이사 2명과 지원자 2명이 한 그룹으로 30분간 실시하였다. 회사 규모나 평판에 비해서 출신 학교가 당락에 큰 영향을 미친다고 알려져 있다. (합격자 출신학교 비율은 비공개로 하겠다.)

오너경영체제이기 때문에, 사소한 업무까지 회장 승인이 필요할 정도로 의사결정이 다소 보수적인 평이다. 지점과 본사와의 급여차이 및 업무강도의 차이가 크다. 면접 시에는 자기소개서 기반의 질문을 많이 하는 경향이 있음으로 미리 충분히 읽어 예상질문을 추려내면 좋다.

· 로보어드바이저에 대해 어떻게 생각하는가?

· 부동산에 투자할 때 가장 고려해야 할 사항은 무엇인가?

· 주식투자를 해본 경험이 있나?

· 다른 증권사에 서류를 지원했었나?

· 부모님은 어떤 일을 하시나?

· (두 번째 지원했던 지원자에게) 지난번에는 왜 떨어졌다고 생각하나?

삼성화재

면접관 3명, 지원자 1명으로 약 20분간 진행된다. 면접에서 힘든 업무강도를 버틸 수 있는지 여부에 대해서 매우 강조하는 것으로 보아 퇴사률이 상당히 높은 것으로 보이고, 합격을 위해서는 단순업무, 굳은 일도 도맡아 잘할 수 있다는 자세를 보여주면 좋다. 2017년도에는 창의성관련 질문이 다소 나왔다.

· 어디에서 왔는지, 어떻게 왔고, 오는데 얼마나 걸렸는지?

· 손해사정직을 지원한 동기는 무엇인가?

· 손해사정직이 구체적으로 어떤 일을 하는지에 대해서 설명해 봐라.

· 주변의 지인 중에 손해사정사를 하는 사람이 있는가?

· 주변 지인들이 손해사정직을 한다고 했을 때 어떤 반응을 보였는지?

· 교내활동 중에서 리더를 맡은 적이 있는가?

· 삼성생명서비스와 삼성화재서비스의 차이점에 대해서 설명해 봐라.

· 정말 힘들고 고단한 직업이고, 스트레스도 많이 받는데 어떻게 할 생각인가?

· 취업이 안 되고, 당장 취업이 급해서 도피처로 온 것이 아닌지?

· 단순 업무가 반복되고 힘든 일이 반복된다면 어떻게 하겠는가?

· 홈페이지에 있는 감동적인 우수사례는 다 허황일 수도 있다.

어떻게 생각하는가?

· 이런 힘든 여건에서도 잘할 수 있다는 의지를 표현해달라.

현대해상

현대해상의 면접은 인성/토론/상황면접으로 구성되어 있다.

인성 면접은 면접관 2명, 면접지원자 2명으로 구성되어 이름과 자기소개서의 특정항목에 대한 답변을 제외하고는 블라인드 형태의 면접으로 진행되며, 자기소개서에 언급된 내용의 사실 확인 위주로서 보험 관련 내용 질문 전혀 없었던 적도 있다. 토론면접은 20분간 준비시간을 가진 후, 30분간 토론하는 형태로 진행되었다. 보험정보원 설립 찬반, 민간조사원제도 도입 찬반, 보험정보에 대한 공적 기관과 사적 기관의 통합을 통해 빅데이터를 구축할 경우 문제가 되는 것 등이 출제되었다. 상황면접은 3가지 상황을 제시한 후 PT면접과는 다르게 상황 설명 후 면접관과 회의하듯이 질의응답을 하는 형태이다.

빅데이터 시대가 다가옴에 따라 보험상품에 빅데이터를 접목시켜 운전자의 운전습관 등을 데이터로 분석해 보험료를 할인 해주는 상품을 타사에서는 이미 발매했다. 이럴 때 현대해상이 취해야 될 전략은?

A. 타사와 비슷하게 빅데이터 상품을 신속히 개발하여 출시한다.

B. 자사 상품 중에 빅데이터를 활용할 수 있는 상품을 우선 찾아보고

C. 오차가 발생할 수 있기에 상품을 철저히 검토한 후 출시한다.

· 당신은 리더형인가, 참모형인가? 어떤 것이 더 중요하다고 생각하는가?

· 현대해상에 오기 위해 준비한 것은 무엇이 있는가?

· 당사에 대해 아는 대로 얘기해봐라.

· 살면서 어려웠던 경험이 있으면 얘기해봐라.

· 회사가 당신을 채용해야 하는 이유가 무엇인지 설명해 봐라.

· 꿈이나 비전이 있으면 설명해 봐라.

· 외부에서 인식되는 당사의 이미지는 어떠한가?

· 일이 힘든데 할 수 있겠는가?

· 본인의 전공이 지원 분야의 업무 수행에 어떻게 도움이 되겠는가

· 주위에서는 본인에 대해 어떻게 평가를 하고 있는가?

· 주말이나 휴일에는 어떤 것을 하면서 보내는가?

· 본인이 면접관이라면 무엇을 물어보겠는가?

· 지금 노래 할 수 있는가?

· 가입되어 있는 보험이 있으면 얘기해봐라.

· 남북 관계에 대한 본인의 견해는 어떠한가?

· 보험 환급금이 적다고 항의하는 고객이 있으면 어떻게 대처하겠는가?

· 생명보험과 손해보험의 차이에 대해 설명해 봐라.

· 손해사정이란 무엇인가?

· (제일 빨리 답하는 순발력문제) 회식 중이다.
  선배들 앞에서 할 구호를 만들어라.

· 아버지와의 기억나는 추억이 있다면 얘기해 봐라.

· 인문학적 관점에서 사회 부조리 원인은 무엇이며, 본인이 생각하는
  해결방안에 대해 설명해 봐라.

· 가장 행복했던 순간은 언제인가?

국민카드

1차는 PT면접과 토론면접만 블라인드 형태로 진행했다. PT면접은 면접관 3명, 지원자 1명이 발표/질의응답을 포함하여 20분간 진행되었으며, 필기구 지참을 금지하였다. 주제는 '야근이 필요하다고 생각하는지? 국민카드의 신 렌탈사업 추진 시, 렌탈품목 선정 및 마케팅 방안, 대학생들이 많이 다니는 거리에 새로 레스토랑을 오픈 했다. 해당 레스토랑에서 국민카드 매출 증대를 위한 전략을 짜시오. 핀테크 활용해서 어떻게 기여할 수 있는가?' 등이 출제되었다.

토론면접은 5분간 찬반 입장을 정한 후 50분간 진행하였으며, '고등교육의 다양화가 입시 위주의 현실 교육의 대안이 될 수 있는가? 법인세 인하/인상, 어린이집 CCTV 설치에 따른 교사의 사생활 침해 논란이 있는 상황에서 CCTV를 설치해야 하는가. 공인인증서 폐지에 대한 찬반 토론' 등이 제시되었다.

· 아르바이트 경험이 있는가? 아르바이트를 하면 금방 그만두는 편인가? 얼마나 했고, 그만둘 때는 어떻게 했나?

· 본인의 외국어 실력을 상중하로 표시한다면 어떤 위치인가?

· 모임에서 본인은 리더형인가, 참모형인가?

· 고객이 신청서를 다 쓰고 갑자기 안 한다고 하여 자신 앞에서 신청서를 찢을 경우 당신은 어떻게 대처하겠는가?

· 부와 명예 중 무엇이 더 중요한가?

· 본인의 장점과 더불어 어떻게 자신을 어필할 수 있는지에 대해

설명해 봐라.

· 국민카드가 다른 카드사와 다른 점은 무엇인가?

· 밖에 나가서 카드를 300장 발급해 오라면 어떻게 하겠는가?

롯데렌탈

면접은 1박 2일 일정으로 진행되며, 연도별 면접 방식의 변화가 있었다. 2014년도에는 순서 상관없이 영어면접, 실무면접, 임원면접으로 진행했으며, 영어면접, 실무면접, 임원면접, 그룹 팀 과제 2개가 제시, 2016년에는 인성면접, 영어면접, 토론면접, 그룹활동 2개 면접 등을 진행했다.

영어면접은 원어민 남성 1명과 교포로 보이는 여성 1명이 면접관으로 들어와서 지원자 1명 대상으로 약 10분간 진행, 임원면접은 인성 위주의 질문으로 자기소개서를 꼼꼼히 읽고 예리한 질문을 많이 하였다. 100초 안에 자기소개 하는 것으로 시작하였다. 실무면접은 토론면접 형태로, 준비 시간 15분을 가진 후, 면접관이 있는 곳으로 이동하여 토론을 진행. 품질 관련해서 실제로 기아차에서 이슈가 될 만한 문제 등이 출제되었다.

· 가장 힘들었던 경험은 무엇이고, 어떻게 극복하였는가?

· 학교생활 외에 가장 힘들었던 경험 / 성취를 이룬 경험은 무엇인가?

· 경쟁사와 우리 회사를 비교해봐라. 비교해서 우리가 개선해야
  할 것은 무엇인가?

· 우리회사 렌터카 이용해봤는가? 좋은 점과 개선할 점은 무엇인가?

· 고객의 입장에서 랜터카 이용 시 불편한 것은 무엇인가? 만약 직원이

된다면 어떻게 개선하겠는가?
· 새로운 서비스를 제안한다면 어떤 것이 있느냐?
· 악성 고객이 있다면 어떻게 대처하겠느냐?
· 회사에 어울리는 사회공헌활동을 제시해봐라.
· 회사 서비스 중에서 가장 마음에 드는 게 있다면 뭐냐?
· 친구들이 본인을 어떻게 말하는지 설명해봐라.
· 창의적 사고를 통해 새로운 제안/문제해결 한 적이 있느냐?
· 상사와 의견이 충돌할 때 어떻게 하겠느냐?
· 상사가 100% 이상의 성과를 요구할 때 어떻게 대처하겠느냐?
· 본인이 원하는 회사의 조건은 뭐냐?
· 회사와 관련된 최근 경제 이슈에 대해 말해봐라.

기아자동차

2015년에는 실무(전공), 영어, 임원(인성)면접으로 진행하였으며, 2016년에는 2:1 역량면접, 다대다 그룹 직무면접형태로 실시되었다. 실무면접은 면접관 6명, 지원자 5명으로 실시되었으며, 영어면접은 평이한 수준의 질문이 출제되었다. 임원면접은 경영진 5명이 참여하여 시사 및 인성위주의 질문을 제시하여 지원자의 수준을 평가했다.

· (영어면접) 여기 어떻게 왔나?
· (영어면접) 이번 크리스마스에 뭐할 것인가?

· (영어면접) 지문을 2번 읽어 준 후 간단하게 요약해보라.

  여기서 의미하는 바가 무엇인가?

· (영어면접) 여름이 좋은가 겨울이 좋은가?

· (영어면접) 최근에 본 영화 있는가?

· 100초 내에 자기소개 해봐라.

· 한미 FTA에 대한 자신의 생각을 피력해라.

· 인턴 경험이 주는 장단점에 관해 설명해 봐라.

· 자기소개서 내용이 너무 부실하다. 어떻게 생각하는가?

· 전 직장을 그만둔 이유로 '부족한 임금'을 꼽았다. 기아차 입사 후에도

  그렇게 하겠는가?

· 포르테나 프라이드 중 하나를 구입한다면 어떻게 하겠는가?

· 해외 경험이 상당히 많다. 그런데 또 중구난방이다. 기아차에 들어오고

  싶은 것이 맞나? 맞는다면 어떤 경험이 있나?

· 자기소개에서 1,400명과의 사람과 밥을 먹었다고 했다.

  그 숫자를 어떻게 측정했는지 말해보라.

· 원정출산 어떻게 생각하는가?

· 현대차와 기아차 주가 수준은 어떻다고 생각하는가?

· 현대/기아차 공장 수는 몇 개인가?

· 우리나라 세수에서 자동차 부분이 차지하는 비율은 몇 퍼센트인가?

· 공장에서 근무하는데 있어 필요한 인성능력은 무엇이라고 생각하는가?

· 개인적으로 혁신을 했다고 생각되는 경험이 있으면 설명해 봐라.

· 최근에 본 영화는 무엇인가?

· 좋아하는 스포츠는 어떤 종목인가?

· 자동차 시장에서 기아자동차가 나아가야 할 방향은 무엇인가?
· 자동차를 구매할 때 브랜드, 내구성, 디자인, 연비 중 가장 고려되는 사항과 판매 전략을 말해봐라.
· '저 탄소 녹색성장'의 시대에 기아차의 방향에 대해 설명해 봐라.

현대위아

　실무진 면접은 면접관 3명, 지원자 1명으로 약 40분간 진행된다. 블라인드 면접으로 진행되었으며 하나의 키워드(성취, 도전 등)에 대해 이야기를 시작하면, 그에 대한 구체적인 이야기를 하는 방식으로 면접을 진행한다. (e.g 왜 했나? 무엇을 배웠나? 느낀 점은? 갈등은? 어떻게 해결? 똑같은 상황에서도 그렇게 행동 할 것인지? 더 나은 방법은 없었다고 생각하는지? 등)

　PT면접은 사전에 주제를 제시하고, 준비한 후 당일 발표하는 형태로 진행되었으며, 작년 기출문제는 '역사적 사건을 하나 선택하고, 그것을 교훈으로 삼아 현대엔지니어링에서 이루고자 하는 비전을 설명하시오' 였다.

　임원면접은 면접관 4명, 지원자 4명으로 진행되며 PT발표 이후, 인성면접을 약 1시간간 진행한다.

· (영어면접) What do you think about smoking for women?
· (영어면접) If your predecessor keeps calling you for coffee, what would you tell first?
· (영어면접) What is your ultimate aim for the job in the long term?

· (영어면접) 애인이 내 친한 친구와 만난다면 어떻게 하겠는가?

· 현재 우리 기업에서 주력해야 할 투자 분야는 무엇인지 설명해 봐라.

· 당사를 알게 된 계기는 어떤 것인가?

· 자신이 원하는 상사의 스타일에 대해 설명해 봐라.

· 일년만 살 수 있다면 무엇을 할 것인가?

· 행복이란 무엇인가?

· 현대위아에 입사하면 회사를 위해 어떤 것을 할 수 있는가?

· 단체 활동을 했던 경험에 대해 설명해 봐라.

· 아베노믹스의 정의와 향후 진행 방향, 우리나라의 대비책은 무엇인가?

· 중국 동북공정과 일본 우경화 정책의 정의와 우리나라의 대비책은
  무엇인가?

· 다른 사람들과 협동한 경험기반으로 어떤 어려움이 있었는지,
  그것을 어떻게 극복했는지에 대해 설명해 봐라.

· 왜 내가(회사가) 당신을 뽑혀야 하는가?

· 회사에서 지방으로 발령 낸다면 본인은 어떻게 하겠는가?

· 상사가 나에게만 어려운 과업을 준다면 어떻게 하겠는가?

· 상사 및 동료가 본인만 따돌림 시킨다면 어떻게 대처하겠는가?

· 전공이 자동차 쪽이 아닌데 왜 지원하였는가?

· 자신에게 있어 가장 도전적이었던 경험은 무엇인가?

· 노킹현상이 무엇인가? 옥탄가가 무엇인가?

현대엔지니어링

영어면접은 면접관(외국인) 1명, 지원자 1명으로 약 10분간 진행한다.

· 단체생활 중 갈등경험이 있으면 말해주세요 → 그것을
  어떻게 해결했나요? → 해결했을 때 잡음은 없었나요? →
  반대하는 사람도 있었을 텐데 어떠한 방식으로 얘기하고 해결했는지?
  → 결과는 어떠했나요? → 그때로 돌아간다면 다시 그렇게 할건가요?
  아니면 다른 방법으로 접근할 건가요? -〉 또 다른 갈등경험은 없나요?
· 현장사업관리(원가관리) 직무를 지원하셨는데, 그 직무에 대해
  아는 대로 설명해 주시고, 그것을 지원자께서 잘할 수 있는 이유를
  설명해주세요. -〉 원가관리에 대한 일을 현장에서 한다고
  말씀해주셨는데, 구체적으로 더 설명해주시겠어요? -〉 OOOO 한
  이유로 잘할 수 있다고 말씀하셨는데, 그것이 왜 도움이 된다고
  생각했는지 말해주세요. -〉 또 다른 이유는 없나요?
· 왜 현대건설이 아니라 현대엔지니어링에 지원했는지?
  그리고 대부분 인문, 상경계열 지원자인데 금융권이나 여러 타 업종도
  많은데 왜 건설업에서 종사하고 싶은지?
· 마지막 할말
· (영어) 자기소개 간단히 -〉 지금 기분이 어떤지?
· (영어) 수영장, 동물원 2가지 사진을 보여주고 둘 중에 어디로 휴가를

가고 싶은지?

· (영어) 20초 정도 되는 문단을 듣고, 다시 요약해서 설명해 보아라.

· (영어) 친구나 아는 사람을 기다리는데 얼마 정도 기다릴 수 있나?

한미약품

    채용전형은 서류, 인적성, 1차, 2차 면접으로 진행되었다. 그리고 1차와 2차 면접 사이에는 실무 OJT를 통해, 직접 현직에서 일하는 선배들과 함께 동행을 하며, 평가를 받는 과정이 있다.

    먼저, 1차 면접은 지역별로 시간을 공지해주고, 온 순서대로 선착순으로 면접을 진행되었으며, 6명의 지원자가 함께 면접을 한다. 면접관은 주로 임원, 직무팀장, 지역 본부장급 임원으로 구성되었으며, 전반적 분위기는 화기애애한 편이었다. 면접의 핵심은 직무수행 능력이었다. 예를 들어 영업 지원은 이 친구가 영업을 잘할 수 있을지에 대한 부분을 중점적으로 평가하는 것이다. 만약 본인이 질문을 받지 않아도, 합격이 되는 경우도 있으니 질문 여부에 따른 걱정은 안해도 된다.

    OJT 평가는 보통 종합병원으로 가서 선배들과 하루를 보내는 것으로, 현장을 직접 보고, 내가 어떻게 할 것인지, 내가 할 수 있는지에 대해서 생각을 두고 활동을 하는 것이 중요하다. 또한 예의 바르고, '내가 영업사원이다'라고 생각하고 임하는 것이 중요하다. OJT 이후, 소감문을 제출하면 선배의 평가가 있다.

2차 면접은 소감문을 바탕으로 진행되며, 면접관은 사장, 각 사업부장들이 참여한다. 다소 딱딱한 분위기로 진행되며, OJT를 진행하면서 했던 경험, 느낌, 각오 등에 관해서 물어본다.

· 영어로 자기소개 해봐라.

· 올바른 정치란 어떤 것이라 생각하는가?

· 올바른 경제습관이란 무엇이라고 생각하는가?

· 학교에서 어떤 공부를 해왔는지 구체적으로 설명해 봐라.

· 지금까지 살아오면서 후회한 적 있는가?

· 여자친구는 있는지, 여자친구와 만나면 무엇을 하는가?

· 한미약품에 들어오기 위해 어떤 노력을 했는가?

· 여러분들이 한미약품에 합격해서 취업했다. 그런데, 각 공장마다 기숙사가 있는데, 기숙사 자리가 없다. 어떻게 출퇴근 할 것인가?

· 회사의 장점은 무엇인가?

· 채용정보는 어디서 보았나?

· 첫 발령 받고 고객에게 처음으로 인사할 때처럼 해보아라.

· 제약업계의 인재사관학교라는 말 들어보았나?

· 회사의 대표이사와 회장 이름 말해보라.

· 경쟁사와의 차이점은 무엇이라고 생각하는가?

· 제약산업의 발전 이유는 무엇이라고 생각하는가?

· 작년에 이어 2번째 지원인데 작년에는 왜 떨어진 것 같나?

· 다시 오기 위해 무엇을 더 준비했나?

· 이번에 또 떨어지면 이제 뭘 할 것인가?

· 나만의 장점을 어필해보아라.

· 본인이 꿈꾸는 커리어 패스를 이야기해보아라.

· 우리 회사의 개선점은 무엇이라고 생각하는가?

· 토목과가 생뚱맞게 여길 왜 썼는가?

· 강사 하다가 갑자기 여기에 온 이유는 무엇인가?

· 하고 싶은 것만 잘하고 하기 싫은 건 잘 못하는 타입인가?

· 감명 깊게 읽은 책(영화)과 그 이유는 무엇인가?

· 이미지가 너무 여성스러운데 이 직무에 지원한 이유는 무엇인가?

· 영업이 무엇이라고 생각하는가?

· 과에서 무엇을 배웠는가?

· 시사적인 이슈 (김영란법 & TPP)

· 한미약품의 아무 제품이나 골라서 팔아봐라.

· 실제 영업사원과 OJT하면서 느낀 점 말해봐라.

· 제품 이름 5개 말해봐라.

효성그룹

효성그룹은 상황을 주어진 후 토론 및 답변을 하는 면접유형이 많았다. 토론면접은 5~6인으로 구성된 지원자들의 의사소통능력을 약 40분간 평가하였다. 직무능력에 대한 확인은 전공PT 및 질문지를 통한 면접으로 직무역량과 전공지식, 문제해결능력에 대해 지원자 1명당 20분 정도 해당직무 실무진이 면접을 진행하였다. 인성면접은 핵심가치(최고, 혁신, 책임, 신뢰)를 평가하는 형태로 지원자 1명당 20분 정도 관련 임원진으로 구성된 면접관에 의해 평가가 진행되었다.

- 55세에 퇴직한 사람이 80살까지 의식주에 필요한 비용은 얼마나 들 것 이라고 생각하는가? (단, 가족은 본인과 와이프로 한정)
- 우리나라 국민이 하루에 보내는 문자 메시지의 총 사용량은 얼마나 된다고 생각하나?
- 한글 300자를 워드에 필 때 타자를 몇 번 누르는가?
- 효성빌딩에 각 층별로 손 세정제를 비치했다고 할 때 손 세정제의 하루 동안 총 사용량은? (단, 빌딩은 17층)
- 소녀시대, 한민관, 비, 박태환, 김연아 중 여의도에 신규 오픈하는 헬스클럽 모델로 적합한 사람은 누구겠는가, 그 이유는?
- 회사에 종이컵을 비치하는 것과 안 하는 것 중 어떤 것이 회사에 더 이익이 된다고 생각하는가?
- 다른 글로벌 기업도 많은데 왜 효성을 택했는지 이유를 말해봐라.

· 직장 생활이 무엇이라고 생각 하는가?
· 10년 후의 목표는 무엇인가?

동서식품

1차는 심층면접과 토론면접으로 진행된다. 심층면접은 면접관 3명, 지원자 5명으로 자소서 기반 및 전공관련 질문이 제시되었으며, 평이한 수준이다. 토론면접은 면접관 3명이서 지원자 10명에게 주제 4개를 주고 알아서 선택한 후 40분 진행되었다. 주제는 시사 및 커피시장 등으로 관련 자료는 사전에 제공된다. 2차는 임원 면접으로 회장, 사장, 부사장 등 4명의 면접관이 5명의 지원자에게 질의하는 형태로 진행하였다.

· 호봉제/실력에 따른 연봉제에 대한 의견을 말해보아라.
· 고령화 사회에서 식품산업의 미래를 어떻게 보는가?
· 최근에 읽은 책은 무엇인가?
· 좌파와 우파의 차이는 무엇이라고 생각하는가?
· 커피 심부름에 대해 어떻게 생각하는가?
· 좋아하는 운동은 무엇인가?
· 편의점이 무엇이라고 생각하는가?
· 동서식품에 대해 아는 데로 말 해 봐라.
· 동서식품 영업이 뭘 하는지 아는가?
· 커피시장의 변화에 대해 아는가?

· 동서식품이 앞으로 어떻게 해야 발전하겠는가?

· 경제적으로 좌우가 어떻게 다르다고 생각하는가?

· GOP가 무엇인가?

· 이전 직장에서 한 일은 무엇인가?

· 좋아하는 운동은 무엇인가?

· 본인이 00활동을 했다고 적었는데, 이 활동을 하면서 무엇을 느꼈는가?
  직무적으로 어떻게 도움이 될 것이라 생각하는가?

· 신뢰란 무엇이라 생각하는가?

· 동서식품이 자신을 뽑아야만 하는 이유는?

· 자신이 생각하는 자신의 장단점과 남이 이야기해주는 자신의 장단점은
  무엇인가?

· 입사 후 당신의 비전은 무엇인가?

· 환율의 최근 변동으로 인한 기업의 득실과 대처방안은 무엇이라고
  생각하는가?

LG유플러스

서류 및 인적성 검사를 합격하면, 캠퍼스 면접 및 원데이 면접, 필드테스트를 거치게 된다.

원데이 면접은 도착하자마자, 큰 종이를 나누어 주고 인생 5대 사건을 정리하게 한다. 이를 바탕으로 약 30분간 면접한 후, 각자 방으로 이동하여 30분간

PT자료를 준비하고, 이후 30분간 발표를 진행한다. 인성면접 시에는 3명의 면접관과 2명의 지원자, PT면접은 2명 면접관과 1명 지원자가 조합이 된다.

필드테스트는 원데이 면접 합격자에 한해 용산 본사에서 진행되며, 3개의 번호를 뽑아 해당 번호의 지도 3장을 받고, 5시간 정도 해당지역의 상권 지도 그리기, 상권 1곳 인터뷰, 유동성분석 등의 미션을 수행해야 한다. 도착 후 분석한 상권 9곳중 한곳을 선정하여, 매출증진을 위한 기획안을 전지로 작성하면 마무리 된다. 시간이 매우 부족한 테스트이다.

· LG에서 자신의 경쟁력은 무엇인가?
· LG의 경쟁력은 무엇인가?
· 다른 지역으로 발령이 나도 괜찮은가?
· 유플러스 대리점이 가지는 장점은 무엇이라고 생각하는가?
· 대리점과의 소통을 원활히 하려면 어떻게 해야 한다고 생각하는가?
· 스트레스 가장 많이 받은 일은 무엇이며, 어떻게 극복하였는가?
· 주량은 얼마나 되는가?
· 경제학인데 왜 R2C 영업지원에 지원하였는가?
· 경영지원 업무에 적합해 보이는데 본인은 어떻게 생각하는가?
· 영업이 무엇이라고 생각하는가?
· LG는 장점이 많은데 왜 1위가 안 된다고 생각하는가?
· 공모전 수상 경험이 있는가?
· 리더인데 팀 분위기와 실적이 저조하다면 어떻게 대처 할 것인가?

· LG유플러스 제품 쓰는 것이 있는가?

· 최근 읽은 책은 무엇이 있는가?

· 우리가 빅데이터 관련 사업 해야 된다고 생각하는가?

· MVNO 가 무엇인가?

· 특정연령대의 고객을 공략하는 방안에는 어떠한 것이 있나?

· 영업의 목표는 무엇인가?

· 인생 목표는 무엇인가?

케이티디에스(ktds)

면접은 대체적으로 편안한 분위기에서 진행되었다. 2016년도 채용 경쟁력은 약 500:1이었다. 전형은 서류 – 인적성 – 1차 면접(4단계) – 2차 면접 – 건강검진 – 최종발표 순으로 이루어졌다.

먼저, 실무진 면접(1차 면접)은 약 5배수의 인원을 정하기 위해 진행되었으며, 이름 오름차순 순서로 면접이 실시되었다. 총 4단계 유형으로서 1) 전공시험(Flow chart그리기), 2) PT면접, 3) 역량면접, 4) 레고면접을 당일에 모두 진행하며 각 단계별로 10분씩 휴식시간을 주고 다음 면접을 진행하였다.

(1) 전공시험: 기술직이어서 ktds만 실시하는 것 같았으며, 제한시한 1시간, 총 3문제, 한글로 된 문장을 주어진 보기를 이용하여 숫자로 서식화하는 문제였다. 난이도는 어렵지 않았으나, 글을 빠르게 읽고 복잡한 구조를 실수 없이 그리는 것이 중요하다.

(2) PT면접: 면접 전 컴퓨터실로 이동하여 3가지 주제가 적힌 종이와 전지, 검은색/붉은색/파란색 보드마카펜을 받는다. 면접관 4명, 지원자 1명으로 진행되며, 4명의 지원자가 4개의 방에 각각 1명씩 들어가 동시에 진행하였다. 3가지 주제 중 하나를 골라 40분간 인터넷 자료조사와 전지에 발표 내용 작성까지 완료해야 한다.(주제 예시: 빅데이터를 활용한 kt 적용방안) 40분의 준비가 종료되면 전지를 들고 면접실로 이동하여 5분 발표, 15~20분간 질의응답이 실시되었다.

(3) 역량면접: 면접관 4명, 지원자 1명으로 진행되며, 면접관은 대체로 다양한 연령대로 구성되어 있다. 진행시간은 약 20분 내외이다.

(4) 레고면접: 4명의 면접관, 4명의 지원자가 한 방에 들어가서 진행하며, 전체적으로 편안한 분위기 속에서 책상 위에 주어진 레고블럭으로 면접관이 말한 대로 만드는 면접이다.

* 주제 예시: 우주정거장에 숙박시설, 헬스장, 도킹스테이션을 짓는 가상 명령 수행

면접 중간에 돌발상황으로 숙박시설 2배 확충, 도킹스테이션 확충 등 요구사항을 변경하여 어려운 과제를 어떻게 해결하는 것을 보는 것으로 정답은 없고, 얼마나 팀원들과 잘 협력하는지를 보는 면접으로 생각된다.

마지막 임원면접(2차면접)은 약 2배수에서 결정하는 것으로 4명의 면접관, 3명의 지원자로 면접 을 진행했다.

· 네트워크 중 어떤 직무를 맡고 싶은가?

· 협동심을 발휘한 경험에 대해 말해봐라.

· 본인의 장단점을 지원한 직무관점에서 말해봐라.

· 사랑하는 사람이 있는가?

· 우리 회사 사업 중에서 DROP 하고 싶은 사업 또는 신규로 하고 싶은 사업 있는가?

· 본인이 생각하는 KT의 장단점은 무엇이라고 생각하는가?

· 우리 회사의 경쟁사는 누구라고 생각하는가?

· 우리 회사를 생각하면 무엇이 떠오르는가?

· 전공 관련하여 프로젝트/팀 활동을 해 본 경험이 있는가?

· 여러 명과 협력해서 공동의 목표를 달성해 본 경험이 있는가?

· 회사에 들어와서 하고 싶은 취미는 무엇인가?

· 앞으로 SNS의 발전 방향을 제시해봐라.

· 자기계발을 위해 했던 노력들에 대해 말해봐라.

· 리더십을 발휘했던 경험을 사례를 들어 말해봐라.

· 본인의 비전을 말해봐라.

· 당사를 지원하게 된 계기에 대해 말해봐라.

· IT전공자가 아닌데 왜 당사를 지원하였는가?

· IT에 관심이 있는가?

· 본인이 가장 열정을 가지고 임했던 경험에 대해 말해 봐라.

· 스트레스를 어떻게 해소하는가?

CJ제일제당

2017년도 면접은 PT면접, 일반면접 순으로 진행되었다. 사전에 단정한 자율복장으로 안내했으나, 거의 모든 진행자가 정장을 입었다. (30명 중 한 명만 자율복장. 오리엔테이션 진행자는 자율복장 1명을 칭찬함) 30분정도 전체 오리엔테이션을 진행한 후 개별로 PT면접을 5분 설명, 5분 대기, 20분간 PT준비, 5분간 PT진행 순으로 진행하였다. PT는 전지에 작성하면 된다. 금년도에 출제된 문제는 다음과 같다.

주제: 현재 유통매장에서 매출부진이 일어나고 있다. 다음 제품 중 1가지를 선택(조건1)하고, 다음의 키워드를 넣어서(조건2) 매출증진 방안을 발표하라.

조건 1 제품: 다시다 요리 수, 비비고 김치, 비비고 토종김, BYO유산균, 100%자연조미료 등)
조건2 키워드: 가격, 제품, 행사/프로모션, 진열, 상권분석

· 본인이 알고 있는 맛집에 관해 설명해 봐라. (긴장풀기용)
· 비비고 김치를 먹어봤는가? 매장을 방문했을 당시 어떻게 진열되어 있던가?
· 입사 후 5년 뒤에 어떤 모습일 것 같나?
· 본인의 장점은 무엇인가?
· 친구들에게 어떤 사람이라고 부르는가?

· CJ제일제당의 경쟁자는 누구인가?

· CJ제일제당 제품 중에 개선해야 할 것은 무엇인가?

· 본인을 왜 뽑아야 한다고 생각하는가?.

· Food sales 직무가 하루에 어떤 일과를 하는 줄 아는가?

· 직장 상사가 부당한 일을 시키면 어떻게 할 것인가?

· 판매가 부진한 제품은? 그리고 개선 방안은 무엇인가?

· 기억에 남는 제품은 무엇인가?

· 스트레스를 어떻게 해소하는가?

· 편의점에서 점주가 물건을 빼버린다고 하면 어떻게 하겠는가?

· 본인의 몸값이 얼마나 된다고 생각하는가?

· 입사하자마자 브라질이나 베트남으로 파견 발령 난다면 어떻게 하겠는가?

· 상대방 발표에서 궁금하거나 의문이 가는 점이 있는가?

롯데정보통신

    L-Tab(인적성 검사), 구조화면접(인성, 실무, 토론)으로 진행되며 오전 8
시부터 저녁 6시까지 하루에 모든 면접과정이 진행되었다. L-Tab(인적성
검사)는 하위 30%를 거르기 위한 시험이나 많은 인원이 탈락하는 사유가
되기도 한다. 구조화면접(인성, 실무, 토론)은 3가지 면접유형을 거치는 것으
로, 인성의 경우 2대4 면접으로 진행되었으며, 실무는 2대1 면접으로 자소서
를 기반으로 꼬리물기식 질문이 30~40분간 이어졌다. 토론은 2대6으로 진
행되었으며, 실생활에 적용할 수 있는 IT 아이디어 토론으로 찬반토론이 아
닌 의견수렴형 방식이 특징이다.

· 가장 힘들었던 경험은 무엇이며, 어떻게 극복하였는가?

· 학교생활 외에 가장 보람찬 경험 및 아쉬웠던 점은 무엇인가?

· 창의적으로 진행한 프로젝트 경험은 어떤 것이 있는가?

· 상대방과 갈등이 있을 경우에 어떻게 해결하는가?

· 나이가 다른 지원자 보다 많은 것 같은데 그동안 무엇을 했는가?

· 홈페이지 URL 주소는 무엇인가? / 들어가 봤다면 어떤 내용이 있었나?

· 좋아하는 책(영화)이 무엇인가?

· 하고 싶은 일이 무엇인가?

· 롯데정보통신이 대학 캠퍼스에 진출한다면 어떤 서비스에 기여하면
  좋겠는가?

· 삼국지 인물에 자신을 비유하자면 어떤 인물이 가장 적합하다고 생각하는가?

· 상사가 술을 자꾸 권한다면 어떻게 대처하겠는가?

· 주량은 얼마인가?

· 타 기업 말고 왜 롯데정보통신에 지원했는가?

· 자신에게 요구된 것보다 더 높은 목표를 스스로 세워 시도했던 경험
  얘기해 봐라.

· 기존과는 다른 방식을 시도하여 이전에 비해 조금이라도 개선했던
  경험에 대해 말해봐라.

· 일이 많은데 소화해 낼 수 있겠는가?

· IT전공이 아닌데 왜 지원하였는가?

· 여럿이 함께 공동의 목표를 세워 도전해본 경험이 있는가?

· 의견 충돌 시 자신 의견이 맞는데 상대방이 자꾸 우긴다면 어떻게
  하겠는가?

· 학업 성적을 위해 어떤 노력을 했는가?

· SMART GRID가 무엇인가?

· 새로운 것들을 생각해내기 위해 평소에 하는 노력은 무엇이 있는가?

· 엄마가 좋은가 아빠가 좋은가?

· 회사 고참으로 만나고 싶은 분은 어떤 분인가?

· 팀 단위로 일할 때 다른 사람과 마찰을 겪은 경험은 어떠한 것이
  있는가?

마이다스아이티

3명의 면접관과 1명의 지원자로 약 1시간 정도 진행되었다. 먼저 5분 정도 간략하게 사전과제에 대한 프레젠테이션을 진행하였으며, 2016년도에는 '마이다스아이티가 나를 채용하는 이유'가 주제였다. 이후 일반 면접을 진행하며, 다음은 영업기획 직무에 대한 질문이다.

· 우리 회사가 보유하고 있는 상품에 대해 알고 있느냐?

· 최근 채용 솔루션에 대해 진행하고 있는데 차별점이 무엇이라고
  생각하느냐?

· 누가 본인의 상사가 될 것이라고 생각하느냐?

· 회사에 대해서 어떻게 알고 있는가?

· 오는데 시간은 얼마나 걸리는가?

· 직원의 일과 삶의 균형에 대해 어떻게 생각하는가?

· 회사의 복지 문화에 대해 알고 있는가?

· 본인이 사업 기획을 담당한다면 어떤 부분을 제안하고 싶은가?

· 꾸준한 사업을 유지하기 위해서 가장 중요한 것은 무엇이라고
  생각하는가?

홈플러스

면접은 일반, 토론, PT면접으로 구성되었으며, 일반면접은 일반적 형태의
면접이다. 2016년도 PT면접은 '1인 가족 대처 방안', 'e커머스의 최신 트랜드
와 개선점을 찾아라' 등이 출제되었다.

· 홈플러스를 짓는다면 어디에 지어야 한다고 생각하는가?

· 영어로 자기소개 해 보아라.

· 주 지점수익은 어떻게 되는가?

· 홈플러스 중 가본 곳은 어느 곳이 있는가?

· 홈플러스 경쟁사의 장, 단점을 말해봐라.

· 관련 경험이 없는데 괜찮겠는가?

· 경제과가 유통에 어떻게 지원하게 되었는가?

· 입사 후 하게 될 일이 무엇이라 생각하는가?

· 입사 후 맡고 싶은 상품 분야는 무엇인가?

· 홈플러스 마케팅과 이마트 마케팅을 상호 비교 해봐라.

· 발전 방향을 IT와 연결해서 이야기 해봐라.

· 본인에게 부족한 부분은 어떤 부분이 있는가?

· PB 상품은 어떤 것이 있는가?

· 상사와의 갈등을 어떻게 해결할 것인가?

· 스트레스 어떻게 푸는가?

· 인턴 활동을 통해 무엇을 배웠는가?

· 중요한 것은 본사 직원이라고 생각하는가, 점장이라고 생각하는가?

· 오늘 신문 헤드라인은 무엇인가?

· 무슨 상품군에 관심이 있는가?

· 어떤 상품군이 가장 힘들 것이라고 생각하는가?

· 팀원간의 갈등 시 어떻게 행동하겠는가?

· 본인과의 생각이 다르면 어떻게 행동 할 것인가?

GS리테일

2016년 면접 프로세스는 집단 토의/토론 면접과 실무면접, 최종면접으로 진행된다. 토론면접은 4~5명의 지원자가 한 조가 되어 면접당일 주제를 알려준다. 10분간 준비한 후, 지원자끼리 토론을 진행하면 된다. 특별한 규칙이나 정해주는 것이 없으므로 지원자간의 협의도 중요하다. 약 10분간 찬반 토론 형태로 진행된다. 인성면접이 끝나면 바로 실무면접이 진행되며, 자기소개를 시작으로 회사 및 직무관련 질문이 많이 제시된다. 최종 임원면접은 지원자의 인성과 조직의 가치관이 어울리는지 확인하는 목적이나, 최근 2년 간 역사관련 질문이 나왔다.

· 조직가치는 무엇이라고 생각하는가?
· GS 마켓의 발전방향은 IT와 연관해서 말해봐라.
· 가장 소중하게 생각하는 물건은 무엇이고? 만약 그 물건을 잃어버린다면 어떻겠는가?
· 자격증은 무엇이 있는가?
· 유통이 무엇이라고 생각하는가?
· 우리랑 경쟁사랑 다른 점은 무엇이 있는가?
· 회사의 PB상품은 무엇이 있나?
· GS리테일의 장단점은 어떠한 것이라 생각하는가?
· 상사와의 갈등은 어떻게 해결 할 것인가?
· MD가 하는 역할은 무엇인가?

CJ올리브네트웍스

가나다 순으로 4명의 지원자가 2명의 면접관과 함께 실무면접을 약 20분 간 진행하였다. 자기소개 외에는 모두 개별 질문으로 진행하였다.

· 노원 사는데 올리브영 노원점을 방문해 본 적 있는가?

  장단점은 무엇인가? 그 외 매장은 어디 방문했는가?

· 5년 뒤 본인의 비전은 무엇인가?

· 왜 꼭 올리브영 이어야만 하는가?

· 서비스업 경력이 없는데 고객 응대에 자신이 있는가?

· 올리브영 입사 후 무슨 일 하는지 아는가?

· 아르바이트를 하면서 기억에 남았던 에피소드는 무엇인가?

· 올리브영 상품 한 가지를 정하고 팔아봐라.

· 호텔경영 전공했는데, 그 쪽에 미련은 없는가?

· 올리브영 전국 매장 수는 몇 개인가?

· 올리브영의 타겟층을 알고 있는가?

· 왜 서비스직무를 지원하였는가?

· 올리브영에 가봤는가? 가봤다면 어떤 브랜드 제품 구매하는가?

· 자신만의 강점과 그 강점을 어떻게 일하면서 적용할 것인가?

· 주위에서 올리브영에 대해 어떤 평가를 하는가?

· 현장직이라 힘들 텐데 체력적으로 괜찮은지

· 미래의 자신에 대한 비전은 무엇인가?

· 지금 시간 9시다. 매장은 외진 곳이고 매장에 손님이

  하나도 없다. 11시가 마감인데 목표매출을 달성해야 한다.

  어떻게 할 것인가?

· 올리브영만의 특별함은 무엇이라고 생각하는가?

· 롤 모델이 누구인가? (부모님이나 자기 지인 빼고 모두가 알 수 있는

  공인으로)

LG지투알

채용 프로세스는 서류전형, 인적성 검사, 그리고 3차에 걸친 면접으로 진행된다.

1차면접은 PT면접, 인성면접 및 영어토론면접으로 구성되어 있다. 다만, 재경직의 경우에는 PT면접을 제외하고 인성 및 영어토론면접이 진행되었다. 영어토론면접은 지원자의 기본적 영어실력을 보기 위한 것으로, 최저기준만 통과하면 된다. 한 조당 4명~5명으로 구성되어 있으며, 주제는 어렵지 않았다. 인성면접은 4~5명의 지원자와 각 재무팀장, 경영지원팀장, 인사팀장 등 면접관 3명이 참여하여, 50분간 기본 질문 외 회계관련 지식을 타 기업보다 깊게 물어보았다. (ex. 감모상각과 감가상각의 차이, 감가상각을 하는 이유, 외화환산손익과 외화차손을 하는 이유 등) 2차면접은 1박2일 합숙면접(보고서 작성, PT진행)이고, 3차면접은 임원면접이며 여느 기업 면접과 차이는 없다.

· 재경직무가 본인에게 맞지 않고, 재미없을 수 있다. 어떻게 생각하는지?

· 감모상각과 감가상각의 차이는 무엇인가?

· 외화환산을 하는 이유는 무엇인가?

· 감가상각을 하는 이유는 무엇인가?

· 타 기업에 지원해도 재무 업무를 할 수 있는데, 군이 광고회사를 선택한 이유는 무엇인가?

· 면접관에게 물어보고 싶은 것이 있으면 질문해봐라.

· 경제학과 전공이면 회계관련 강의를 많이 듣지 않았을 텐데, 재무 업무를 잘 할 수 있겠는가?

삼성에스원

채용프로세스는 서류, GSAT, 원데이면접으로 구성되며, 원데이면접은 인성검사, 임원면접, PT면접, 창의성 면접으로 진행되었다.

임원면접은 3명의 면접관과 1명의 지원자로 30분간 실시되며, 세 가지 면접 중 가장 중요함과 동시에 가장 긴장되는 면접이다. 주로 자소서 기반의 역량, 경험에 관한 질문이 많으며 지원자가 작성한 에세이에 대한 질문도 많이 한다. 분위기는 딱딱한 편이며, 압박질문도 들어오기 때문에 많은 준비와 자신감이 필요하다.

PT면접은 3가지 주제와 관련 자료를 주고, 5분 간 주제를 선택할 시간을 준다. 주제를 고른 이후, 40분간의 준비시간을 가진 후, 4명의 면접관 앞에서 약 10분간 발표를 하고, 이후 10분간 질의응답을 합니다.

창의성면접은 말 그대로 창의성면접이다. 약 40분 간 컴퓨터를 이용하여 질문에 대한 답을 작성하고, 작성한 답안지를 토대로 20분간 면접에 임하게 된다. 3명의 면접관과 1명의 지원자로 구성되며, 분위기는 가장 편하다. 창의성면접이기 때문에, 미리 준비를 하는 것은 어려움이 있고, 정말 본인 생각대로 문제를 풀어나가되, 논리적으로 맞아야 한다. 즉, 본인의 생각이 조금 엉뚱하더라고 뒷받침할 수 있는 생각이 있고, 그것을 면접관에게 이해시킬 수 있으면 된다.

* 삼성은 면접 당시 유출 금지에 관한 보안서약서를 쓰게 했다고 한다. 제공해준 학생의 약속을 위해 기출문제는 언급하지 않겠다.

롯데시네마

채용프로세스는 서류, 인적성검사와 면접이 하루에 이루어졌다. 원데이면접은 인적성 검사, 임원면접, 구조화면접, 토론면접을 모두 하루에 보는 형태이다.

임원면접은 지원자 4명, 면접관 2명으로 구성, 인성 위주의 무난한 질의 위주로 약 40분간 진행되었다. 전체적으로 편한 분위기였고, 웃으며 면접에 임할 수 있도록 임원들이 배려를 하는 편이다.

구조화면접은 롯데그룹의 공채 프로세스 중 가장 비중을 많이 차지하는 면접이다. 면접관 2명과 지원자 1명으로 구성, 약 40~50분동안 본인의 경험(자소서 기반)에 대해 끊임없이 질문한다. 분위기는 부드럽고, 면접관들은 지원자의 말을 잘 경청하지만 까다로운 질문이 많아 평소에 준비를 많이 해야 함과 동시에 빠르게 대처할 수 있는 능력이 필요하다. 또한, 경험에 관해 꼬리물기식의 질문이 나와 절대 거짓말을 해서는 안 된다.

토론면접은 약 40분 준비, 20분 토론으로 진행되었으며, 찬반형식이 아닌 문제에 대한 해결책을 토론을 하며 찾는 방식이다. (ex. 롯데시네마 매출의 변동이 달 마다 다르고, 또한 시간대 별로 다르다. 롯데시네마의 매출을 올리기 위한 새로운 사업 아이템을 토론을 하며 찾아라) 월별 매출액, 관람객 및 연령별, 시간대별 관람객 차이, 롯데시네마가 현재 실행하고 있는 멤버십 서비스 등에 관한 자료는 미리 지원자에게 배포한다. 준비시간 40분 중 35분은 지원자끼리 상의할 수 없으며 마지막 5분간만 상의할 수 있다.

· 최근에 본 영화는 무엇인가?

· 업무 수행하면서 야근이 많을 텐데, 잘 할 수 있겠는가?

· 본인의 장점은 무엇인가? 본인의 단점이 있는지?

   고치려고 노력하고 있는지?

· 본인이 살면서 목표를 이룬 경험을 이야기해봐라.

· 지원자가 살면서, 조직 내에서 문제를 해결한 경험이 있다면 설명해 봐라.

· 옳지 못한 행동을 해본 적이 있는지? 만약 그때로 돌아갈 수 있다면

   행동을 다르게 하고 싶은가?

· 지원자는 사람을 사귈 때 소수를 깊게 사귀는 편인지, 아님 다수를

   얕게 사귀는 편인가?

· 지원자는 위험이나 곤란한 상황에 빠졌을 때, 바로 도와주러 올

   친구가 있는가? 어떤 계기로 그 친구들을 만나게 되었는가?

이마트

   채용 프로세스는 서류 – 1차면접 – 2차면접 –3차면접 – 인턴 7주 – 최종면접으로 진행되었다.

   1차면접은 직무 별로 면접이 진행되었으며, 구조화면접, 토론면접, e–fit(인성검사)로 구성된다. 우선 구조화 면접은 2:1(인사팀 1, 실무진 1) 형태로, 15분정도 자기소개서 기반의 자연스러운 형식으로 진행되며, 압박면접은 아니다. 토론면접은 현재 화제인 사회 이슈를 주고, 인원을 찬성 반대로 나눠주며 정해주는 사이드에서 준비하는 것으로, 자유형식이 아닌 방법과 발언 시간이 정해져 있다. E–fit 테스트는 타 회사 인성검사와 유사하다.

　2단계인 PT면접(드림 스테이지)과 영어면접은 1차 합격 후, 2차 면접까지 일주일의 시간이 주어지고 그 동안에 몇 개의 주어진 주제 중 하나를 정해, 이에 대한 5분 가량의 PT를 준비해야 한다. 면접 당일, 5분간 준비한 PT를 발표하고, 5분 정도 내용에 대한 질의응답이 이루어진다. 경영진 앞에서 발표하기 때문에, 무겁고 진중한 분위기이나, 압박식으로 조성하지는 않는다. 영어면접은 원어민 1명, 실무진 1명과 면접 5명이 같이 면접에 들어가서, 총 20–30분 정도 진행되며, 처음엔 간단한 질문으로 시작하고, 각자의 영어실력에 따라 질문의 난이도를 올리는 식으로 진행되었다.

　3단계 임원면접은 6~7명이 한번에 들어가서 임원 다섯 분 정도와 면접이 진행되며, 공통질문(개인 역량, 조직생활 가장 중요한 것) 정도 질문하고, 20분안에 끝난다. 이후 합격자는 인턴근무 7주 동안 연수, 점포실습, 본사교육, 팀 프로젝트 등을 수행한다. 마지막 최종단계에서는 7주간의 인턴 시 수행했던 프로젝트를 발표하는 식으로 진행되었다.

· 이마트 중국진출 진행해야 하는가 철수해야 하는가?
· (토론면접)성매매 특별법 찬성 반대
· (토론면접)오픈프라이스 찬성 반대
· (토론면접)경찰관 총기 사용 찬성 반대
· SNS와 이마트의 연계 방안에 대해 말해봐라.
· 이마트트레이더스를 추진하는 게 옳다고 보는가?
· 어떤 아르바이트를 하였는가?
· 동아리나 학회활동은 안 하였는가?
· 최종 꿈이 무엇인가?

롯데월드

　토론면접은 면접관 2명과 면접자 6명이 20분간 자유롭게 토의를 하는 것으로 찬반토론이 아닌 결론 제시형이다. (ex. 겨울 크리스마스에 맞춰, 롯데월드의 새로운 컨텐츠에 대한 토의) 시작 전, 10분간 펜과 종이를 활용하여 준비한 후 진행된다.

　영어면접은 외국인과 1대1로 진행되며, 질문은 평이한 수준으로 외국인도 질문지를 보고 질문을 하는 등 OPIC과 유사하다. 영어를 기본으로 하는가에 대한 확인으로 보면 된다.

　역량구조화면접은 면접관 2명이 있는 방에 혼자 들어가서 30~40분 정도 심층면접을 진행하였다. 직무관련 보다는 자기소개서 위주의 질문이 많이 나오며, 가장 중요한 면접이다.

· 서비스 업무에 종사해본 경험이 있는가?

· 에버랜드 캐스트를 했다고 말했는데, 그거 말고 다른 활동을 한 경험은 없는가?

· 책임감을 갖고 일을 했던 경험은 어떠한 것이 있는가?

· (영어면접에서) 자신의 강점과 약점을 말해봐라.

· (영어면접에서) 자신이 생각하는 미래의 단기 비전과 장기 비전을 말해봐라.

· (영어면접에서) 왜 이 회사에 지원하게 되었는가?

한화무역

한화무역은 인성면접과 PT면접, 영어면접이 진행되었다. 먼저 인성면접은 면접관 5명, 지원자 4명이 약 50분간 진행되며, 무역에 대한 전문지식이 많이 요구되었다. PT면접은 20분간 화이트보드를 활용하여 준비한 후 발표하는 것으로 '비즈니스 협상 시 중요한 것은 / 상품을 한다고 했을 때의 마케팅 방안 / 본인이 생각하는 전략지역과 전략아이템' 등이 출제되었다. 영어면접은 영어는 필수이고, 지원자 별로 다른 외국어를 선택하여 진행하였으며, 평이한 수준이다.

· 야근 출장 많은데 가능한가?

· 술은 어느 정도 마시는가?

· 왜 상사를 지원하였고, 왜 한화무역인가?

· 한화무역 장점은 무엇이라고 생각하는가?

· 한화무역에서 자신의 경쟁력은 무엇인가?

· 지사로 발령이 난다면 어떻게 할 것인가?

· 영업이 무엇인가? 목표는 무엇인가?

· 최근에 가장 이슈가 되는 것은 무엇인가?

· 한화무역에서 관심 있는 어떠한 부분인가?

· 이란병원 건설이유는 무엇인가?

· 자신의 역량 위주로 자기소개를 해봐라.

· 해외영업에서 가장 중요한 덕목은 무엇이라고 생각하는가?

· 원하지 않는 직무를 하게 된다면 어떻게 할 것인가?

· 다른 상사도 지원하였는가?

· 본인이 들어오기 위해 한 노력은 무엇이 있는가?

태평양물산

면접은 PT면접, 토론면접, 실무진면접, 임원면접으로 이루어져 있다. 피티면접과 토론면접을 합해 약 1시간간 진행하며, 면접 당일 주제가 주어진다. 특히 토론면접은 찬반이 아닌 다양한 의견을 제시하고 조화를 이루는 것에 초점을 둬야 한다. 실무면접은 편안하게 진행되며, 인성의 경우 자기소개서 기반으로 구체적인 질의를 하기 때문에 사전에 다시 확인해 보기 바란다.

임원면접은 인성위주의 질의로 약 1시간 동안 진행되었다. 면접관은 사장 포함 4명이 있었고, 무역회사에 맞게 간혹 영어질문을 하기도 했다.

· 해외파견 근무에 대해 부모님들은 어떻게 생각하는가?

· TPP가 무엇인지 설명하고 영어로 다시 말해봐라.

· 아르바이트 경험에 대해 얘기하고 영어로 바꿔서 말해봐라.

· 태평양물산의 잠재 가능성을 영어로 말해봐라.

· 새로 개척된 해외법인이 현지에 빠르게 적응하고 성장할 수 있는 방법에 대해 말해봐라.

· 우리 사회의 수직 문화와 선후배 문화 필요성에 대해 찬반을 나눠 토론하라.

· 전공이 아깝다고 생각하진 않나?

· 좋은 리더가 갖춰야 할 덕목이 무엇이라고 생각하는가?

· 지원한 직무에 대해 아는 대로 말해봐라.

· 안철수와 스티브잡스 중에 누구를 더 존경하는가?

· 제봉영업은 무엇인가?

· OEM & ODM 차이는 무엇인가?

· 8시 30분까지 출근 시간인 경우 상사로서 28분~29분에 도착하는 직원과 가끔 지각하지만, 평소 7시 30분에 출근하는 직원 중 어느 직원을 더 선호할 것인가?

· (영어질문)면접관 중 한 명을 골라 영어로 패션의 개선점을 말하시오

· 한세실업, 세아상역, 태평양물산 다 된다면 어디로 갈 것인가?

· 신입으로 입사한다면 가장 중요한 역량은 무엇인가?

· 옷을 살 때 가장 중요한 요소는 무엇인가?

· 본인의 개인적인 생각으로 "정답"이란 어떤 의미를 가지는지 설명해봐라.

· 회사에 관해 물어볼 점이 있는가?

동원F&B

면접은 1차 실무진, 최종 회장단으로 이루어졌다. 먼저 실무진 면접은 면접관 5명과 지원자 5명으로 구성되어, 약 2분간 PT발표를 한다. 주제는 당일 알려주며, '자신이 지금까지 성취했던 것 중, 다른 사람에게 자랑하고 싶은 것은 무엇이며 왜 그렇게 생각하는가?' 등이 제시되었다.

임원면접은 회장이 모든 질문을 하고, 길게 답변한 경우에는 중간에 끊어 버리고 다른 질문을 하기도 했다. 임원면접인 만큼 호불호가 생길 수 있는 답변은 주의해야 한다.

· 우리회사에 대해 아는 점 다 말해봐라.
· 아르바이트한 기업과 우리회사의 장단점을 말해봐라.
· 영업이란 무엇이라고 생각하는가?
· 자신의 최대 장점은 무엇인가?
· 나른 곳도 지원하였는가?
· 동원에 대한 이미지는 어떤가?
· 영업 시 직무 강점은 무엇인가?
· 취업 준비하면서 힘들었던 점은 어떤 것인가?
· 대학 생활 중 가장 기억에 남는 경험은 무엇인가?
· 블랙 컨슈머에 대해서 어떻게 생각하는가?
· 100억이 생기면 무엇 할 것인가?
· 우리나라가 왜 대기업 위주로 발전한 것이라 생각하는가?
· 다양한 활동을 한 이유는 무엇인가?
· 스위스 국민 기본 소득에 대해 어떻게 생각하는가?
· 영업이랑 안 어울릴거 같은데 어떻게 생각하는가?
· 대학생활에 대해 PT 해봐라.
· 동원F&B 제품 중 좋아하는 것과 아쉬운 것 그리고 그 이유에 대해

30초 정도 답변하라.

· 취미가 XX인데 일과 병행할 수 있는가?

· 다른 지점 발령에 대해 어떻게 생각하는가?

· 이러한 경험으로 깨달은 점이 무엇인가?

· 중소기업은 인력이 부족한데 왜 취업이 힘들다 생각하는가?

· 한식 세계화, 김치의 세계화를 막고 있는 것은 무엇이라고 생각하는가?

· 식품 시장의 위기 극복 방안에는 무엇이 있는가?

동원시스템즈

인/적성검사, PT면접, 실무진 및 회장단 면접 등
채용 절차는 동원 F&B와 동일하다.

· 야근이 많은 것에 대해 어떻게 생각하는가?

· 당신이 대학교 때 했던 프로젝트에 대해서 설명해봐라.

· IoT에 대한 본인의 생각은?

· 쌓아왔던 역량에는 무엇이 있는가?

· 본인이 시행했던 일 중에서 실제 계획대비 결과를 말해봐라.

· 본인의 가치관을 설명해 봐라.

· 영업이 무엇이라 생각하는가?

· 들어오면 뭐 하는지 알고 있는가?

· 본인의 경험과 기술을 바탕으로 제일 잘할 수 있는 일은 무엇인가?

· 사람과 기계와의 차이점은 무엇인가?

· 자기소개, 지원동기, 영어로 해보아라.

· 꿈은 무엇인가?

· 생산관리가 아닌 품질관리로 지원한 이유가 무엇인가?
  (품질관리 지원자 대상)

· 미지급법인세와 이연법인세의 차이에 대해 말해봐라.
  (재무부서 지원 대상)

· 동원시스템즈의 현금흐름이 대해서 이야기해봐라.

· 학생과 사회인의 차이점은 무엇인가?

· 동원시스템즈에서 생산되는 제품들은 무엇이 있는가?

· 회사에 대해서 아는 대로 말해봐라.

· 중국 FTA가 회사에 미치는 영향은 무엇인가?

· 많은 주문이 밀려 생산 capa를 초과할 때, 어떤 고객 상품을 먼저
  만들어 주어야 하는가?

· 지원 직무 관련 전공용어 5개 말하고 설명해봐라.

· 지금까지 일 중에 가장 엉뚱했던 일은 무엇인가?

CNR리서치

실무면접은 해당부서 담당자 및 임원과 1:1로 편한 분위기에서 진행되었다. 질문도 일상적 대화형식으로 이루어졌다. 최종면접은 사장과 인사팀 임원이 들어왔으며, 자기소개를 PPT로 약 10분 발표한 후 면접을 진행하였다. 인성위주로 날카로운 질문도 있었으니 참고하기를 바란다.

· 경제학과인데 왜 CNR리서치에 지원했는가?

· 우리회사에 대해 아는 대로 말해봐라.

· 우리회사의 비즈니스에 대해 말해봐라.

· 회사에 필요한 지식을 습득하기 위해 무엇을 했는가?

· 업무에 필요한 학문은 뭐라고 생각하는가?

· 외국어 능력은 어느 정도인가?

· 커뮤니케이션 관련하여 성공/실패한 사례가 있는가?

· 임상실험이 뭐라고 생각하는가?

· 최근 한미약품 기술중단은 어떤 시사점을 주는가?

· 여기는 일상적으로 반복되는 업무이다. 지루할 수도 있는데 괜찮은가?

· 직무는 이과적 & 문과적 능력 모두를 필요로 한다. 본인은 어떠한가?

· 직장에서 스트레스를 받으면 어떻게 풀겠는가?

· 끈기를 통해 성취한 경험이 있는가?

· 다른 곳에서 이직 제의가 들어온다면 어떻게 하겠는가?

- 입사를 했는데 밖에서 봤던 모습과 회사가 다르다면 어떤 판단을 내리겠는가?
- 본인이 가장 하고 싶은 분야는 무엇인가?
- 우리 회사의 고객은 누구라고 생각하는가?
- 고객을 만족시키기 위해 가장 필요한 것은 무엇이라고 생각하는가/
- 본인이 가장 좋아하는 것은 무엇인가?
- 가장 존경하는 사람은 누구인가?
- 우리회사에 입사를 한다면 포부를 말해봐라.
- CRO에 대해 말해봐라.
- 컴퓨터 능력은 어느 정도 가능한가?

아우디폭스바겐코리아

면접은 실무진 1명에 면접자 2명이 한 시간 동안 진행하였으며, 어려운 분위기는 아니었다. 하지만 외국계기업을 선호하는 학생들이 많이 지원하여 학력, 어학 등의 기본 스펙은 높은 수준이다.

- 폭스바겐 디젤 사태에 대해서 어떻게 생각하는가?
- 만약에 자신의 상사가 그런 부정한 일을 하는 것을 목격했을 경우 어떻게 행동을 할 것인가?
- 엑셀을 얼마나 잘 하는가?

· 자신의 강점과 약점을 표현하는 단어 두 가지씩 영어로 답변해봐라.

· 만약에 자신에게 마법이 생기면 어떠한 능력을 갖고 싶고, 그것으로
  무엇을 하고 싶은가?

· 우리나라에 자동차가 몇 대가 있는가, 그 중 수입차와 독일 빅3 업체의
  차량 댓수는 몇 대인가?

· 왜 자동차 업계에서 일을 하고 싶은가, 그리고 업계에서 커리어나
  개인적으로 무엇을 얻고 싶은가?

· 면접관에게 물어보고 싶은 것이 있는가?

· 아우디 폭스바겐같은 독일 회사의 장단점에 대해서 이야기 해봐라.

· 너의 강점을 영어로 말해봐라. 그리고 이 점을 회사에서 어떻게
  적용 시킬 것인가?

· 여자가 왜 자동차 업계에서 일하려고 하는가?

· 일이 많고 야근도 많은데 견딜 수 있는가?

· 면접 보러 오기 전에 우리 매장을 한 번이라도 방문한 적 있는가?

· 폭스바겐 하면 떠오르는 동물은 무엇인가?

· 마력과 토크의 차이점은 무엇인가? 예를 들어 설명해봐라.

· 노킹현상과 옥탄가의 관계에 대해서 설명해봐라.

· 무제한의 예산으로 자동차 개발을 허용해준다면 어떤 차 혹은 어떤
  기능을 개발하고 싶은가?

Commercial Finance & Re-Marketing Officer job 지원자의 면접내용이다.
임원면접은 해당 전무가 독일분인 관계로 모든 항목이 영어로 진행되었다.
사장 면접은 근무 후 3일 후에 Tea Time 형태로 진행되었다. .

· BMW 와 BMWFS의 차이점을 영어로 말해봐라.

· 본인이 지원한 직무의 역할 및 목표는 무엇인가?

· BMW Market Value에 관하여 영어로 아는 만큼 말해봐라.

· 본인의 전공과목 중 가장 기억에 남는 과목은 무슨 과목인가?

· 그 과목이 회사에서 어떻게 활용할 수 있겠는가?

· 자동차 시장에 관심을 가지게 된 계기는 무엇인가?

· 폭스바겐 사태에 관해 폭스바겐사의 행동과, 본인이 폭스바겐
  사장이라면 어떤 조치를 취해야 하는지 영어로 말해봐라.

· 지원한 분야에서 다른 Job Card 제안이 들어왔다. 그 분야는 평상시에
  본인이 하고 싶은 분야라면 어떻게 선택할 것인가?

· 외국계 기업의 특성상 여성매니저가 많은데 소통하는데 문제는 없겠는가?

· 경쟁자가 많은데 본인을 꼭 뽑아야 하는 이유는 무엇인가?

· 우리 회사에서 가장 이루고 싶은 목표는 무엇인가?

· 본인이 말한 목표를 처음부터 할 수 없을 텐데, 이에 대한 본인의
  태도는 어떤가?

· 외국계의 특성상 임원과 대화를 나눌 일이 많은데, 어떻게
  커뮤니케이션을 시작할 것인가?
· 메르세데스 벤츠의 E시리즈가 시장에서 인기가 많은데, BMW가
  장점으로 내세울 수 있는 것은 무엇인가?
· 법률과 이윤 중에서 어떤 선택을 할 것인가?
· 회사에서 가장 하고 싶은 직무는 어떤 일인가?
· 나중에 SF-KR(한국시장)을 대표하여 포럼에 참가할 일이 많을 텐데,
  어떤 마음가짐으로 포럼에 참여할 것인가?
· 본인을 채용한 데에는 지원자의 포텐셜과 시장의 성장이 있는데,
  과연 부서에서 어떤 역할을 수행하고 싶은가?
· 외국계 기업을 첫 직장으로 선택한 이유가 있는가?
· 독일 본사에서 근무하고 싶은 생각은 있는가?
· 한국시장이 아시아 마켓에서 좋은 케이스가 되고 있는데 이러한
  현상에는 어떤 이유가 있는 것인가?

싱가폴항공

다음은 싱가폴항공 면접 질문이다. 외국계기업을 희망하는 학생들은 산업 불문하고 참고하길 바란다.

· 아르바이트 경험 있는가?

· 남자친구 있는가?

· 사람이나 아기를 좋아하는가?

· 왜 스튜어디스를 지원했는가?

· Tell me about yourself. Please do the sales pitch.

· What do you think about Service? What is Service?

· Tell me about what you are good/

  bad at? (weakness / strength)

· Let us know your first

  impression about Singapre airline homepate.

· Tell us about Singapore.

· How long do you think you work as flight attendants?

· What is the most important thing in your life?

· How do you think about Flight attendants?

· How do you relieve from stress?

· What kind of flight attendant do you to be?

· What about marriage?

  When do you think you will get married?

· This job requires a lot of team work. Are you a good team player?

  Let us have a case/example/experience, showing you work as a

  team member.

· If you are hired, you have live out of Korea. Are you willing to

  relocate to other country?

· What was the most difficult moment in your life?

· Have you ever taken Singapre airline?

· What does the best service mean to you?

· Do you consider yourself successful? why, why not?

· What irritates you about other people, and how do you deal with?

· Whats the most difficult decision you've made in the last two year?

· Can you think of any major obstacles you had to overcome in your life? how did you deal with them?

· Describe a situation in which you felt it was necessary to break any policy or alter procedures to get things done.

· Have you ever taken care of someons? Did you enjoy it? why?

· Can I have your name, please?

· How do you define SERVICE? What is Service?

· What is your date of birth?

· Where is your birthplace?

· What is your birthplace famous for? / Advertise your birthplace. Tell me something about your birthplace.

· Do you like raw fish? Do you enjoy eating live octopus?

· How tall are you? / What is your height? How heavy are you? What is your weight?

· How many members are there in your family? Who are they?

· What is your father's job? / What does your father do for a living? Are you proud of his job? / Do you brag about him?

Describe your father's personality. / What is his character like?

· Are you a student? / Do you go to school? Which school do you go to? If not, which university or college did you graduate from?

· What is[was] your major? / What did you specialize in? What do you think of your major? / Why did you choose it as your major?

· Did you join in any group of extracurricular activities during your school days? What position did you hold[take up] in the group? What did you learn through the activities? / Did you take part in any voluntary activities for the community?

· How long does it take to get here from Pusan? How did you come here (this time)? / What did you do[think] in[on] the train[bus; airplane]?

· Do you spend much time talking to your family? If so, what is the topic about? If not, why?

· What is the philosophy[motto] of your family? / Who set up that motto? / Do you try to live by that motto?

· How is your health? / Have you ever been hospitalized? Have you been seriously ill[sick]? If so, why? For how long?

· The job of a stewardess requires good health and much patience. Are you used to standing for a long time?

· What is your talent? What are you good at? / Can you do something that many others can"t do? Do you have any licenses or qualification certificates?

· What do you think your personality is like? What do other people say about your character? Would you describe yourself as reserved or outgoing?

· Tell me your strong points and weak points.

· Out of 100 points, how many points would you give to yourself and why?

· Can you introduce yourself? Please tell me about yourself.

· have you ever travelled[been] abroad[overseas]? If so, where to, for how long and what for?

· Which country would you like to visit[travel]? Why there?

· What is your favorite sport? I need to lose my weight. What would you suggest me to do?

· How do you usually spend your free time? What do you do when you are free? What do you usually do on weekends? What did you do last weekend? What is your plan after this interview? What do you plan to do this weekend?

· Do you enjoy cooking? / What can you cook well? How do you make it? / Can you give me the recipe?

· What would be the reasons for us to recruit Korean flight attendants?

대한적십자사

　　대한적십자사 면접은 실무면접, 최종면접으로 진행된다. 실무면접은 경영지원팀장과 실무담당자 등 5명의 면접관이 4명의 지원자를 대상으로 약 30분간 실시하였으며, 일반적인 사항부터 회사에 대한 전반적인 질문까지 다양하게 출제되었다. 최종면접은 사무총장부터 5명의 임원이 들어와서 4명의 지원자들에게 질의를 하였다. 대한적십자사는 실제 봉사에 대한 의지가 있고, 보람을 느낄 수 있는 인재인지 주의 깊게 살펴보기 때문에, 어설프게 도전했다가는 탈락가능성이 높고, 다니면서도 후회하게 되니 참고하길 바란다.

· 적십자 사업에 대해 아는 대로 얘기해 봐라.
· 지원자의 경력사항(2년 정도 3군데 경력이 있었음)이 적십자에서 일하는데 어떤 도움이 될 것이라고 생각하는가?
· 직장생활에서 중요한 것 세가지를 말해봐라.
· 직원 간 또는 봉사자(적십자회원)간의 의견 마찰 시 어떻게 조율할 것인가?
· '단군'에 대해 어떻게 생각하는가?(지원자는 기독교인)
· 지원자는 지난 여름 수해복구 봉사를 다녀왔는데, 깨달은 점에 대해 말해봐라.
· (중국어를 할 줄 아는 사람에게)중국어로 자기소개를 해봐라.
· (일본어를 할 줄 알고, 일본과 관련되어 일하는 회사에 인턴경험이

있는 사람에게)일본어로 의사소통이 가능한가?

· 적십자 회비는 꼭 내야 한다고 생각하는가?

· 적십자 회비가 얼마인 줄 아느냐?

· 그 회비로 북한을 지원해 주는 것이 맞는다고 생각하는가?

· 적십자사의 빨간 깃발이 상징하는 의미는 무엇인가?

· 적십자에 대해 아는 대로 말해봐라.

· 적십자가 하는 일은 무엇인가?

· 혈액골수사업이 무엇인가?

· 혈액사고에 대한 언론의 보도에 대해 어떻게 생각하는가?

· NGO가 무엇이고 하는 일이 무엇인가?

· 대북지원에 대한 생각을 말해봐라

· 적십자의 비전은 어떠한가?

· 북한의 인권문제에 대한 견해를 말해봐라.

· 자신의 강점과 약점, 장기, 성격, 자신의 가치를 말해봐라

· 노조활동과 노사관계에 대한 견해를 말해봐라.

· 외국인 노동자에 대해 적십자가 할 일은 무엇인가?

· 최근 사회적 이슈는 어떠한 것이 있는가?

· 적십자 홍보 방안은 무엇이 있는가?

· 만약 재난구호로 주말이 없어져도 괜찮은가?

신용회복위원회

　면접은 실무면접, 토론면접, 임원면접으로 이루어졌다. 먼저 토론면접은 이름의 오름차순 순서로 진행, 찬반토론이 아닌 '합의 도출형' 토론이었다. 2017년도 면접주제는 '도덕적해이 해결방안'과 같은 신용회복위원회 관련 이슈가 출제되었다. 5인 1조로, 10분간 개별적으로 주어진 지문을 읽고 면접 장에 들어가 30분간 토론을 실시했다. 참고로, 지문을 읽는 10분 동안은 조원간 상의 불가능 하다. 찬반토론이 아니기에 토론의 내용보다는 참여하는 분위기를 더 높게 보는 편이었다. 토론면접 이후 바로 실무면접이 진행되며, 실무진 4명의 면접관으로 된다. 공통질문 3~4개를 제시했고, 편안한 분위기를 조성하였다.

　마지막으로 임원면접은 3인 1조로, 임원 4명이 면접을 진행하였다. 최종 면접 역시 지원자들의 긴장을 풀어주기 위한 모습이 보였다. 1분 자기소개 실시 후, 자기소개서 기반으로 2~3가지 질문을 받고, 10분 내외로 면접이 종료된다.

　마지막으로 금년 합격자를 봤을 때, 지원자의 언변, 경력이 화려하거나 고스펙자는 오히려 뽑지 않는 경향도 있는 것 같다. 다만 다들 봉사시간을 어느 정도 보유하고 있는 것을 확인했다. 취업준비생들이 관심을 가지는 어학성적은 역시 일정 기준이 넘으면 당락에 영향을 미치지 않는 것으로 판단된다.

· 신복위에 대해 알고 있는 대로 설명해 봐라.
· 채무구제제도의 종류에 대해 설명해 봐라.

· 공적, 사적 채무조정에 대해 설명해 봐라.

· 개인회생제도란 무엇인가?

· 하고 싶은 직무가 무엇인가? 이유는 무엇인가?

· 심사역으로써 필요한 역량은 어떤 것들이 있다고 생각하는가?

· 본인의 경험을 어떻게 업무에 적용할 수 있을지 설명해 봐라.

· 신용회복위원회가 채무자 구제를 해줘야 하는 이유는 무엇이라고 생각하는가?

· 채무조정 대상자에 대한 도덕적해이(Moral Hazard)를 방지하기 위해 어떠한 방안이 있겠는가?

· 미국 금리 인상이 신용회복위원회에 미치는 영향은 무엇인가?

· 신용회복위원회의 사회공헌활동에 대해 설명해 봐라.

· 채무구제 조건이 안 되는데, 해달라고 할 때 본인은 어떻게 대처 하겠는가?

· 직장상사가 비 윤리적인 업무를 요구한다면 본인은 어떻게 대처 하겠는가?

· 서울이 아닌 곳에서 근무할 수도 있는데 괜찮은가?

· 본인은 언제까지 일하고 싶은가?

· 신복위로 3행시를 만들어 봐라.

· 친구들이 본인을 뭐라고 부르는가?

· 자신이 한일 중 가장 보람찬 일은 무엇인가?

· 대학생과 직장인의 차이는 무엇이라고 생각하는가

· 신용회복위원회에 합격했을 때 친구들의 반응은 어떨 것 같은가?

에필로그

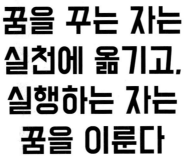

꿈을 꾸는 자는
실천에 옮기고,
실행하는 자는
꿈을 이룬다

에필로그 꿈을 꾸는 자는 실천에 옮기고,
실행하는 자는 꿈을 이룬다

배헌

많은 학생들이 취업때문에 고생하고 있다. 하지만, 정신만 바짝 차리면, 세상에서 제일 쉬운 것 중 하나가 취업이 될수도 있다. 단순히 학점을 잘 받기 위해, 또는 장학금을 받기 위해 기말고사는 몇 시간을 준비하고 있는가? 3학점짜리 6과목을 수강하고, 과목당 10시간 공부하면 총 60시간이다. 기말고사를 준비하는 시간만큼만 여러분이 지원하는 첫회사의 이력서, 자기소개서, 면접 준비에 투자해보자. 그럼 취업이 쉬워질 것이다.

무지한 사람이 무대포로 한 권의 책을 쓰기까지 많은 사람이 큰 힘이 되었다 언제나 마음속에 있지만, 사랑한다고 표현하지 못했던 우리 가족들, 그리고 이제 막 태어난 지 270일 된 사랑스러운 첫 조카 재아, 지난 10여년 동안 묵묵히 옆을 지켜주고 있는 형곤이와 비에이치식구들, 힘들 때, 외로울 때 곁에 있어주는 오랜 벗 민형이와 만규형, 항상 도와주시는 숭실대 박창수 교수님과 스승님이신 전홍식 교수님. 감사합니다.

이기환

지금 이 순간에도 여러 기업에 지원하기 위해 자기소개서 작성에, 면접 준비에 밤낮으로 열심히 준비하는 학생들을 보면서, 어른으로서, 사회 선배로서 그들에게 해줄 수 있는 것이 무엇일까, 그리고 얼마나 도움이 될까를 수없이 반문하게 된다. 이 한 권의 책으로 모든 학생들이 원하는 기업에 취업하기는 쉽지 않을 것이다. 세상에 만능은 없다. 그래도 최소한 독자들은 '진짜 취업 정보와 가짜 정보를', '그냥 취업과 바른취업의 차이'를 구분할 수 있었으면 좋겠다. 취업을 위해 가장 화려한 나날을 불필요하게 버린다는 것이 너무나 아깝기 때문이다. 아울러 이 책은 경험도, 실력도 없으면서 학생들의 아픈 마음을 이용해 돈만 벌려고 하는 일부 기성세대들에게 경종을 울리는 메시지가 되길 바란다.

책을 발간하기까지 많은 분들께서 도움을 주셨다.
언제나 든든한 가족!
이선옥, 이예원, 이동근, 강점숙, 서경자, 이선화, 김영태, 이원행.
업무 동료이자 파트너인 더와이파트너스 이태희, 김동한, 이진원,
이효진, 정회도, 김정호, 김원상, 주니어컨설턴트 이승현, 김형욱,
그리고 비에이치앤컴퍼니 임형곤, 조은주, 이제민, 최백규.

외국계기업관련 아낌없이 자문을 제 공한 연세대학교 영어영문학과
이태희 교수, 익스피디아코리아 이효진 시니어매니저,
테슬라 김정호 매니저, 책의 품격을 높이는 디자인을 해준
라포애드 서남진 대표, 고종길 실장, 계유진 주임,

그리고 마지막까지 편집을 도와 준 학생들 숭실대 이맑은,
상명대 배상희.

모든 분들께 지면을 통해 다시 한번 감사의 말씀을 전한다.

바른취업! 제대로 작성하는 자기 소개서, 영문이력서

저자 배헌, 이기환
감수 최백규
발행일 2017년 5월 25일(초판 1쇄 발행)
　　　　 2017년 6월 5일(초판 3쇄 발행)
발행인 배헌
발행처 더와이파트너스 주식회사
등록번호 제2017-000021호
주소 경기도 고양시 일산동구 호수로 358-25 410호
전화 031-819-7392
팩스 031-819-7390
홈페이지 www.theypartners.co.kr
이메일 kihwan.lee@theypartners.co.kr
디자인 라포애드㈜
가격 18,000원

이 도서의 국립중앙도서관 출판예정도서목록(CIP)은
서지정보유통지원시스템 홈페이지(http://seoji.nl.go.kr)와
국가자료공동목록시스템(http://www.nl.go.kr/kolisnet)에서 이용하실 수 있습니다.
(CIP제어번호: CIP2017011827)